BÜCHERGILDE
unterwegs

Die Reise-Reihe
gegen Fernweh

Herausgegeben und
mit einem Vorwort
von Julia Finkernagel

Margret Wittmer

Postlagernd Floreana

Eine moderne Robinsonade
auf den Galapagosinseln

Büchergilde Gutenberg

Ein Hinweis zur Schreibweise von »Galapagos«:
Margret Wittmer benutzt in ihren Aufzeichnungen die spanische Schreibweise mit Akzent. In den Texten rund ums Buch folgt diese Ausgabe der deutschen Schreibweise ohne Akzent.

Die Fotos in diesem Band stammen aus dem Besitz der Familie Wittmer. Weitere Angaben in der Editorischen Notiz am Ende des Bandes.

Ausgabe für die Mitglieder der Büchergilde Gutenberg
1. Auflage 2024

Mit freundlicher Genehmigung der Fundación Rolf Wittmer, Quito, Ecuador.

Einbandgestaltung: Clara Scheffler
Redaktion: Corinna Santa Cruz
Druck und Bindung: CPI books, Leck

Printed in Germany

ISBN 978-3-7632-7545-8

buechergilde.de

Vorwort

von Julia Finkernagel

Falls Sie sich immer mal gefragt haben, wie es wohl wäre, auf einer einsamen Insel zu leben, dann könnte dieses Buch Licht ins Dunkel bringen. Aber Achtung: Es wird möglicherweise Ihre Vorstellungen von friedvoller Harmonie im Paradies, von Stille, Alleinsein und herrlicher Eintönigkeit über den Haufen werfen. Denn wer glaubt, auf den Galapagos zögen lediglich ein paar Schildkröten und Echsen unaufgeregt ihre Bahnen durch den Sand und ansonsten sei da nicht viel los, täuscht sich gewaltig. Bitte mal auf die Insel Floreana kommen. Da geht die Post ab, nicht nur im übertragenen Sinne. Die eigentlich als unbewohnbar geltende Insel wurde vor ungefähr hundert Jahren von einer Handvoll Deutschen besiedelt. Darunter Margret Wittmer, ihr Mann Heinz und dessen Sohn Harry.

Mein erster, zugegebenermaßen naiver Gedanke – ich selig ananaskauend zwischen zwei Kokospalmen in der Hängematte baumelnd, mir ab und zu eine Zitrone auf den Kopf fallen lassend und dem Leben nachsinnend – entpuppt sich beim Lesen schnell als irrwitzige Illusion. Es ist aber auch nur *meine* Illusion, denn die beiden, die 1932 den weiten Weg wagen, sind vorbereitet.

Da zieht also eine dreiköpfige Familie von Köln auf eine einsame Insel mitten im Pazifik, um dort ihr Lebensglück in Einklang mit der Natur zu finden. Allein die Anreise hätte mir ja schon den Zahn gezogen. Ich hätte aufgegeben und *danke, war schön, aber ich habe es mir gerade anders überlegt* postulierend dasselbe Schiff sofort wieder bestiegen, aus dem ich nach einer haarsträubenden, tagelangen Überfahrt gerade herauskatapuliert wurde. Es mag an ihrer Seekrankheit oder am schnellen Ablegen des besagten Zubringerbootes gelegen haben, dass Margret Wittmer das nicht getan hat. Sie hat durchgezogen. Es gab allerdings für sie auch schlicht keine Alternative zum Zähnezusammenbeißen.

Die Auswanderer landen auf einem Eiland, das sie, wenn überhaupt, mit Unwirtlichkeit begrüßt. Alles ist schwierig, alles mühevoll. Unter diesen abenteuerlichen Umständen machen sich die Wittmers die widerspenstige Insel zum Zuhause. Welch ein Glück für uns, dass Margret Wittmer ihren Inselalltag sorgsam aufgezeichnet hat.

Sie leben den Aussteigertraum in aller Konsequenz. Nichts kann gekauft werden, nichts bestellt oder geliefert. Die Post ist vier bis acht Monate (wenn nicht Jahrzehnte) dorthin unterwegs und wird in einer Tonne in der *Post Office Bay* deponiert. Für jeden Kapitän, der an Floreana vorbeischippert, ist es Ehrensache, die Post zum Weitertransport herauszunehmen und im Gegenzug etwaige Briefe oder Päckchen für die Handvoll Inselbewohner einzuwerfen. Jene Posttonne und das sporadische Anlegen eines Bootes sind der einzige Kontakt zur Außenwelt.

Während ich das lese, wird es mir eng. So ein Leben kann ich mir beim besten Willen nicht vorstellen, da mag die Ruhebedürftigkeit noch so groß sein. Margret und Heinz hatten es sich, so schreibt sie, zwischendurch auch anders vorgestellt. Denn das, was man mit einem Umzug in den verlassensten Winkel der Welt verbindet, ist ja mindestens Einklang, wenn nicht Stille. Doch ausgerechnet das bekommen die Wittmers nicht. Andauernd tauchen Eindringlinge auf, nicht zuletzt eine dubiose Baronin, die mit ihrem exzentrischen, beinahe neurotischen Verhalten den Inselfrieden empfindlich stört.

Ein Haus muss gebaut werden, es soll Regenzeit und Trockenheit standhalten. Wenig überraschend gibt es keinen Strom und auch nur eine Quelle, die in jeder längeren Trockenzeit zu versiegen droht. Dafür gibt es reichlich Sonne und in den höheren Insellagen ein feuchtes Klima. Da kann viel wachsen.

Wer von Ihnen jetzt schon aufatmen und *na siehste, alles nicht so wild* seufzen möchte, sei auf die wilden Tiere hingewiesen, die nachtnächtlich durch den mühevoll gerodeten und sorgsam angelegten Garten trampeln und darin alle Setzlinge plattmachen, die die Wittmers zur zukünftigen Selbstversorgung mit nach Floreana gebracht haben.

Was macht man auf einer abgelegenen Insel, wenn die Schuhe kaputt gehen, die Sohlen durchgelaufen sind? Wie bekommt man Möbel, die auch bequem sind, mit weicher Sitzfläche? Margret und Heinz schaffen es, wie Robinson auf ihrer Insel zu überleben. Roden, jagen, gerben, flechten, schustern, graben, pflanzen, einkochen, einlagern – an 365 Tagen im Jahr wird hier gearbeitet. Nix Hängematte.

Ich bin tief beeindruckt von dem Komfort, den Margret, Heinz und Harry mit eigenen Händen und in einer Siebentagewoche schaffen. Der Arbeitsaufwand ist unvorstellbar. Sie meistern alles, was das Leben in der Abgeschiedenheit ihnen an Herausforderungen vor die Füße spült. Was eine Leistung!

Doch es kommt noch bemerkenswerter: Margret bringt auf dieser Insel *alleine* zwei gesunde Kinder zur Welt, das erste in einer Höhle, ganz ohne ihren Mann. Unfassbar.

Ich könnte nicht behaupten, dass ich dieses Leben unbedingt zum Nachahmen empfehlen möchte. Aber ich kann garantieren, dass dieser Reise-Lebensbericht höchst faszinierend ist und an manchen Stellen so haarsträubend, dass man sich fast schon danach sehnt, einfach nur mal im Echsentempo gemächlich Kreise durch den Sand zu ziehen …

In Gedanken spiele ich ab und zu die Frage durch, was *ich* auf eine einsame Insel mitnehmen würde. Das kommt mir immer dann in den Sinn, wenn ich von etwas begeistert bin, meist etwas Essbarem. Meine Top Drei bekomme ich da niemals rauspriorisiert, aber hier eine Auswahl: einen Toaster (solarbetrieben), ein Glas Kapern, eine wetterfeste Strandbibliothek, Haferflocken, mein Laptop (solarbetrieben), einen Ventilator (dito), eine Wärmflasche, einen Wasser- und einen Reiskocher. Genug Olivenöl. Ohrstöpsel. Klebezettel. Und etwas vernünftiger: Setzlinge für Hafer, Oliven, eine Ölpresse, eine Mühle, einen Werkzeugkasten. Ach, im Prinzip einen ganzen Hausstand.

Überaus bedacht und außerordentlich gut vorbereitet waren auch Margret und Heinz Wittmer und haben etliche Kisten voller Lebensnotwendigkeiten dabei. Klugerweise haben sie sogar an Waffen gedacht. Denn ohne spoilern zu wollen: Sie werden sie brauchen auf Floreana. Nicht etwa nur für wilde Tiere. Halten Sie sich fest: Auch außerhalb der Jagdzeiten wurde auf dieser Insel scharf geschossen.

Margaret Wittmer schreibt wenig über ihre Beweggründe zum Auswandern und die Planungen im Vorfeld. Es wird aber offenbar, dass ihr Mann und sie sich das reiflich überlegt haben. Doch so gut sie auch ausgerüstet sind, auf eins haben sie sich nicht eingestellt: dass ihr Leben auf Floreana öffentlich Wellen schlagen würde. Ich möchte nicht vorgreifen, aber nachdem Sie dieses Buch gelesen haben, dürfen Sie mal in der ZDF-Mediathek nach der *Galapagos-Affäre* suchen. Oder auf Wikipedia. Bitte tun Sie das auf keinen Fall vorher, dann machen Sie sich die wunderbare Erfahrung dieses Buches kaputt, das spannend ist bis zur letzten Seite. Dabei hatte ich so etwas wie das wiederaufflammende Nature Writing erwartet – seitenlange, detaillierte Schilderungen über die Galapagos-Schildkröten, endemische Arten, Echsen, Flora und Fauna auf diesen tausend Kilometer vor der ecuadorianischen Küste liegenden Inseln, und ein bisschen was für Hobby-Ornithologen. Stattdessen entpuppt sich dieses Buch zeitweise als Kriminalroman, und immer wieder staune ich, was sich im hintersten Knick der Weltkarte alles abgespielt hat. Nur so viel: *Ich* wäre dafür nicht gemacht gewesen. Was diese Frau so locker beschreibt, ist eine Aneinanderreihung von Heldentaten und beherztem Zupacken. Es geht hier immer wieder ums nackte Überleben.

Unglaublich cool finde ich, dass *Postlagernd Floreana* von einer vermeintlich ganz normalen Hausfrau und Familienmutter geschrieben wurde. Die kocht, am Herd steht, den Garten bestellt, die Hühner hegt, zwei Kinder großzieht, ihr Stiefkind umsorgt, eine tiefe Freundschaft mit ihrem Mann pflegt, dem Leben und den anderen *Verrückten* auf der Insel absolut resilient die Stirn bietet. Ich frage mich, wie oft sich Margret Wittmer die Frage gestellt haben muss: *Wie wäre mein Leben wohl verlaufen, wären wir in Deutschland geblieben?* Sie hätte auf jeden Fall einen Weltkrieg durchleben müssen, dem ist sie entgangen. Und dennoch hat die Freiheit, in der die Wittmers leben, ihren Preis.

Beim Lesen hatte ich einige Male das Gefühl, dass Margret mir, uns etwas verschweigt. Ihre Motivation, überhaupt auszuwandern, hält sie verborgen. Dabei muss es doch starke Beweggründe gegeben haben, um so etwas durchzuziehen.

Eine weitere Spekulation ist, dass Margret und Heinz auf den Galapagosinseln in etwas hineingeschlittert sind, mit dem sie nicht rechnen konnten. Dennoch gibt es niemals ernsthaft den Gedanken, abzureisen, wie bei so einigen anderen, die an der Insel gescheitert sind. Zum Verbleib in der Abgeschiedenheit gibt es für die Wittmers nie eine Alternative. Was mich wieder auf die Frage nach der Motivation zurückwirft. Sehen Sie mal: Nun werde ich auch schon ganz konspirativ und denke in Krimikategorien. Das hat das Buch aus mir gemacht.

Jetzt sind Sie dran. Besorgen Sie sich eine Ananas oder eine andere Südfrucht im Supermarkt. Kochen Sie sich einen anständigen Kaffee – und dann eine gute und sichere Lehnstuhlreise nach Floreana.

Postlagernd Floreana

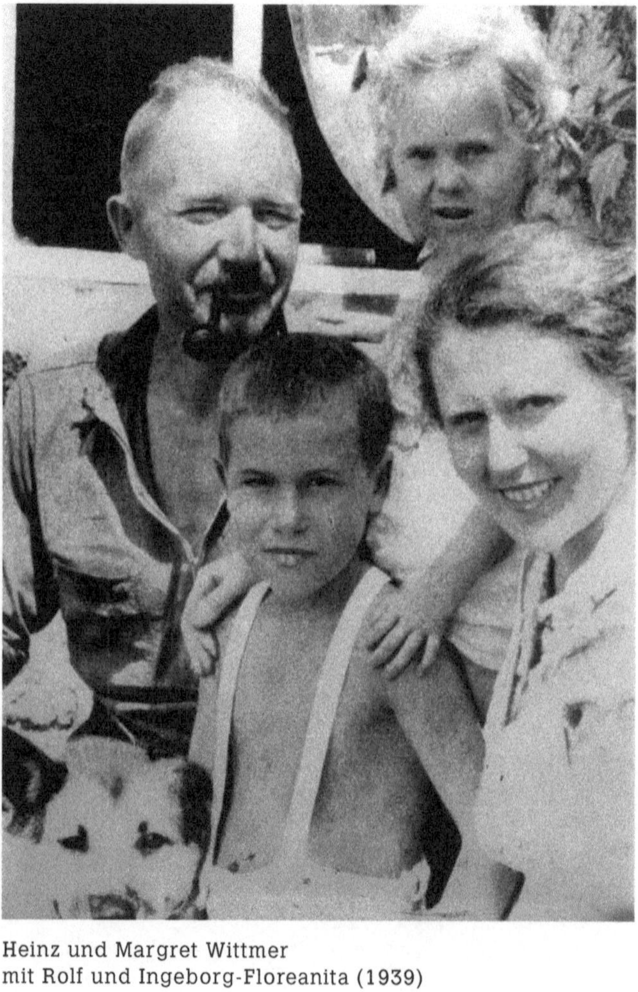

Heinz und Margret Wittmer
mit Rolf und Ingeborg-Floreanita (1939)

Es ist weit bis zum Ende der Welt

August 1932

Die graue Silhouette des kleinen Segelbootes taucht langsam im Dunst unter, der über dem Meer liegt. Die Umrisse des Bootes lösen sich mehr und mehr in einem Schleier auf. Dann ist es verschwunden.

Das Boot hatte uns hierhergebracht, auf diese Insel Floreana. Vor einer halben Stunde waren wir noch mit der kleinen Besatzung zusammen. Mit dem dunkelhäutigen Capitano und seinen Männern.

Jetzt sind wir allein, allein in dieser Einsamkeit.

Hinter uns liegt das Meer und der leise brodelnde Dunst über dem Wasser und über uns der Himmel. Endlos wie das Meer und grau.

Vor uns liegt unsere Zukunft. Die Zukunft, die wir uns selbst gewählt haben. Das neue Leben …

Am Rande der kleinen Bucht, in der wir an Land gegangen sind, ist der Boden grauweiß. Besät mit schweren schwarzen Lavablöcken. Kein Baum, kein Strauch, kaum ein Grashalm. Ein trostloses Bild. Hier und da, ein wenig weiter von der Küste entfernt, ein paar Sträucher und Bäume, aber sie haben keine Blätter. Sie recken ihre dunkelgrauen, leblosen Arme in die öde wilde Landschaft.

Wir wenden uns wortlos um. Unsere Augen suchen verzweifelt nach dem kleinen Segelboot, das uns hergebracht hat. Von dem Boot ist nichts mehr zu sehen.

Der Dunst über dem Meer hat es längst verschluckt.

Wir können nicht sprechen, wir wagen kaum zu atmen. So trostlos sieht alles aus. Und hier wollen wir leben? Hier soll das Paradies sein?

Harry ist mit den beiden Hunden ein Stück die Küste hinaufgestiegen.

Wir beide sind allein. Heinz, ich: mein Mann und ich. Wir sehen uns an. Mit einem Blick, den ich nie vergessen werde. Wir öffnen gleichzeitig die Lippen. Die Worte, die wir sagen wollen, bleiben ungesagt.

Aber wir denken beide dasselbe.

Ich denke daran, dass es für uns kein Zurück gibt. Das Segelboot ist nicht mehr da. Wie lange wird es dauern, bis hier wieder einmal ein Boot anlegt? Monate, viele Monate, vielleicht ein Jahr und länger.

Ich habe zwanzig Mark nach deutschem Geld bei mir, einen kleinen Packen Sucres. Ich weiß noch nicht recht, wie viel Sucres eine Mark ist. Zwanzig Mark. Damit könnten wir nie zurückfahren in die Heimat, selbst wenn jetzt ein Schiff käme.

Das Festland liegt 600 Meilen jenseits des Meeres, tausend Kilometer.

Schlimmer kann Einsamkeit und Verlorenheit nicht sein als auf dieser kleinen Insel mit dem schönen Namen Floreana.

Nein, es gibt kein Zurück.

Wir gehen ein paar Schritte über den grauen Sand. An schwarzen Lavasteinen vorbei. Wir gehen ein Stück durch die trostlose Einsamkeit.

Wir wissen, dass schon viele vor uns versucht haben, auf Floreana, dieser Insel, deren Name wie eine Blume klingt, zu leben und zu siedeln.

Wir wissen, dass alle gescheitert sind. Alle, alle!

Wir gehen ein paar Schritte weiter. In die Stille hinein. Das

Meer schlägt mit leisem Klatschen gegen die Küste.

Vögel fliegen vorbei, nie gesehene Vögel mit roten Köpfen und langen schwarzen Flügeln: Fregattvögel wohl. Dann ist es wieder ganz still.

Wir denken nicht mehr an die paar Sucres, die wir bei uns haben, nicht mehr an die endlose Wasserfläche, die uns von der Welt trennt. Wir wollen die Trostlosigkeit zu unseren Füßen nicht sehen. Dazu sind wir nicht hierhergekommen.

Plötzlich geben unsere beiden Schäferhunde Laut. Wir hören, wie sie davonjagen, wie Harry sie aufgeregt zurückpfeift.

Vor uns rennen wilde Esel durch das graue Gestrüpp. Ihr Fell ist silbergrau. Vom Kopf her zieht sich ein schwarzer Streifen bis über den Nacken und seitlich auf beide Schultern. Es sieht aus wie ein Kreuz.

Hinter den Eseln jagen die Hunde her. Wir hören die dumpfen Tritte der Hufe und das Gejaule der beiden Hunde.

Es gibt also doch Lebewesen auf dieser Insel.

Wir sehen den Eseln und den Hunden nach und freuen uns, dass es Leben gibt. Wir sehen uns an und fassen uns an den Händen. Wir sehen nicht zurück. Wir gehen weiter in unsere Insel hinein. Zehn Schritte, hundert Schritte. Und dann heben wir die Augen von der trostlos grauen Küste mit den schwarzen Lavasteinen. Wir sehen, wie hinter diesem leblosen Streifen an der Küste eine mattgrüne Wand steht. Der Boden dampft von dem Regen, der in diesen Tagen gefallen ist.

Hinter dem kahlen Dornengestrüpp entdecken wir die ersten grünen Bäume. Den Algerobo-Baum, den Palosanto- und den Muyuyu-Baum, den es nur hier auf Floreana gibt. Im leichten Dunst steigen grüne Berge auf in verschiedenen Tönen von Grün. Sie wirken auf uns wie Theaterkulissen, die man hintereinander aufgestellt hat.

»Ich werde mir unsere neue Heimat ein bisschen näher ansehen«, sagt Heinz. Er geht mit Harry und den beiden Hunden weiter in die Insel hinein, in den grünen Busch, der von der Küste sanft ansteigt.

Ich bleibe zurück.

Unendlich weit liegt der Stille Ozean vor mir.

Ich sitze mutterseelenallein auf einem großen Lavablock. Meine Füße umspielt das Wasser des Meeres. Die Sonne hat über den Dunst gesiegt. Sie scheint schon fast senkrecht auf die Insel herunter. Es ist nicht zu heiß, gerade richtig warm und wohltuend für einen Körper, der fast sechs Tage und Nächte lang keinen trockenen Faden mehr getragen hat.

In der kleinen Bucht, wo ich jetzt sitze, während Heinz und Harry die Insel erobern, spielen viele Tausende von kleinen silbernen Sardinen. Weiter draußen springen hier und da größere Fische aus dem Wasser.

Scharen von Finken schwirren in der Luft herum. Aus dem Busch, der oberhalb der dürren Küste beginnt, klingt immer wieder das Geschrei der wilden Esel zu mir herüber. Sonst liegt unheimliche Stille über Floreana. Aber so entsetzlich einsam wie in den ersten Minuten fühle ich mich schon nicht mehr. Die Sonne ist da. Die Esel sind mir schon fast vertraut. Die Vögel fliegen dicht über meinen Kopf hinweg.

Sie kennen keine Scheu vor dem Menschen. Weil sie den Menschen noch nicht kennen.

»Die Scheu der Vögel und der anderen Tiere ist ein Instinkt, der ausschließlich gegen den Menschen gerichtet ist«, hat der große englische Naturforscher Charles Darwin geschrieben, der schon fast hundert Jahre vor mir auf Floreana gewesen ist.

Floreana ist ein wahres Paradies für die Tiere. Sie alle haben hier keine natürlichen Feinde.

Sie brauchen auch keine Furcht vor anderen Lebewesen zu haben. Jede Art lebt still und friedlich für sich in ihrem Lebensraum, den ihnen niemand streitig macht. Die Vögel fliegen dem Menschen zutraulich auf die Hand. Nur die Zugvögel, die auf die Insel kommen, fliehen vor dem Menschen, weil sie ihn kennen.

Floreana ist nicht nur ein Paradies für die Tiere. Es ist auch ein Paradies für die Naturforscher. Denn hier finden sich Tiere, die es sonst auf der ganzen Welt nicht gibt: Große Meerechsen zum Beispiel, wie Überbleibsel einer längst verschwundenen Vorzeit wirkend, wie die Nachfahren der riesigen Saurier.

Die Tier- und Pflanzenwelt der Galápagos-Inseln, und auch dieser Insel Floreana, die wir jetzt etwas schüchtern in Besitz nehmen, steckt voller Rätsel, die Botaniker und Zoologen bis heute noch nicht gelöst haben.

Während ich hier sitze, kommt mir die Erinnerung an all das, was ich in den Büchern über die Galápagos-Inseln und über unsere neue Heimat Floreana gelesen habe. Ein paar Augenblicke lang war ich der Wirklichkeit entrückt. Ich glaubte in Köln vor einem aufgeschlagenen Buch über Floreana zu sitzen und ein wenig zu träumen. Aber dann sehe ich mich um. Ich sehe, dass alles Wirklichkeit ist: die Insel, das Meer, der Strand mit den dunklen Lavasteinen, die beiden Meerechsen, die an mir vorüberwatscheln und nur einen kurzen neugierigen Blick für mich haben.

Fünfzig Meter hinter mir ist das Hauszelt aufgeschlagen. Heinz war noch einmal zurückgekommen und hatte es schnell aufgebaut. Für alle Fälle. Falls dieser grauenhafte Regen wieder losgehen sollte …

Neben dem Hauszelt ist eine Zeltbahn gespannt, darunter liegt die Kochstelle, Kisten, Kästen, Körbe, Säcke und Koffer, Pflanzen, die wir mitgebracht haben: Bananen, Zuckerrohr, Kaffee, Yucca, Kamotte, Otoi – alles steht durcheinander. Über die große Bücherkiste habe ich schnell eine Decke gebreitet. Das soll unser Tisch sein. Andere Kisten werden als Sitzgelegenheit dienen. Es sieht schon ziemlich komfortabel in unserem Paradies aus. Ganz anders als in den ersten Minuten, als das Segelboot wieder von der Küste ablegte und uns allein und verloren hier zurückließ.

Meine Gedanken wandern zurück. Ich lasse ihnen ein wenig Zeit dafür: Vor zwei Monaten sind wir in Amsterdam weggefahren. In Guayaquil, dem Hafen von Ecuador, haben wir zum letzten Mal Festland gesehen.

Dann sind wir sieben Tage und Nächte die sechshundert Seemeilen bis San Cristòbal gefahren, der Hauptinsel des Galápagos-Archipels.

Wir hatten bis Floreana bezahlt, aber der Kapitän unseres primitiven Schiffchens hatte erklärt, er könne nicht weiterfahren.

Warum, das weiß ich nicht. Ich weiß nur – das haben sie mir in Guayaquil gesagt –, dass es aussichtslos ist, mit einem Ecuadorianer zu verhandeln. Wenn er nicht will, dann will er nicht. In diesem Teil der Erde ist eben manches anders als bei uns zu Hause. Daran muss man sich gewöhnen. Und ich habe mir gleich zu Beginn unseres neuen Lebens vorgenommen, die Lebensgewohnheiten dieser Menschen zu respektieren. Damit bin ich verhältnismäßig gut gefahren, wenn auch die temperamentvolle Rheinländerin in mir oft dagegen rebelliert hat.

Drei Wochen saßen wir auf San Cristóbal fest, bis der

Gouverneur der Insel uns ein Segelboot zur Verfügung stellte, das uns nach Floreana bringen sollte.

»Morgen werden wir in Floreana sein«, versprach der Capitano stolz, ein dunkelbrauner, gutherziger Mann mit einem freundlich-runden Gesicht. Das Boot, acht Meter lang und zwei Meter breit, war so vollgepfercht mit seinen drei Mann Besatzung, mit uns dreien und unseren beiden Hunden und all dem Gepäck, dass man sich überhaupt nicht rühren konnte.

Wo man saß, da saß man. Es war die Garua-Zeit, wo es in diesen Gewässern empfindlich kalt ist. Ich wurde zu allem Unglück auch noch seekrank. Aber wir trösteten uns: In zwölf Stunden haben wir das alles hinter uns.

In großen Spritzern schlug das Wasser an unser kleines Boot. Im Nu waren wir alle klatschnass. Und dazu regnete es auch noch. Wir froren jämmerlich. Nicht einmal der Zuckerrohrschnaps, den uns der Gouverneur für alle Fälle mitgegeben hatte, konnte uns aufwärmen. Unsere Zähne klapperten im Chor.

Die Nacht war pechschwarz. Der Mond, die Sterne – nichts war am Himmel zu sehen. Das unendliche Wasser rings um uns herum machte das Bild trostlos. Zum Fürchten. Zum ersten Mal in meinem Leben verbrachte ich eine solch entsetzlich schwarze Nacht in einem offenen Boot. Ich versuchte mir immer wieder einzureden, was ich doch für eine tapfere Frau sei.

»Das ist doch alles halb so schlimm«, versuchte mein Mann mich zu trösten, »nur die Dunkelheit und die endlose Wasserfläche lassen das alles so furchtbar erscheinen. Aber das geht bald vorüber. Im Morgengrauen werden wir schon Floreana, unsere neue Heimat, vor uns sehen.«

Im Morgengrauen wurde unser Capitano plötzlich lebhaft. Er deutete mit dem ausgestreckten Arm weit voraus. Wir sahen einen grauen Landstreifen und eine Bucht, die »Postoffice Bay«, die Postamtsbucht. Wir sahen sogar ein paar Häuser, Reste einer längst verlassenen norwegischen Kolonie. Die Norweger hatten versucht, hier zu siedeln und sich eine neue Existenz zu schaffen. Sie waren kläglich gescheitert. Das wussten wir. Der Gedanke daran machte das Bild nicht schöner.

Als es heller wurde, erkannten wir Einzelheiten: Zuerst die großen und kleinen Vulkanberge auf der Insel. Das Bild war alles andere als verheißungsvoll und einladend. Alles grau in grau …

Unser Ziel war aber nicht die Postoffice Bay, sondern die Black Beach Bay südwestlich davon. Zwei Stunden segelten wir noch, dann waren wir vor der Bucht angelangt. Aber da ging der Wind schlafen. Wir kamen keinen einzigen Meter mehr vorwärts, und unser Ziel lag doch so zum Greifen nahe. Dichter Nebel senkte sich zwischen uns und die Insel, unsere Insel. Zu Kälte und Nässe gesellten sich Hunger und Durst. Und dann brach die zweite Nacht in diesem Boot an. Die Strömung trieb uns immer weiter von der Insel fort. Drei Meilen in der Stunde, so stark ist die Strömung hier.

Am nächsten Morgen machte die Besatzung verzweifelte Anstrengungen, in dem kleinen Hafen einzulaufen. Wieder vergebens. Das Wasser an Bord wurde bedenklich knapp. Auf dem Schiffsofen, einer großen Konservenbüchse, wurde Kaffee gekocht. Für jeden eine Tasse, nicht mehr, weiter reichte es eben nicht. Aber das heiße Getränk war für den durchgefrorenen Körper wunderbar wohltuend.

Wenn ich an die Kälte, die nasse Kälte, dachte, bei der einem die Glieder schlotterten, konnte ich im Stillen nur den Kopf schütteln: Wir waren nur ein paar Kilometer vom Äquator entfernt – und schnatterten vor Kälte!

Die dritte Nacht auf der dunklen See begann. Es regnete noch stärker als in den vorangegangenen Nächten. Selbst der Capitano verlor seine Zuversicht. Er wurde still, aber er ließ sich nicht anmerken, an was er dachte: dass kein Wasser mehr an Bord war, dass wir elend umkommen müssten, wenn …

Beim Morgengrauen waren wir schon so weit abgetrieben, dass wir der Insel Isabela näher waren als Floreana. Das war aber nicht einmal das Schlimmste. Auf Isabela würden wir Lebensmittel bekommen können. Und Wasser, Wasser …

Am Nachmittag landeten wir wirklich auf Isabela.

Endlich hatten wir wieder festen Boden unter den Füßen. Aber jetzt fiel mir das Gehen schwer. Jetzt wurde ich landkrank und konnte nicht einen einzigen Bissen essen. Nach ein paar Stunden gingen wir wieder in unser Boot. Wir hatten, gottlob, wieder Wasser, und wir hatten jetzt auch noch eine Riesenschildkröte, zehn Sack Salz, ein paar Sack Kaffee und einen Zentner Trockenfisch. Der Trockenfisch begann die Luft zu verpesten, und ich war mir nicht ganz sicher, ob die Haifische, die das Boot lüstern umschwärmten, den Trockenfisch meinten – oder uns. Angenehme Aussichten. In dieser Nacht wurde es an Bord aber richtig gemütlich. Die Besatzung fing an Bananen zu rösten und Kamotten zu kochen. Und wir konnten uns mit gutem Gewissen wieder leisten, einen starken Kaffee zu bereiten. Als die Morgensonne durch den Dunst kam, fühlten wir zum ersten Mal wieder eine wohlige Wärme. Ich konnte sogar ein wenig einschlafen, hundemüde von all diesen Aufregungen und Strapazen der durchwachten Nächte.

Als ich die Augen wieder aufschlug, lag Floreana vor uns.

Eine Stunde später warf die Besatzung einen schweren Stein, der als Anker diente, ins Wasser. Ein dicker Strick hielt uns fest. Gott sei Dank – Floreana konnte uns nicht ein zweites Mal weglaufen. Wir waren da. Am Ziel unserer Sehnsucht.

Es war schon zu spät geworden, um noch mit dem Ausladen zu beginnen. Wir mussten noch eine Nacht an Bord bleiben. Aber das Boot lag ruhig. Es schaukelte nicht mehr; der Regen hatte aufgehört. Wir konnten sogar schlafen, wenn auch nur im Sitzen, denn zum Liegen war kein Platz auf dieser Nussschale.

Ich hatte geglaubt, ich würde schon die erste Nacht in diesem offenen Boot nicht lebend überstehen. Ich habe alle Nächte überstanden. Und nachher sah alles nicht mehr so schlimm aus. Aber ich war doch heilfroh, als wir im Schein der Morgensonne dann endlich mit dem Ausbooten begannen. In dem kleinen Landungsboot, das gerade eine Handbreit über das Wasser hinausragte, brachten wir alles heil zur Küste: unser Gepäck, unsere beiden Schäferhunde Hertha und Lump und schließlich uns selbst.

Die beiden Hunde wussten sich vor Freude überhaupt nicht zu fassen, dass sie endlich wieder festen Boden unter den Füßen hatten. Ich glaube, sie haben während der entsetzlichen Überfahrt genauso gelitten wie wir Menschen. Sie sprangen auf die sandige Küste und tollten wie die Wilden herum. Uns war nicht so ganz zum Herumtollen zumute. Wir hatten zu viel hinter uns – und der Gedanke an das, was vor uns lag, machte uns noch stiller.

Ich sitze noch auf dem großen schwarzen Lavablock. Die Erde ringsum ist pulvertrocken. Steine, Steine und noch einmal Steine. Es sieht aus, als habe der liebe Gott hier vierzig Tage und Nächte nur Steine regnen lassen. Ich bin ganz allein und komme mir vor, als sei ich gar nicht auf der Welt. Als sei ich irgendwo auf einem fernen verlorenen Punkt außerhalb der Erde. Ich war in meinem Leben noch nie so klein wie in dieser Stunde.

Ich schließe die Augen. Und halb träumend sehe ich im Geist, wie einer der großen schwarzen Lavabrocken immer größer und größer wird.

Wie er größer wird als die Insel und das Meer …

Ich höre die Hunde bellen. Das düstere Bild ist weggewischt!

Ich öffne die Augen. Sehe die Steine. Steine im Paradies …

Wir werden einen Besuch machen müssen. Unseren Antrittsbesuch bei den beiden Menschen, die schon seit drei Jahren auf der Insel leben: Dr. Ritter und seine Gefährtin Dore Strauch.

Wir kannten diesen Dr. Ritter aus vielen Zeitungsberichten. Die ganze Welt kannte ihn, nachdem er plötzlich aus Berlin verschwunden und mit seiner Reisegefährtin Dore Strauch auf der Insel Floreana entdeckt worden war. Jede Zeitungsmeldung über Dr. Ritter wurde damals, es war gegen Anfang 1930, als erregende Sensation verschlungen. Denn an Ritters Flucht auf diese einsame Insel war etwas seltsam. Er war nicht als Siedler gegangen, er war resigniert in diesen abgelegenen Erdenwinkel geflohen, weil er die Welt hasste und die Menschen verachtete. Er hatte sich eine eigene Philosophie zurechtgezimmert, und nach dieser Philosophie konnte er, seiner Meinung nach, nur in der Einsamkeit und Abgeschlossenheit leben.

Als er im September 1929 nach Floreana kam, war er dreiundvierzig Jahre alt. Im Badener Land hatte er Naturwissenschaften, Medizin und Zahnheilkunde studiert und zuletzt als Arzt in Berlin gelebt.

Er war verheiratet, aber seine Frau hatte er auf seine große Reise in die Weltabgeschlossenheit nicht mitgenommen.

In Guayaquil hatte man uns noch ein paar Einzelheiten mehr über Dr. Ritter erzählt, vor allem von seiner äußeren Lebensweise.

Kleidung verschmähte er ebenso wie Fleischgenuss. Er wollte der Welt beweisen, dass man mit dieser natürlichen Lebensweise hundertvierzig Jahre alt werden könne. Die Zähne hielt er dabei für völlig überflüssig oder sogar schädlich. Deshalb hatte er sie noch in Berlin samt und sonders ziehen lassen. Als Zahnarzt musste er wohl wissen, welche Komplikationen eine Zahnfistel auf einer einsamen Insel mit sich bringen würde. Ein Gebiss aus Edelstahl hatte er, wie man uns erzählte, nur für besondere Gelegenheiten bei sich, nicht aber zum Kauen.

Alles in allem: Dieser Ritter musste ein recht merkwürdiger Kauz sein. Im Übrigen hatte man uns schonend darauf vorbereitet, dass er es nicht liebte, in seiner Inseleinsamkeit gestört zu werden. Aber wir haben nicht die Absicht, dieses merkwürdige Paar in seinen Lebensgewohnheiten zu stören. Wir sind hierhergekommen, um unser eigenes Leben zu leben. Wir wollen eine neue Welt für uns schaffen. Für uns, für unseren Jungen und für unsere Kinder, die vielleicht noch kommen sollten.

Wir wollen siedeln. Aus eigenem Fleiß eine Farm schaffen, die wir dieser Wildnis abringen wollen. Herr Ritter kann gut neben uns herleben. Wir haben nicht die Absicht, in sein Leben einzudringen.

Wir haben unsere erste Mahlzeit bis auf den letzten Krümel aufgegessen. Reispudding. Es schmeckt uns herrlich. Dann haben wir unser erstes Bad genommen. Das Wasser des Stillen Ozeans war eiskalt, aber das Bad war dringend nötig. Erfrischt und sauber machten wir uns auf den Weg. Ritters Siedlung liegt hundertfünfzig Meter über dem Meeresspiegel. Der Weg dorthin dauert eine halbe Stunde. Ich spürte, während wir langsam aufwärtsstiegen, die Strapazen der schrecklichen letzten Tage und Nächte noch in allen Gliedern.

Dr. Ritter hat uns wahrscheinlich kommen sehen. Er steht in seinem Garten und erwartet uns.

»Das ist er«, sagt mein Mann leise und stößt mich an.

Ich erschrecke im ersten Augenblick, als ich diesen merkwürdigen Einsiedler zum ersten Mal sehe: Dr. Karl Friedrich Ritter, Zahnarzt aus Berlin. Zahnarzt – man stellt sich einen gepflegten Mann in weißem Kittel vor. Dr. Ritter ist klein, gedrungen, er hat breite muskulöse Schultern. Auf seinem kurzen Hals sitzt ein seltsam geformter Kopf, ein abgerundetes Dreieck von einem bärtigen Gesicht, in dem die breite Nase auffällt. Scharfe Längsfalten stehen auf seiner Stirn unter dem dichten, etwas ungepflegten Haar. Wenn ich ihm allein begegnet wäre, wäre ich wahrscheinlich vor Angst davongelaufen.

Seine Augen flattern unruhig, fast etwas fanatisch, während er uns mustert. Er ist sicher ein Klotz, aber wahrscheinlich doch ein ehrlicher Klotz. Und dadurch wirkt er auf jeden Fall sympathischer als seine Gefährtin, die süß lachende Frau Dore Strauch.

Dr. Ritter begrüßt mich höflich. Aber Frau Dore macht ein Gesicht, als habe sie heißes Eisen angefasst, während sie mir die Hand gibt.

Sie lächelt süßsauer: »Sie sind aber reichlich fein angezogen für die Galápagos, Frau Wittmer!«

Ich muss eine Erwiderung hinunterschlucken. Wir wollen mit diesem Paar wenigstens als Nachbarn, die wir ja nun einmal werden, einigermaßen gut auskommen. Wir wollen sie ja nicht gleich zu Feinden machen. Die Atmosphäre wirkt ohnehin schon feindlich genug, trotz Dores Lächeln.

»Bei Besuchen hier auf der Insel werde ich mich immer etwas festlich anziehen«, erwidere ich und gebe mir Mühe, ebenfalls zu lächeln. »Aber bei der Arbeit werde ich natürlich eine Schürze tragen.«

Danach schweigt Frau Dore vorübergehend.

»Das ist mein Garten«, höre ich Dr. Ritter zu meinem Mann sagen.

Ich gehe zu den beiden hinüber und schließe mich ihnen beim Rundgang durch Ritters kleines Reich an. Es ist nicht größer als ein Schrebergarten. Vielleicht fünfzig mal fünfzig Meter im Quadrat. Dieses Stück Erde hat er gerodet, hier hat er gesät und gepflanzt. Und seine Farm macht einen recht gepflegten Eindruck. Gepflegter als er selbst.

Wir sehen zum ersten Mal all das, was hier gedeiht: Bananen, Kokos- und Dattelpalmen, Tamarinden, Ciruelas (Pflaumen), Mangos, Feigen, Papayas. Im Hühnerstall gackern etwa 20 Hühner. Wir finden das alles wunderbar.

Dieser Dr. Ritter lebt für unsere Begriffe ja wie ein Landlord.

Wir dagegen ... wir besitzen nichts. Nichts als den guten Willen und unsere Hände. Und ein bisschen Verstand. Den braucht man, glaube ich, wenn man auf Floreana siedeln will. Und unten an der Küste haben wir Kreuzhacken, Haumesser und, wohlverpackt, junge Pflanzen.

Dr. Ritter ist der Zivilisation entflohen, weil er sie hasst. Die Zivilisation, das unnatürliche Leben der Menschen in dieser überzüchteten Zivilisation. Er will hier im Busch von Floreana natürlich leben. So oder ähnlich habe ich es in den Zeitungen gelesen.

Ritter ernährt sich nur von den Früchten, die er selbst erntet.

Er ist ein eingeschworener Vegetarier.

»Man kann allein von Feigen leben …«, höre ich ihn sagen.

Dr. Ritter ist böse auf die schlechte Welt, vor der er sich seit drei Jahren auf Floreana versteckt hält. Er will nichts von ihr wissen.

Aber plötzlich sagt er zu meinem Mann:

»Wie sieht es denn draußen aus? In Deutschland? Sind Sie einmal in Berlin gewesen?«

Ich habe ein feines Ohr für leise Zwischentöne, und ich höre aus seinen Worten ein wenig Heimweh heraus, ganz tief versteckte Sehnsucht nach der Welt. Und ich habe schon in diesem Augenblick das sichere Gefühl, dass dieser merkwürdige Naturapostel gar nicht mehr die Absicht hat, für immer in dieser Einsamkeit am Rande der Welt zu bleiben.

Heinz erzählt ihm von Deutschland, Ritter hört aufmerksam zu.

Frau Dore bemüht sich unterdessen, mir Proben ihrer Bildung zu geben.

Sie zitiert Nietzsche und Laotse. Himmel, was ist mir Laotse in diesem Augenblick gleichgültig. Ich denke an die Arbeit, die vor uns liegt, um in diesem wilden Busch zunächst wenigstens ein kleines Stückchen zu roden und zu bepflanzen, damit wir wenigstens etwas zu essen haben!

In den Schlupfwinkeln der Seeräuber

Der erste Tag auf Floreana geht zu Ende. Die Tage sind hier nicht so lang wie in der Heimat. Wir sind fast unter dem Äquator. Zwölf Stunden Tag, zwölf Stunden Nacht. Und das das ganze Jahr hindurch.

Ich sitze wieder auf einem Lavastein und denke über das Heute nach. Und an das Morgen. In den Schoß wird uns hier nichts fallen, das weiß ich jetzt schon. Werden wir überhaupt all den Aufgaben gewachsen sein, die sich vor uns auftürmen? Werden wir stark genug sein, um all den Widerwärtigkeiten der Natur trotzen zu können? Ist die Insel uns freundlich oder feindlich gesinnt? Werden wir genug zu essen haben, wenn unsere kleinen Vorräte aufgebraucht sind? Fragen, nichts als Fragen. Und keine Antwort. Erst die nächsten Wochen und Monate werden sie uns geben.

Ich möchte ein bisschen dösen. Aber selbst auf dieser einsamen Insel hat man Hausfrauenpflichten. Ich rutsche vorsichtig von dem scharfen Lavastein herunter und gehe zur Feuerstelle. Das Feuer darf nicht ausgehen. Streichhölzer sind knapp. Und einen Laden gibt es weit und breit nicht.

Heinz und Harry sind nicht da. Sie durchstreifen die Insel. Vielleicht sind sie zu den Seeräuberhöhlen gegangen, die für die erste Zeit unser Zuhause sein sollen, bis wir uns selbst ein Haus gebaut haben. Ich weiß nicht, wo. Aber dass sie mit einem Mordshunger zurückkommen werden, das weiß ich.

Heute Abend gibt es Bohnen. Im Wassersack ist noch ein wenig Wasser. Ich muss sehr sparsam damit umgehen, denn die Quelle ist ein weites Stück weg von hier. Ich strecke also unser kostbares Wasser mit einem Drittel Meerwasser. Eine dicke Zwiebel, ein paar Otoiknollen – die mehliger sein sollen als Kartoffeln – kommen in die Suppe. Die Schweinerippchen denke ich mir vorläufig dazu. Mir läuft schon bei dem Gedanken das Wasser im Munde zusammen.

In der Ferne, im dichten Busch, der oberhalb der Küste beginnt, höre ich das Brüllen wilder Rinder.

Ich bin auch nicht allein. Zwei Esel stehen neben mir und sehen kopfschüttelnd zu, wie dieses fremde Wesen Bohnensuppe ohne Schweinerippchen kocht. Einer von ihnen folgt mir sogar, als ich ein Stück die Küste hinaufgehe, um trockenes Holz zu sammeln.

Aber das Holz lässt er mich selbst tragen. Jedes Mal, wenn ich in seine Nähe komme, rennt er mit großen Sprüngen davon.

Die Esel sind hier so eine Art Wegebauer. Sie haben im Laufe vieler Jahre richtige Trampelpfade angelegt, die Straßen von Floreana. Andere gibt es nicht. Auf einer dieser Eselsstraßen gehe ich ein Stück durch den Busch, der hier grau und ausgetrocknet ist und nicht so üppig grün wie schon 150 Meter höher, wo Dr. Ritter haust. Von hier aus kann ich die Bucht sehen, die Black-Beach-Bucht. Sie ist nicht groß, aber wesentlich größer als die kleine Bucht in der Nähe, an der wir gelandet sind. Die kleine Bucht ist früher einmal von Menschen angelegt worden, weil es an der Black Beach zu unruhig ist. Diese Menschen haben die Insel längst wieder verlassen. Sie sind nicht mit ihr fertig geworden.

Es ist Ebbe. Das Meer ist weit zurückgegangen. Aus dem seichten Wasser sehen, wie an der Küste, schwarze Lavasteine hervor.

Ich hatte bei unserem unfreiwilligen Besuch auf der Insel

Isabela beobachtet, wie die Einheimischen ohne Schuhe, mit nackten Sohlen, über die glitschigen Lavasteine springen. Ich will es ihnen gleichtun. Aber der Erfolg ist niederschmetternd: Ich rutsche dauernd ab und wate lieber durch das flache Wasser zurück. Und dann muss ich noch die Hälfte meiner dünnen Bluse den dürren Dornenpflanzen opfern, die den schmalen Eselspfad säumen. Esel mit ihrem dicken Fell kommen nicht in diese Verlegenheit. Wir werden uns in Zukunft ein bisschen den Eseln angleichen müssen …

»Du musst dir alles selbst ansehen«, sagte Heinz, als er am Abend von seinem Streifzug durch die Insel zurückkam.

»Die Quelle ist einfach wunderbar. Die drei Höhlen eignen sich tadellos für einen vorübergehenden Aufenthalt. Besser jedenfalls als dieses windige Hauszelt. Wenn ich an Regen denke …« Morgen werden wir also schon umziehen. Nach oben, wo die Quelle ist und die Höhlen liegen. Damit wird die Wasserfrage gelöst sein – die wichtigste Frage, die es im Augenblick überhaupt gibt. Denn in unserem Wassersack ist nur noch ein winziges Restchen.

Wir schlafen wunderbar in dieser ersten Nacht auf Floreana, in unserem Hauszelt. Es hat einen Gummiboden und Luftmatratzen. Eigentlich brauchen wir überhaupt keine Matratzen. Der Sand an der Küste ist so weich wie ein Kanapee.

Am nächsten Morgen gibt es Kaffee, aufgewärmt von den Resten von gestern Abend. Dann waschen wir das Geschirr im Meer, verpacken es, und schon sind wir reisefertig. Wir nehmen nur das Allernotwendigste mit: Schlafdecken, etwas Geschirr, Lebensmittel und Handwerkszeug.

Alles andere bleibt zurück; unsere zehn Kisten, in denen unser ganzer Besitz steckt, vorsorglich in Ölpapier verpackt, zum Schutz gegen die Feuchtigkeit. Tausend Dinge haben wir mitgebracht, nur keine Möbel. Die müssen wir uns erst zusammenzimmern.

Unsere Rucksäcke drücken beim Gehen. Heinz hat sich sogar noch das Federvieh aufgeladen. Man kann doch die armen Hühner nicht sich selbst an der Küste überlassen.

Gestern, bei seinem Erkundungsgang, hat Heinz bis zu den Höhlen, unserer neuen Wohnung, zwei Stunden gebraucht. So schlimm ist das also doch nicht ...

Langsam, Schritt für Schritt, gehen wir einen schmalen Eselspfad hinauf. Rechts und links stehen stachelige Kakteen, pulvertrockene Lehmerde, und Asche staubt unter unseren Füßen.

Der Weg steigt stärker an. Wir beginnen unter unserer Last zu ächzen. Aber in zweihundert Meter Höhe, eine Wegstunde von der Küste entfernt, wird wenigstens das Bild freundlicher. Die staubtrockene Zone liegt hinter uns. Die Zitronenbäume haben grüne Blätter. Zwischendurch stehen auch vereinzelte Orangenbäume. Ihre reifen Früchte lachen uns einladend an. Die Erde ist nicht mehr trockener staubiger Lehm; sie ist jetzt dunkel, fast schwarz und sehr feucht.

Das Iah!-Iah!-Geschrei der Esel, die in der Nähe der Küste hausen, ist hinter uns geblieben. Hier oben empfängt uns das dunkle Gebrumm der wilden Rinder.

»Ich muss mich ausruhen«, sage ich erschöpft. Himmel, wie sich dieser Weg in die Länge zieht! Wir machen im Schatten eines Orangenhaines, der dicht am Wege steht, Halt. Wir setzen das Gepäck ab und wollen verschnaufen.

Heinz schaut auf die Uhr, dann sieht er mich mit einem merkwürdigen Ausdruck an.

»Was ist denn?« Ich ahne irgendein Unheil.

»Wir sind schon drei Stunden unterwegs.«

Und dabei hatten wir geglaubt, wir müssten schon fast am Ziel sein.

Die Luft ist schwer und dunstig. Von oben senkt sich Nebel immer näher herunter; er legt sich auf die Bäume. Der Regen wird nicht mehr lange auf sich warten lassen. In dieser geringen Höhe herrscht bereits ein ganz anderes Klima als unten in der Trockenzone an der Küste.

Das ist eine Erscheinung, die es vielleicht nur auf den Galápagos-Inseln gibt: Hundert Meter Höhenunterschied entsprechen mindestens dreihundert Metern auf dem Festland. Die verschiedenen Klimazonen sind auf engstem Raum zusammengedrängt.

Deshalb wachsen hier auch tropische Pflanzen neben unseren mitteleuropäischen: Kartoffeln in trautem Verein mit Bananen …

»Ist das nicht kurios?«, fragt Heinz. Wir haben uns tatsächlich über das Klima unterhalten. Als ob wir in diesem Augenblick nichts anderes zu tun hätten! Der Busch dampft; der Berg vor uns, in dem die Höhlen liegen – oder liegen sollen –, ist schon von dichtem Nebel eingehüllt. Wir können nur noch ein paar Meter weit sehen.

Als wir von unserem Hauszelt an der Küste fortgingen, hatte ich mir eine Rolle weißen Nähzwirn eingesteckt. Für alle Fälle. Mir war in dieser fremdartigen Einsamkeit, halb und halb unbewusst, der Gedanke an Gestalten und Begebenheiten in den Märchen gekommen. An Menschen, die sich irgendwo in der Fremde verlaufen. Vielleicht an Hänsel und Gretel.

Ich war als Letzte den Weg bergauf gegangen. Und ohne dass Heinz und Harry etwas merkten, hatte ich alle hundert Schritte einen langen Faden von meiner Garnrolle auf einen Ast am Wege gelegt.

Es begann zu regnen. Der Boden wurde glitschig. Wir rutschten auf unseren Gummisohlen aus. Dazu hatten wir uns verlaufen. Das war uns jetzt ganz klar. Unser Paradies macht es uns nicht leicht.

Ich bleibe mit Harry, dem Gepäck und dem kleinen Lump unter einem Orangenbaum sitzen. Heinz macht sich zusammen mit Hertha auf, den richtigen Weg zu suchen. Unterwegs entdeckt er auf den Ästen die weißen Fäden. Er kann sich denken, wer sie gelegt hat. Und er weiß nun auch sehr bald, dass wir im Kreis umhergelaufen sind.

Aber Heinz hat Glück; er findet den richtigen Weg, und er findet die Höhlen. Nach sechs Stunden haben wir es endlich geschafft.

So lange haben wir zu diesem Weg gebraucht, den man bequem in zwei Stunden machen kann.

Dort sind sie!

Drei Höhlen nebeneinander an einem Berghang, eine große und zwei kleine. »Unser Haus«, sagt Heinz trocken.

Drei große dunkle Höhlenöffnungen gähnen uns an.

»Du hast gestern vergessen, die Türen zu schließen.« Ich muss irgendetwas Dummes sagen, hinter dem ich meine wahren Empfindungen verstecken kann. Einladend sehen diese Löcher wirklich nicht aus.

Wenn man aus einer Großstadt kommt, muss man mit dem primitiven Neuen erst langsam fertig werden. Der Sprung von Köln und Rotterdam zu den Steinhöhlen auf Floreana ging etwas zu schnell.

Die Höhlen sind aus dem weichen Lavagestein herausgegraben. Der Stein ist bräunlich, mit weißen Einschüssen von Basalt.

Die Seeräuberhöhlen. Hier haben früher einmal Piraten gehaust. Hier haben sie ihre Schlupfwinkel gehabt. Es gibt noch mehrere solcher Höhlen auf Floreana.

»Haben die Seeräuber die Höhlen gebaut?«, fragt Harry.

»Sie sollen angeblich von Menschen angelegt sein. Aber das glaube ich nicht. Ich habe gelernt, dass die Höhlen vom Meer aus dem weichen Gestein herausgewaschen sind. Floreana muss früher einmal viel tiefer gelegen haben. Unter der Lava hat man Seesand gefunden und Muscheln. Und dass einer die Muscheln auf 150 Meter heraufgetragen hat, ist wohl kaum anzunehmen.«

Ich muss plötzlich über mich selbst lachen. Da halte ich kluge Reden und denke gar nicht daran, dass ich den schweren Rucksack noch auf dem Rücken habe, dass meine Beine nicht mehr mitmachen. Aber jetzt spüre ich es. Wir legen unser Gepäck vor die Höhle. Die Hühner gackern kläglich, als wären sie sechs Stunden lang hier heraufmarschiert und nicht wir.

Dann sehen wir uns unser »Haus« näher an.

Die Wohnhöhle hat die Größe eines geräumigen Zimmers. Sie sieht aus wie ein Gewölbe. Die Wände müssen mit der Hand nachgearbeitet worden sein. In eine Wand ist sogar eine Feuerstelle eingehauen. Der Rauchabzug führt durch die Decke ins Freie.

Die Höhle liegt nur unter einer dünnen Lavadecke. Davor stehen dichte Bäume, Papayas, Melonenbäume. Hier wachsen die Melonen nicht wie bei uns auf der Erde, sondern hoch in den Bäumen. Hier in unserem Paradies ist eben alles anders als sonst auf der Welt.

Die Höhle hat zwei Bänke, die aus einer Wand herausgehauen sind. Alles andere als bequem natürlich, aber immerhin etwas zum Sitzen. Als ich mich hinsetze, merke ich vor lauter Erschöpfung gar nicht, wie steinhart sie sind.

Aber ich sehe, dass die Seeräuber sogar ein paar Einrichtungsgegenstände dagelassen haben. Keine Eichenmöbel und kein echtes Porzellan, auch keinen echten Perser, sondern nur einen aus alten Kistenbrettern roh zusammengezimmerten Tisch und zwei windschiefe Hocker. Aber so viel Komfort hatten wir gar nicht erwartet.

Vor dem Eingang steht ein Papayabaum, beladen mit reifen Früchten, und Büsche mit gelben Zitronen. Aber die Zitronen sind im Augenblick nicht wichtig. Wichtig ist vor allem einmal das Wasser.

Die Quelle. Ohne sie wäre hier überhaupt kein Leben möglich.

So müde unsere Beine sind, wir gehen noch zu der Quelle hinauf. Nach dem ersten trostlosen Anblick der sandigen leblosen Küste mit ihren schwarzen Steinen sehen wir auf einmal ein Bild wie im Märchen. Dichte grüne Bäume stehen rings herum. Im Schatten ihres dichten Blätterdaches ist es wunderbar kühl und wohltuend dunkel nach der grellen Sonne, die auf dem letzten Stück des Weges auf uns niedergebrannt hatte.

Das Quellwasser sprudelt leise glucksend. Klar wie flüssiges Silber, und wir empfinden es als eiskalt. Wir halten die Hände in das Wasser, drücken die nassen kühlen Hände gegen unsere brennenden Gesichter. Und wir trinken aus der hohlen Hand den ersten Schluck Wasser, den uns die Insel schenkt.

Und in diesem Augenblick haben wir alle Leiden der letzten Tage vergessen. Jetzt endlich fühlen wir uns geborgen. Das Wasser kommt aus einer glatten fünfzig Meter hohen Wand heraus.

Es fließt nicht in einem Strahl, sondern es sickert aus dem porösen Felsgestein heraus und vereinigt sich erst dann zu einer starken Ader.

»Das beste Wasser, das wir je getrunken haben«, stellen wir einstimmig fest. Im Laufe der Jahrhunderte hat das stetig fließende Wasser in dem steinigen Grund ein großes natürliches Becken ausgewaschen, in dem üppige, tiefgrüne Farne wuchern. Als wir aus dem kühlen Schatten der Quelle langsam wieder zu den Höhlen zurückgehen, schwirren bunte Vögel auf. Sie setzen sich auf unsere Köpfe, auf die Hände.

»Ich glaube, wir haben doch das Paradies gefunden«, sage ich. Ich sage Paradies – und denke schon wieder an die Wohnhöhle. Sie muss erst einmal sauber gemacht werden. So wie sie ist, können wir sie nicht bewohnen. Erst einmal sauber fegen … Aber wir haben keinen Besen mitgebracht. Wer denkt schon daran, dass man im Paradies einen Besen braucht. Und – du lieber Himmel – was hätten wir denn alles mitbringen sollen. Aber ein Besen ist auf Floreana kein Problem.

Heinz schneidet ein paar Zweige ab, bindet sie zusammen – und fertig ist er. Harry sucht inzwischen etwas trockenes Laub in den anderen Höhlen zusammen, damit wir Feuer machen können. Es qualmt entsetzlich, der Rauch beißt in die Augen; das Holz, das ich auflege, ist feucht. Es wird ein Kunststück sein, hier oben, wo es mehr regnet, als einem lieb ist, trockenes Holz zu finden.

»Hatte Doktor Ritter nicht gesagt, dass es hier oben Wildschweine gibt?«, frage ich meinen Mann. Das soll ein Wink mit dem Zaunpfahl sein. Heinz versteht auch sofort … und nimmt sein Gewehr.

»Mal sehen, ob ich zur Feier unseres Einzuges in unser neues Haus einen kleinen Braten besorgen kann.«

Das Besorgen ist hier gar nicht so schwierig. Man braucht nicht in einen Laden zu gehen, den es hier in dieser weltfernen Einsamkeit sowieso weit und breit nicht gibt. Was wir im Augenblick zum Leben brauchen, das besorgen wir uns draußen vor unserer Höhle. Harry macht ein paar Papayas ab, pflückt reife Orangen und Zitronen von den Bäumen, die uns fast in die »Haustür« hineinwachsen. Im Topf kocht das Wasser. Wir warten nur darauf, dass Heinz das versprochene Stück Fleisch bringt. Eigentlich eine verrückte Idee. Kaum sind wir hier, da stellen wir auch schon Ansprüche.

Als Heinz von seiner ersten Schweinejagd auf Floreana zurückkommt, sind wir beide sprachlos. Wir staunen uns gegenseitig an. Heinz, weil ich inzwischen aus der dreckigen Höhle einen sauberen und einigermaßen gemütlichen Wohnraum gemacht habe – ich, weil er tatsächlich Fleisch mitbringt. Strahlend vor Freude hält er das dampfende Schweineherz hoch. Das hat er aus einem eben geschossenen und gleich ausgenommenen Schwein herausgeschnitten.

Dann gehen Heinz und Harry in den Busch. Sie kommen gerade zur ersten Höhlenmahlzeit wieder zurück. Jeder von beiden trägt ein halbes Schwein über der Schulter.

Es ist dunkel geworden. Wir essen an einem wackeligen Tisch. Aber darauf liegt eine blitzweiße Tischdecke. Auf die Segnungen der Zivilisation können wir gern verzichten, auf jene kleinen Restbestände von Kultur aber niemals.

Ich zünde eine Kerze an und stelle sie auf den Tisch. Ihr flackernder Schein taucht unsere Höhle in ein warmes Licht.

»Zufrieden?«, fragt Heinz, halb froh, halb besorgt.

»Ja.« Ich bin wirklich zufrieden. Ich glaube, wir sind es alle. Das erste schwere Stück haben wir hinter uns.

Wir haben wieder ein Dach über dem Kopf, wenn es auch

nur die rohe Steindecke einer dunklen Höhle ist, in einer der alten Seeräuberhöhlen.

»Ist es wahr, dass hier früher einmal Seeräuber gewohnt haben?«, fragt Harry. »Ja«, sagt Heinz. »Aber das ist lange her. Du brauchst keine Angst zu haben, dass plötzlich einer auftaucht.« »Ich habe keine Angst«, versichert Harry. »Überhaupt keine.« Er macht wirklich einen so ruhigen und frohen Eindruck wie schon lange nicht mehr.

»Es ist mehr als dreihundert Jahre her«, fährt Heinz fort, »dass die ersten Seeräuber nach Floreana kamen. Das war damals, als die Schiffe der Spanier von Peru herauf mit ihrer reichen Ladung an der Westküste entlangsegelten. Auf die hatten es die Seeräuber abgesehen. Und von denen haben sie auch eine ganze Menge geschnappt. Samt ihrer kostbaren Ladung.«

Wir vergessen für eine halbe Stunde die Gegenwart. Wir hören zu, wie Heinz von der Vergangenheit erzählt. Von der Vergangenheit auf der Insel Floreana, die einmal den Seeräubern oder ihren legaleren Konkurrenten, den Freibeutern, gehörte: William Dampier, ein berühmter englischer Seemann, der sich jahrzehntelang als Seeräuber auf den Meeren, und vor allem hier im Stillen Ozean, herumgetrieben hat und der nebenbei auch noch ein ausgezeichneter Schriftsteller war, hat einige seiner Fahrten in diesen Gewässern beschrieben.

Das erste Mal hatten sie die Galápagos nicht erreicht, weil der Wind sie abgetrieben hatte. Dann segelten sie mit drei erbeuteten spanischen Schiffen in der Nähe der Westküste Südamerikas.

Als sie Nachrichten bekamen, dass die Spanier sie mit Kriegsschiffen verfolgten, sind sie nach Westen ausgewichen. Hier fanden sie, was sie zum Leben brauchten: Fleisch, Geflügel, Fische, Früchte, und vor allem Wasser. Die Seeräuber, meist

Engländer, auch einige Franzosen, haben den Inseln ihre englischen Namen gegeben: Herzog-von-York-Insel, Herzog-von-Norfolk-Insel, Herzog-von-Albemarle-Insel, König-Jakob-Insel, und auch Charles. Charles ist unsere Insel Floreana.

Die Piraten waren eben gute patriotische Engländer.

Charles, heute Floreana, wurde der beliebteste Schlupfwinkel für die Seeräuber, deren Flotte mit der Zeit bis auf tausend Mann Besatzung anwuchs. Hier brauchten sie keinen unvermuteten Angriff der Spanier zu befürchten, weil die Insel weitab von den Segelrouten der Schiffe lag. Und weil damals einiges Glück dazugehörte, die Inseln überhaupt zu finden.

Nach dem Überfall auf Guayaquil, der ihnen eine Menge Beute und ein großes Lösegeld einbrachte, konnten sich die Piraten in aller Ruhe wieder in diese Schlupfwinkel zurückziehen und sich von ihrem reichlich harten Handwerk eine Weile erholen.

»Dabei haben sie wohl auch in diesen Höhlen gewohnt«, schloss Heinz.

Die Kerze ist ein gutes Stück heruntergebrannt. Wir sitzen still in unserer Höhle um den wackeligen Tisch herum und lassen die Geschichte der Seeräuber, unserer Herren Wohnungsvorgänger, noch ein wenig in uns nachklingen. Und darüber hätte ich fast vergessen, Heinz und Harry von dem seltsamen Fund zu erzählen, den ich gemacht habe.

Ganz in der Nähe der Höhle habe ich, während die beiden das Schwein aus dem Busch holten, ein altes vergilbtes Stück Papier gefunden.

»Hier gibt's sogar Zeitungen«, sage ich und sehe in zwei ungläubige und erwartungsvoll gespannte Gesichter.

»Ich habe ein Stück von einer Zeitung gefunden«, fahre ich fort. »Von einer Zeitung in deutscher Sprache. Hier, vor der Höhle. Aber das ist noch lange nicht alles. Es ist ausgerechnet eine Kölner Zeitung und – ich habe darin die Todesanzeige eines Bekannten meiner Eltern gefunden.« Als ich das zerknitterte und verwitterte Stück Zeitungspapier in der Hand halte, muss ich mich gewaltsam wieder daran erinnern, dass ich nicht in Köln, sondern auf einer Galápagos-Insel bin.

»Die Zeitung kann der Journalist Heinz Hell hierhergebracht haben, der vor zwei Jahren im Auftrag einer Kölner Zeitung Südamerika und die Galápagos-Inseln bereist hat, um darüber und über Doktor Ritter zu schreiben«, sagt Heinz. Für mich aber ist das Zeitungspapier mehr: Ein Stück Heimat. Ein Talisman. Als ich es fand, war mir, als hätte ich am Äquator eine Wiese mit einem vierblättrigen Glücksklee entdeckt.

Wir müssen roden. Und dann pflanzen! Ich denke mit Sorge an die Zukunft. Wenn nicht bald etwas wächst, was wir selbst gepflanzt und gesät haben, dann müssen wir auch in den nächsten Monaten im Wesentlichen von Apfelsinen und kleinen Wildschweinen leben. Und mit den Apfelsinen geht es auch einmal zu Ende.

Es gibt auf Floreana nicht nur Busch, sondern auch weite Strecken, auf denen kein Baum und kein Strauch wachsen. Graue Steppe – nur in der Regenzeit überzieht sich der kahle Boden mit einem grünen Schimmer.

Aber auf diesen Flächen kann man nichts anbauen.

Warum eigentlich nicht? Warum muss man sich diese furchtbare Arbeit machen und den Busch erst roden?

»Wo keine Büsche und Bäume stehen, da wächst auch nichts«, belehrt mich Heinz. Was verstehe ich auch schon von Landwirtschaft? Vom Siedeln? Keine Spur. Aber die Erklärung auf meine Frage ist ganz einfach: Wo nichts wächst, da hat sich eben noch kein Humus gebildet. Und ohne Humus kann weder Unkraut noch Gebüsch noch eine Kulturpflanze gedeihen.

Floreana ist eine sehr junge Insel, durch Vulkanausbrüche entstanden. Seit vierhundert Jahren ist sie bekannt. Aber es gibt keine Bäume hier, die vierhundert Jahre alt sind. Deswegen gibt es auch keinen Urwald. Ein Baum von dreißig Zentimeter Durchmesser ist ungefähr das größte, was es heute gibt.

In dem Gebiet, das sich zum Siedeln eignet, stehen hauptsächlich Zitronenbäume. Sie werden acht bis zehn Meter hoch. Dazwischen Zitronenbüsche, die nicht weiter in die Höhe wachsen können, weil die Bäume ihnen das Licht wegnehmen.

Wir hatten noch nicht einmal unser ganzes Gepäck oben bei den Höhlen, da fing Heinz schon mit dem Roden an. Bäume und Büsche müssen mit der Axt oder der Machete, dem Haumesser, abgehauen werden. Von den Stämmen werden die Äste abgeschlagen. Die Stämme heben wir auf für den Hausbau.

Die Äste und Zweige werden auf große Haufen zusammengeworfen und, wenn sie trocken sind, verbrannt. Die Asche ergibt den Dünger.

Die Wurzelstöcke können Gott sei Dank zum größten Teil stehen bleiben. Wo Bananen, Kaffee oder Zuckerrohr angepflanzt werden, da stören sie nicht, weil diese Pflanzen in größeren Abständen gesetzt werden. Beim Gemüseland müssen die Wurzelstöcke herausgegraben werden – da hilft nun alles nichts. Wenn Bäume und Büsche abgehauen werden, wird der Boden mit der Kreuzhacke bearbeitet, umgewühlt, gelockert. Dann liegt die Erde vor einem, die einmal die Familie ernähren soll. Der Humus. Er ist nicht sehr tief, höchstens bis zu 10 cm. Trotzdem wird es noch Monate dauern, bis wir unsere ersten eigenen Früchte ernten können.

Wochen vergehen, bis das erste Stück gerodet ist, so viel wenigstens, dass wir von den Erträgen einigermaßen leben können. Wochen harter, saurer Arbeit, die den ganzen Tag ausfüllen. Und der Tag ist hier so kurz. Und es muss daneben noch so viel anderes getan werden.

Manchmal legt Heinz einen Jagdtag ein. Wir brauchen Fleisch. Er hat es nötig für seine Schwerarbeit. Einmal schießt er ein kleines Schwein, ein andermal einen Bullen. Wir haben so viel Fleisch, dass wir gar nicht alles aufessen können. Lange aufheben geht nicht. Wir müssen erst lernen, wie man es für längere Zeit haltbar macht. Wir lernen das Räuchern. Dann hält sich das Fleisch trotz der Feuchtigkeit eine Weile.

Es regnet und regnet. Vier, fünf Stunden Sonnenschein in einer Woche, das ist schon viel. Aber wir sind dankbar für jeden Sonnenstrahl.

Wir sind überhaupt für alles dankbar. Wir haben eine Woche lang unser Gepäck, den Inhalt von zehn großen Kisten, von der Küste hier heraufgeschleppt.

Heinz hatte Dr. Ritter gebeten, er möchte ihm doch seinen Esel für den Gepäcktransport überlassen. Aber ehe Dr. Ritter antworten konnte, hatte Frau Dore entschieden:

»Nein, den Esel geben wir nicht her.«

Ich hatte von Anfang an schon ein merkwürdiges Gefühl, dass unser Zusammenleben mit Dr. Ritter und seiner Gefährtin auf die Dauer nicht so sehr gut gehen würde. Es wurde eine Zeit lang erträglich. Dann kam etwas anderes dazwischen. Das war noch hundertmal schlimmer als alle Gehässigkeit von Dore Strauch. Von unserem ersten selbstgeschossenen Schweinchen hatte Dr. Ritter sich den Kopf und einen Schinken erbeten. Er hatte gehört, dass mein Mann ein leidenschaftlicher Jäger sei.

»Vegetarier essen im Allgemeinen eigentlich kein Fleisch«, meinte Heinz nachdenklich. Aber ich war bereit, der Sache eine andere Deutung zu geben:

»Vielleicht ist nur der Doktor Vegetarier und Frau Dore nicht.«

Den anderen Schinken wollten wir natürlich für uns behalten. Ich setzte ihn spät in der Nacht noch aufs Feuer, damit wir zum Frühstück gekochten Schinken essen konnten. Hundemüde von der schweren Arbeit eines Tages schliefen wir ein. Als der Hahn krähte, der mit seinen beiden Frauen in einer der kleinen Höhlen untergebracht war, kam Lump angewackelt und begrüßte mich schwanzwedelnd. An seinem dicken Bauch erkannte ich gleich seine Missetat: Er hatte sich den Schinken aus dem anfangs noch kalten Wasser herausgeangelt und sich daran gütlich getan.

Zum Frühstück gab es dann eben keinen gekochten Schinken. Es war ja noch genügend anderes Fleisch da.

Heinz und Harry gingen bei Dr. Ritter vorbei und lieferten den Schweinskopf und den anderen, zum Glück noch unversehrten Schinken ab. Frau Dore war nicht anwesend. Aber als Heinz und Harry unten an der Küste ankamen, überraschten sie Frau Dore, wie sie die Reste unseres Gepäcks einer genauen Prüfung unterzog.

Unangenehm, solche Nachbarschaft. Besonders wenn es die einzige ist, die es auf einer einsamen Insel gibt …

Ausgerechnet fünf Deutsche bevölkern diese abgelegene Insel im Stillen Ozean. Eine einheimische Bevölkerung hat es hier noch nie gegeben. Wir sind ja auch keine Einheimischen, und wenn wir uns noch so heimisch fühlen sollten.

Aber wenn alles gut geht, wird es bald den ersten Eingeborenen von Floreana geben. Als wir Mitte Juni von Deutschland ausgewandert sind, erwartete ich bereits ein Kind. Unsere Bekannten haben die Hände über dem Kopf zusammengeschlagen. »Sie wollen dort auf diesem vergessenen Eiland mitten im Stillen Ozean ein Kind zur Welt bringen? Wo es keinen Arzt, keine Hebamme, keine Apotheke, nicht einmal ein Telefon gibt?«

Ich freue mich auf unser Inselkind. Ende Dezember müsste es so weit sein.

Ein Inka-König sah die Inseln brennen

Ich sitze vor der Wohnhöhle, ausnahmsweise scheint einmal die Sonne, und ich nähe die ersten Kindersachen. Himmel, hätte ich doch nur meine Nähmaschine mitgebracht! Ich habe sie, wie so vieles Notwendige, als unnützen Ballast zu Hause gelassen. Und wie dringend könnte ich sie jetzt gebrauchen!

Wenn ich schnell einen Brief schriebe, sie möchten mir die Nähmaschine und die anderen Dinge postwendend schicken?

Ich habe das Dr. Ritter erzählt, und der hat mich ausgelacht: »Postwendend ist ausgezeichnet! Wir haben jetzt Ende September – vor einem halben Jahr werden Sie nicht mit Post rechnen können.«

»Wir haben doch ein Postamt an der Küste«, habe ich naiv erwidert. »Man kann es doch mal versuchen.« Ich habe das mehr aus Trotz und mir selbst zum Trost als aus Überzeugung gesagt. Aber Dr. Ritter fand es einfach lächerlich, was ich mir so für Vorstellungen von diesem Postamt, dem »Postoffice«, machte.

»Lassen Sie sich die Geschichte des Postamtes von Ihrem Mann erzählen. Der kennt sie.« Dr. Ritter hatte keine Zeit. Die Beschäftigung mit seiner Naturphilosophie rief ihn wieder.

Ja, mein Mann kannte die Geschichte dieses Postamtes genau. An einem der ersten Sonntage, als wir es uns leisten konnten, nach der anstrengenden Arbeit einiger Wochen die Hände für eine Stunde in den Schoß zu legen, hat er diese Geschichte und die ganze Geschichte von Floreana erzählt; mir und Harry.

Zuerst soll ein Inka-König hier gewesen sein. Dieser Túpac Yupanqui kam mit fast hundert Mann auf großen Flößen vom Festland her aus der Gegend, in der heute die Hafenstadt Esmeraldas von Ecuador liegt. Als er Monate später wieder zurückfuhr, erzählte er von großen feuerspeienden Inseln, die er auf seiner Fahrt gesehen hatte. Das müssen die Galápagos gewesen sein.

König Túpac Yupanqui musste gerade einen Vulkanausbruch auf einer dieser Inseln erlebt haben. Vielleicht sogar auf Floreana. Die Spuren jener lange zurückliegenden Ausbrüche sind ja heute noch auf unserer Insel zu sehen: die Krater, die kleinen Kraterseen und das Lavagestein, das die Inseln bedeckt.

1535 haben die Spanier die Inseln dann richtig entdeckt. Fray Tomás de Berlanga, der Bischof von Panama, bekam vom spanischen König den Auftrag, nach Peru zu fahren. Mit großem Gefolge segelte der Bischof ab. Eine Woche lang hatte seine Flotte günstigen Wind, aber dann kam eine Flaute auf. Die Schiffe trieben hilflos auf dem weiten Meer. Die Vorräte der kleinen Flotte gingen zu Ende. Das Wasser reichte nur noch für wenige Tage. Da sichteten sie Land, auf dem es vielleicht Wasser gab.

So kamen die Spanier auf die Galápagos-Inseln. Sie haben sich nicht lange aufgehalten. Aber sie haben etwas zurückgelassen, als sie wieder davonsegelten, etwas, was sich bis auf den heutigen Tag erhalten hat: Haustiere. Es waren Rinder und Ziegen, wahrscheinlich nur wenige; vielleicht waren sie ihnen damals entlaufen und hatten sich im Busch verborgen gehalten. Im Laufe der Zeit haben sie sich stark vermehrt; sie sind wieder verwildert, und die Rinder sind uns in den ersten

Jahren oft zu einer wahren Plage geworden. Ob die Hunde und die Katzen, die jetzt wild auf unserer Insel leben, auch mit den Spaniern herübergekommen sind, das lässt sich nicht sagen. Die Esel jedenfalls, von denen es heute hier wimmelt, wurden später wahrscheinlich von der Nachbarinsel San Cristóbal nach Floreana gebracht. Die ganze kleine Welt der Säugetiere ist erst eingewandert. Einheimische Säugetiere hat es auf der Insel Floreana niemals gegeben. Die Spanier, die eigentlichen Entdecker der Inseln, haben ihnen auch die spanischen Namen gegeben. Alle diese Inseln haben zwei, manche auch drei Namen. Die ersten gaben ihnen die Spanier. Als dann die Seeräuber in diese Gegend kamen und auf den Inseln ihre Schlupfwinkel einrichteten, gaben sie ihnen neue, diesmal englische Namen.

Die Republik Ecuador, die den Archipel schließlich im 19. Jahrhundert in Besitz nahm, verlieh ihm die heutigen amtlichen Bezeichnungen, die nun als dritte Variante neben den anderen gebraucht werden.

Die Inselgruppe hat ihren Namen nach den Riesenschildkröten, die die Spanier hier vorgefunden hatten. Es waren urweltliche große Landschildkröten, die sich auf einigen Inseln bis heute erhalten haben. Sie müssen die Inseln einmal in riesigen Mengen bevölkert haben. Auch unsere Insel Floreana. Man findet heute noch ihre riesigen Panzer. Auf Spanisch heißen diese Riesenschildkröten »Galápagos«.

Die Seeräuber, die nach den Spaniern kamen, fanden auf den kleinen, weit abgelegenen Inseln gute Verstecke. Im Jahr 1798 wurden die Galápagos-Inseln ein Stützpunkt für die Walfänger. Sie richteten auf unserer Insel ein Versorgungsdepot für Frischfleisch ein, und noch etwas anderes, das auch heute noch seinen Dienst tut: das Postamt.

Dieses »Postamt« – eine etwas hochtrabende Bezeichnung – ist nichts weiter als eine Tonne, die in der Bucht an einem Pfahl befestigt ist. In diese Posttonne legten die Walfänger ihre Briefe, wenn sie für längere Zeit, meist drei bis vier Jahre, auf Walfang gingen. Heimwärts fahrende Walfänger nahmen diese Briefe dann mit zum Festland, während die zum Fang ausfahrenden Walfänger den Schiffsbauch mit wohlschmeckenden Schildkröten und mit Wasser auffüllten. So brauchten sie während der langen Reise keinen Mangel an Frischwasser, Frischfleisch und an Öl zu leiden. Sie müssen mit diesen Riesenschildkröten einen solchen Raubbau getrieben haben, dass auf unserer Insel Floreana keines dieser Tiere diese Zeit überlebt hat. Auf Isabela und auf Santa Cruz sind sie noch zahlreich, und auf Santiago gibt es einige Exemplare.

Die kleine Bucht, an deren Rand die Posttonne stand, nannten die Walfänger »Postoffice Bay«, Postamtsbucht. Wie lange ist das schon her …

Ein, zwei Jahrhunderte! Aber das Postamt tut heute noch immer seinen Dienst. Wir haben nun auch schon Briefe für die Heimat in diese Posttonne gelegt. Wenn ein Schiff in die Nähe kommt, dann wird es draußen anhalten. Ein Boot wird ablegen und zur Posttonne fahren, um unsere Briefe mitzunehmen. Auf diesem Wege werden wir auch die Briefe aus der Heimat bekommen.

»Das kann noch ein halbes Jahr dauern, bis wieder einmal ein Schiff hier vorbeikommt«, hatte Dr. Ritter gesagt. Aber es ist ein ungeschriebenes Gesetz für alle, die vorbeikommen, Post für Floreana in die Tonne zu legen und Post für die Heimat mitzunehmen. Das ist die einzige Verbindung zur Außenwelt. Und diese Postbeförderung klappt immer, wenn allerdings nur alle paar Monate einmal …

Dreihundert Jahre lang sind die Galápagos-Inseln politisches Niemandsland geblieben. Drei Jahrhunderte nach ihrer Entdeckung, im Jahre 1832, erklärte dann Ecuador die Inselgruppe zu seinem Staatsbesitz.

Neue Bewohner kamen: General Villamil landete aus Ecuador auf unserer Insel mit achtzig zum Tode Verurteilten, die zu Zwangsarbeit begnadigt waren. Der General gab der Insel ihren heutigen Namen: Floreana, zu Ehren des ersten Präsidenten von Ecuador, Flores.

Die Siedlung für die Sträflinge wurde damals an der Stelle angelegt, an der wir heute siedeln. Der General nannte sie »Asilo de la Paz«, das heißt »Zuflucht des Friedens«. Aber es ist hier oben alles andere als friedlich zugegangen. Der Nachfolger des Generals Villamil musste vor den Sträflingen fliehen. Später schaffte man diejenigen von ihnen, die überlebt hatten, nach San Cristóbal.

»Asilo de la Paz« – wir werden den Namen übernehmen. Wir finden ihn schön. Und wir hoffen, dass unsere kleine Siedlung wirklich eine Zuflucht des Friedens sein wird. Um in Ruhe und Frieden unser eigenes Leben zu leben, darum sind wir ja hierhergekommen.

Floreana scheint in all den Jahrhunderten menschenfeindlich gewesen zu sein. Niemand hat es hier ausgehalten. Oder lag das nicht an der Insel, sondern an den Menschen selbst, dass sie hier keine lebensfähige Siedlung entwickeln konnten?

Die anderen, die später kamen, sind ebenso gescheitert. Wieder brachte man Sträflinge von Ecuador herüber, im Jahre 1870. Wieder wurden sie hier oben in den Höhlen angesiedelt, hier, wo wir jetzt hausen.

Damals wurden hauptsächlich Kaffee und Tabak angebaut,

daneben Zitronen und Apfelsinen. Die Zweige der Zitronenbäume rankten über den Boden und schlugen wieder Wurzeln in der Erde, und so bildeten sich nach kurzer Zeit die dichten, dornigen Zitronenhecken.

Später haben dann die wilden Schweine und Rinder – verwilderte Hausschweine und Hausrinder – die abgefallenen Früchte gegessen. Sie haben die Samen über die halbe Insel getragen. Sie sind die eigentlichen Pflanzer.

Der Tabak gedeiht hier besonders gut; er pflanzt sich sogar wild immer weiter fort. Tabaksorgen gibt es also nicht, und das ist eine große Beruhigung für meinen Mann, bei dem die Pfeife den ganzen Tag über nicht ausgehen darf.

Im Jahre 1870 war schon einmal ein Deutscher auf der Insel, der Geologe Dr. Wolf. Im Auftrag der Regierung von Ecuador hat er die Insel vermessen; von ihm stammen die ersten brauchbaren Karten. Aber all seine schöne Vermessungsarbeit war umsonst. Aus Floreana wollte und wollte nichts werden. Kurz nach dem Besuch des Geologen gab es unter den Sträflingen einen Aufstand. Die Siedler hatten sich in zwei feindliche Lager geteilt. Es gab eine regelrechte Schlacht, und danach war von den rebellischen Siedlern kaum einer mehr am Leben. Die Überlebenden schaffte man wieder fort. Floreana geriet erneut in Vergessenheit.

Verlassene Obstgärten und verwilderte Rinder veranlassten 1893 Antonio Gil zu einem weiteren Versuch. Aber nach vier Jahren gab auch er auf und fuhr nach Isabela, wo er eine kleinere Siedlung vorfand.

Noch einmal haben es andere Siedler versucht, diesmal aus Norwegen. Sie wollten hier auf der Insel Landwirtschaft treiben und eine Fischkonservenfabrik gründen. Aber auch dieser letzte Siedlungsversuch von 1927 misslang. Wegen der feindseligen Haltung der Natur? Oder wegen der Menschen?

»Sie sind alle gescheitert«, sagt Heinz und stopft sich eine neue Pfeife. In diesem kurzen Satz fasst er die ganze traurige Vergangenheit von Floreana zusammen. Aber da wurde ich heftig: »Das Wort ›Scheitern‹ wollen wir nicht ein einziges Mal aussprechen!«

Oh, ich kann dieses Wort nicht hören! Haben wir deshalb alles hinter uns gelassen und sind hierhergekommen? Zehn- oder zwölftausend Kilometer weit … Ich habe die Strecke nicht nachgerechnet. Und auf ein paar tausend Kilometer mehr oder weniger kommt es bei solchen Entfernungen wirklich nicht an. Auf jeden Fall sind wir also hier.

Vor uns, vor drei Jahren, sind schon die beiden anderen gekommen. Dieser Dr. Ritter und seine »Gefährtin«. Und in absehbarer Zeit wird sich die Bevölkerung von Floreana um ein Fünftel vermehren. Sechs Kinderhemdchen habe ich schon fertig; um den Hals herum habe ich sie behäkelt. Man kommt doch von der eingewurzelten Tradition nicht gleich los, und wenn es nur Häkelspitzchen sind.

Ein Kopfkissen für das erste Inselkind habe ich auch schon. Nur die Füllung fehlt noch. Die wird Heinz erst schießen müssen. Er will in den nächsten Tagen einen von den großen Seevögeln schießen.

»Damit du zu Federn kommst.«

»Zu Federn kommen« – wir haben dieses kleine geflügelte Wort früher in der Heimat oft gedankenlos hingesagt. Jetzt hat es auf einmal seine richtige Bedeutung bekommen. Wir lachen. Gott sei Dank, dass wir noch lachen können. Wir haben uns übrigens vorgenommen, das Lachen hier nie zu verlernen. Wenn es auch einmal trübe aussieht, wir werden schon wieder »zu Federn kommen«.

Ich versuche mir einzureden, was für eine mutige und hartgesottene Frau ich doch bin. Aber je mehr ich an den bevorstehenden Familienzuwachs denke, umso mehr spüre ich die Angst. Nicht nur wegen des Hauses. Wir haben noch drei Monate Zeit, um unser Haus zu bauen. Drei kurze Monate. Ob Heinz und Harry es schaffen werden?

Sie haben noch so viel anderes zu tun. Aber das Haus muss einfach fertig werden. Unsere Wohnhöhle ist als Kinderzimmer denkbar ungeeignet. Der Lavastein ist so weich, dass das Regenwasser dauernd durchsickert.

In der Natur siegt der Stärkere

Natürlich habe ich auch ein bisschen Angst.

»Wir haben doch einen Arzt auf der Insel«, versucht Heinz mich zu trösten. »Da kann doch nicht viel passieren.«

Ich spreche Dr. Ritter darauf an, als er wieder einmal für ein paar Minuten bei uns ist: »Sie werden mir doch helfen, wenn es so weit ist, nicht wahr, Doktor Ritter?«

»Nein!« Er lehnt rundweg ab. »Ich bin nicht nach Floreana gekommen, um hier als Arzt zu praktizieren. Wie stellen Sie sich das eigentlich vor? Ich kann doch nicht stundenlang hier oben herumsitzen! Dazu habe ich viel zu viel zu tun. Aber Sie können mich ja benachrichtigen, wenn Sie mich brauchen sollten.«

Wie kann ein Mensch, ein Arzt, so unmenschlich hartherzig sein? Wie sollen wir ihn in meiner schweren Stunde, die immer näher rückt, benachrichtigen? Heinz wird mich auf keinen Fall allein lassen. Harry können wir nicht schicken. Er sieht so schlecht, so bejammernswert schlecht, dass er sich rettungslos verlaufen würde.

Dr. Ritter merkt, wie grenzenlos enttäuscht ich bin, und versucht mich auf seine Art zu trösten.

»Sie dürfen das alles nicht so tragisch nehmen. Kinder werden in jeder Minute geboren. Das ist keine schlimme Sache. Sie arbeiten ja tüchtig und bewegen sich ausgiebig, da wird schon alles glatt verlaufen.«

Seine Worte sind nicht gerade ein großer Trost für mich. Aber ich hoffe, dass er recht hat. Wir haben jetzt Mitte Oktober.

Ende Dezember wird das Kind zur Welt kommen.

Gut zwei Monate noch … Im Augenblick haben wir Arbeit und viele andere Sorgen, sodass für solche Gedanken keine einzige Minute da ist.

Wir spüren, wie schwer die Natur es den Menschen macht, hier auf Floreana zu leben und – zu bleiben. Über die Natur Herr zu werden, über die unbelebte – über die belebte.

Manchmal bin ich nahe daran zu verstehen, dass die Menschen vor uns die Insel wieder verlassen haben. Einfach aus Ohnmacht gegenüber der Natur. Es scheint, als ob alles wieder vernichtet wird, was man sich mühsam erarbeitet hat.

Als ob alle Arbeit, alles Schuften umsonst sein soll.

Dabei habe ich mir das Paradies immer genauso vorgestellt, wie es hier aussieht: Die Früchte wachsen und reifen ohne unser Zutun. Im Busch läuft das Getier umher, wir brauchen es nur zu schießen und haben Fleisch in Hülle und Fülle. Die Luft duftet überall, wo Apfelsinen und Zitronen blühen, nach Kölnisch Wasser. Tauben, die Sinnbilder des Friedens, kommen leise herangeflogen und hüpfen vor unseren Füßen herum. Schmetterlinge mit violetten und gelben Flügeln taumeln durch die feuchtwarme Luft. Hin und wieder fliegt ein Fregattvogelmännchen vorbei. In seinem metallisch glänzenden Federkleid und dem großen feuerroten Kehlsack sieht es aus wie eine exotische Blüte. Ja, so ungefähr habe ich mir immer das Paradies vorgestellt.

Wir sind überglücklich, als wir die ersten Pflänzchen in unserem Gemüsegarten sehen; die ersten zarten Blätter, die sich aus den Samen entwickelt haben, und wir schwelgen im Geiste schon in den Genüssen, die uns erwarten.

Aber wir haben nicht mit den Bullen gerechnet. Mit den wilden Rindern. Tag und Nacht hören wir ihr Gebrumm aus dem Busch. Manchmal ist dieser dröhnende Ton so beängstigend nahe, dass wir den Atem anhalten.

Ich bin den ganzen Tag allein zu Hause. In der ersten Zeit hatten wir gesagt: »Jetzt sind wir da. Aber wir sind noch nicht zu Hause.« Was gehört eigentlich dazu, wirklich zu Hause zu sein? Ich weiß es nicht. Wahrscheinlich gehört noch vieles dazu.

Ich gehe in meinen Gemüsegarten. Das Unkraut, das hier wie wild in die Höhe schießt, muss ausgerissen werden. Radieschen, Salat und Petersilie sind zertrampelt. An den Spuren sehe ich, dass es ein Bulle ist, der in der Nacht in die Pflanzung eingedrungen ist. Die Pflanzung hat einen Zaun. Mühsam gebaut aus Stangen und Dornengebüsch, eine richtige Dornenhecke. Der Bulle hat sie mit seinen Hörnern einfach zur Seite geschoben. Er hat alles verwüstet. Wir hatten das Land gerodet, hatten Bäume und Büsche abgehauen, die Wurzelstöcke herausgehackt. Wir hatten den Schlamm, der sich unterhalb der Quelle angesammelt hatte, auf die Erde gebracht und die kleinen grünen Pflänzchen gehegt und gepflegt. Und nun ist alles umsonst gewesen …

Wir arbeiten Tag für Tag an unserem Zaun. Aber Nacht für Nacht kommt der Bulle, reißt den Zaun wieder ein, zertrampelt unsere jungen Pflanzen, holt sich die jungen Bananenblätter, die Kamotten, den Mais. Sollen wir in den nächsten Monaten nichts zu essen haben? Wir sind manchmal nahe daran zu verzweifeln. So wie die anderen vor uns.

»Die Bullen waren früher da«, sage ich. »Vor uns.«

»Ja«, nickt Heinz. »Natürlich waren sie früher da. Aber jetzt müssen sie weg. Einer kann hier nur leben. Die – oder wir.«

Wir natürlich. Ist das nicht ein Naturgesetz?

Die Bullen waren früher da. Sie sind hier heimisch. Wenn sie nachts in unsere Pflanzung einbrechen, dann sind nicht sie die Eindringlinge. Die Eindringlinge sind wir. Wir nehmen ihnen den Lebensraum …

Heinz sieht mir an, dass mich mein Gewissen plagt.

»Das sind nur die alten Bullen«, sagt er. »Die, die hier geboren sind. Die nächsten, die Nachgewachsenen, die sind schon in einer anderen Gegend der Insel geboren. Sie haben hier bei uns kein Heimatrecht mehr.

Und sie werden uns auch nie belästigen. Sie bleiben da, wo sie geboren sind und wo sie sich heimisch fühlen.«

Ich habe mir bisher niemals darüber Gedanken gemacht, wie es in der Natur so zugeht. Sicher hat mein Mann recht. Aber ein Gefühl sagt mir, dass wir unrecht haben und Unrecht tun.

»In der Natur siegt immer der Stärkere«, sagt Heinz.

Natürlich stimmt das auch.

Und eines Nachts schießt er den Bullen. Er lässt ihn in den Garten kommen, wo die süßen Bananenblätter locken. Dann kracht endlich sein Schuss.

Wir sind diesen Störenfried los. Und wir haben wieder Fleisch für lange Zeit, und Fett. Die Nieren sind tief in Fett eingebettet. Damit können wir Kerzen für unsere dunklen Abende herstellen.

Wir haben Fleisch, wir haben Fett, Kerzen und Bullenhaut.

Vielleicht können wir Schuhe daraus machen. Wir hätten sie dringend nötig. Im Busch mit seinen Dornen und auf den scharfkantigen Lavasteinen sind unsere Schuhe längst draufgegangen. Also müssen wir uns daran gewöhnen, barfuß zu gehen.

Wir müssten die Haut aufspannen, damit sie trocknet.

Aber bei uns hier oben regnet es jetzt fast immer. An der Küste ist es pulvertrocken. Dort ist jetzt die Gutwetterzone. Hier oben brauchen wir oft einen Pullover, während zweihundert Meter tiefer tropische Hitze herrscht.

Heinz packt die Haut des Bullen in einen Rucksack und macht sich auf den Weg in die Gutwetterzone. Die Haut wiegt fast ihre 200 Pfund.

Unten spannt er sie auf, damit sie in der glutheißen Sonne trocknet. Irgendwie werden wir dann Leder daraus machen.

Im Paradies ist alles beisammen, das Gute und das Böse, das Schöne und das Schlechte. In unserem jedenfalls. Wenn ich allein bin, und das ist sehr oft der Fall, dann glaube ich wirklich im Paradies zu sein.

Wo anders als im Paradies könnten Tiere so ohne Scheu sein, wie die Fliegenschnäpper zum Beispiel. Sie fliegen dauernd um mich herum. Manche haben die Farben unserer Kanarienvögel, andere sind schwarz, haben ein rotes Köpfchen und eine rote Brust.

Wenn ich im Garten arbeite, tanzen sie mir ungeniert vor der Hacke her und picken jedes Würmchen auf, das sie in der lockeren Erde finden.

Zwischen Hacken und Pflanzen und Säen und Jäten und Kochen schreibe ich an meinem Tagebuch.

»Buchführung im Paradies«, meint Heinz und lacht mich aus.

Was wissen schon Männer davon, wie wichtig es für eine Frau ist, ihre kleinen Erlebnisse und ihre Gedanken niederzuschreiben. Oft bin ich den ganzen Tag allein, bis meine beiden Männer am späten Nachmittag, hundemüde und hungrig wie die Wölfe, nach Hause kommen.

Ich wollte gerade wieder einmal ein paar Sätze schreiben – es war mir gerade so eingefallen beim Unkrautjäten –, da erschrecke ich fast zu Tode, als mich in der halbdunklen Wohnhöhle ein großer wilder Hund wütend anbellt. Ich glaube, wir sind beide gleichermaßen erschrocken, jeder beim Anblick des anderen. Ich schreie entsetzt auf. Der Hund jagt an mir vorbei, hinaus aus der Höhle. Es war ein großer gelber Hund mit einem unförmigen Kopf. Ich hatte schon lange den heimlichen Verdacht, dass sich fremde Viecher, wenn ich nicht da bin, in die Höhle einschleichen. Manchmal hatte ich, wenn ich zurückkam, Fleischstücke auf dem Boden vorgefunden. Jetzt wusste ich, wer die Missetäter waren. Unsere beiden Hunde waren es also nicht.

Es waren fremde wilde Räuber, solche Bestien, wie ich gerade einer begegnet war. Tiere, die mit unseren Haushunden, den Schäferhunden, kaum noch verwandt waren, die, in der Wildnis aufgewachsen, dem Wolf näherstanden als dem Hund. Mir wurde unheimlich zumute bei dem Gedanken, in der Nachbarschaft solcher Wölfe zu leben. Wie würden sie sich dem Menschen gegenüber verhalten, wenn sie ausgehungert waren? In einer unserer Höhlen, der Werkstatthöhle, suchte ich eine der Fallen heraus, die wir mitgebracht hatten. Am Abend stellte ich das Eisen auf. Vielleicht hatten wir Glück und eine dieser Bestien fing sich in dieser Falle. Rings um das Tellereisen legte ich ein paar Stücke Trockenfleisch. Am nächsten Morgen saß ein großer weißer Hund in der Falle. Eine Vorderpfote war in das Tellereisen eingeklemmt. Heinz gab ihm eine Kugel, säuberte die Falle und stellte sie wieder auf. Drei Tage lang hatten wir jeden Morgen einen Hund im Eisen.

Dann kam der vierte Tag. Der Unglückstag.

Wir hatten unsere Schäferhündin Hertha, wie an jedem Abend, vor unserem Hauszelt dicht neben der Höhle angebunden. Lump, der Welpe, schlief bei Harry in der Höhle bei geschlossener Tür, die wir inzwischen angebracht hatten.

Mitten in der Nacht werden wir durch wildes Hundegebell geweckt. Heinz steht auf, nimmt seine Doppelflinte und geht hinaus. Er sieht im schwachen Mondlicht auf einem Felsvorsprung die undeutlichen Umrisse eines Hundes. Von unseren Hunden kann es keiner sein. Hertha ist beim Hauszelt angebunden.

Heinz schießt. Als er zum Zelt zurückkommt, stellt er zu seinem Entsetzen fest, dass Hertha nicht mehr an der Kette liegt. Sie hatte sich losgerissen und Heinz beim Felsvorsprung erwartet.

Am anderen Morgen fanden wir unsere treue Gefährtin tot auf dem Felsen. Hertha war sein besonderer Liebling gewesen. Der kleine Lump wurde nun wie ein Apfel gehütet, sehr zum Nachteil seiner Erziehung.

Wir sind nun schon drei Monate auf Floreana. Wir leben einfach, wir arbeiten und sind zufrieden. Wir schaffen uns mit unseren eigenen Händen ein neues Zuhause; unser Blockhaus, sieben mal vier Meter, macht schon sichtbare Fortschritte.

Das Holz des Lechoso-Baumes, das einzige, das sich zum Bauen eignet, muss über eine halbe Stunde weit herangeschleppt werden. Stück für Stück, ohne jede Hilfe, denn zu einem Esel haben wir es noch nicht gebracht.

Wir sehen, wie das Haus langsam in die Höhe wächst. Wir sind aus dem ersten, dem ganz primitiven Stadium heraus. Das gibt uns ein unbeschreiblich schönes Gefühl, eine nicht gekannte Lebensfreude.

Unser Leben ist in gewissem Sinne wirklich paradiesisch, jedenfalls wenn man an jene Zeit im Paradies denkt, als die Arbeit noch nicht erfunden war. Trotz der einfachen Kost fühlen wir uns gesund und munter. Harry ist ein ganzes Stück gewachsen, auch ist er viel breiter geworden. Richtig männlich mit seinen dreizehn Jahren.

Hoffentlich erfüllt sich unsere Hoffnung, dass sich in dieser stillen grünen Einsamkeit auch sein Augenlicht bessert. Wir empfinden die Einsamkeit nicht. Unser Tag ist so ausgefüllt mit tausend Pflichten, dass zum Nachdenken kaum Zeit bleibt. Theater, Kino, Unterhaltung? Wir vermissen sie nicht. Von unserer Wohnhöhle haben wir einen wundervollen Ausblick aufs Meer. Wir erleben am Abend die herrlichen Sonnenuntergänge, wir sehen die bunten Vögel herumfliegen und die Blüten in ihren üppigen Farben leuchten. All das entschädigt uns reichlich für das Großstadtleben, dem wir entflohen sind.

Schlangen gibt es zum Glück nicht, jedenfalls nicht auf Floreana. Aber ganz ohne Aufregung leben wir auch nicht.

Wir sitzen am Abend, nach getaner Arbeit, vor unserer Wohnhöhle und sehen zum Himmel hinauf, an dem gerade die Sonne untergegangen ist.

Es beginnt zu dämmern. Da leuchtet der Himmel gerade glutrot. Riesige Flammen steigen auf. Das Feuer kommt aus Richtung der Insel Isabela. Wir halten den Atem an und ahnen die Ursache dieses Flammenmeeres.

Auf der Insel Isabela ist ein Vulkan ausgebrochen. Das Schauspiel, aus sicherer Entfernung, ist ein wunderbares Erlebnis …

Aber – die Angst steigt leise in uns hoch. Wird Floreana von einem solchen Ausbruch verschont bleiben? Floreana hat jungen vulkanischen Boden, genau wie Isabela. Was werden wir tun, wenn einer der Vulkane von Floreana wieder seinen Schlund öffnen und Glut und Asche über die Insel schütten sollte?

Was wird da aus uns werden? Fliehen? Wohin?

Am nächsten Tag spüren wir ein leichtes Erdbeben.

Schmutz im klaren Wasser der Quelle

Diesen Oktobertag 1932 werden wir nie vergessen – solange wir leben.

Diesen Tag, als der erste Besuch kam.

Ich hörte, wie unser Lump anschlug. Dann drangen ferne leise Geräusche aus dem Busch zu mir. Sie kamen langsam näher. Der Wind wehte ein paar abgerissene Worte herüber. Ich war gerade bei der Hausarbeit. Alles andere als in der richtigen Aufmachung, um Gäste zu empfangen.

Dann erkannte ich durch das Grün der Bäume und Büsche Menschen, die auf die Wohnhöhle zukamen. Es war ein Österreicher von der Nachbarinsel San Cristóbal, den wir kennengelernt hatten. Wir begrüßten uns herzlich: der erste Mensch, der hier zu uns kommt. Er stellte mir einen Deutschen vor. Aber ich hörte mehr Stimmen.

Eine kleine schmale Frau um die vierzig kam auf einem Esel angeritten. Neben dem Esel ging ein junger Mann. Auch ein Deutscher. Semmelblondes Haar, hellblaue Augen, ungefähr achtundzwanzig Jahre alt. Die Dame auf dem Esel wird mir als Baronin Wagner vorgestellt. Der junge Semmelblonde heißt Lorenz. Als Letzter kam der Kapitän des Schiffes, der die Gäste hierhergebracht hatte.

Gäste? Für wie lange? Nur für einen kurzen Besuch?

Die herrische Stimme der Baronin riss mich aus meinen Gedanken:

»Wo ist die Quelle?«

Das war alles, was sie zur Begrüßung zu sagen hatte.

Sie ging, gefolgt von Lorenz, zur Quelle. Der junge Mann zog ihr die Schuhe aus und wusch ihr ergeben und andächtig die Füße. In unserem Quellwasser. Unserem Trinkwasser.

Die Baronin tat sehr ermüdet. »Wenn Sie mit unserem Hauszelt vorliebnehmen wollen«, sagte ich. »Sie können dort ein wenig ruhen.«

Sie nahm wortlos vorlieb.

Lorenz, der blonde Page, schien auch ruhebedürftig zu sein. Er folgte seiner Herrin in das Zelt, und dann kamen sie beide fürs Erste nicht wieder zum Vorschein. Was für ein merkwürdiges Paar …

Es war der Anfang einer Kette von Merkwürdigkeiten, die die Insel und später fast die ganze Weltpresse beschäftigte.

»Sie wird mit ihrem Gefolge hierbleiben«, flüsterte mir unser österreichischer Freund zu. »Sie hat übrigens noch zwei weitere Männer bei sich, einen Europäer und einen Ecuadorianer. Die hat sie aus Paris mitgebracht, sagt sie. Genaueres weiß ich auch nicht, aber …« Der Österreicher sah mich mit einem vielsagenden Blick an. »… ich glaube, es ist etwas Vorsicht am Platze. Ich habe unterwegs auf dem Schiff so einige Beobachtungen gemacht. Ich weiß nicht – mit der Baronin scheint einiges nicht so ganz in Ordnung zu sein.«

»Schöne Aussichten …«, sagte ich zu meinem Mann, der gerade von der Arbeit im Busch gekommen war. Wir wechselten besorgte Blicke.

Die Baronin hatte nicht nur ein paar Männer, sondern auch einiges Getier: Kühe, Kälber und zwei Esel. Und dazu eine solch reichhaltige Ausrüstung, dass wir an einen kurzen vorübergehenden Besuch nicht recht glauben mochten.

»Sie haben doch nichts dagegen«, bat sie uns, nachdem ihre Siesta beendet war, »dass ich fürs Erste in Ihrer Nähe wohne?«

Heinz wollte nicht. Er hatte so ein Gefühl … Er ahnte nichts Gutes. Gefahr? Aber dann ließ er sich doch überreden: »Gut, Sie können vorläufig in unserem Apfelsinengarten wohnen. Dort, wo die kleine Quelle ist.«

Der Kapitän hatte uns Reis mitgebracht. Er verkaufte uns einen Zentner für elf Sucres. Der Sack stand noch unten an der Postoffice Bay. Heinz hatte keine Zeit, ihn gleich heraufzuholen. Aber die Baronin wollte so liebenswürdig sein:

»Ich möchte mich für die gastliche Aufnahme erkenntlich zeigen«, sagte sie. »Ich nehme den Reis für Sie in Empfang. Sie können ihn ja dann am Sonntag bei mir abholen.« Wir waren herzlich froh über diesen Zentner Reis. Wir konnten ihn dringend brauchen.

Die Frau Baronin hatte auch Post mitgebracht. Ein Päckchen für uns, eines für Dr. Ritter. Unsere erste Post …

»Würden Sie die Post zu Dr. Ritter bringen?«, fragte sie. »Ich möchte gleich wieder zur Postoffice Bay hinuntergehen, zu dem kleinen Holzhaus. Meine Gefährten warten dort auf mich.«

Das kleine Holzhaus stammte noch von den Norwegern, die einmal für kurze Zeit auf der Insel gewesen waren.

Als sie sich verabschiedeten, flüsterte uns unser österreichischer Freund schnell noch etwas zu.

Ich verstand nicht alles. Nur wieder das Wort: »Vorsicht.«

»Unser guter Freund übertreibt wohl ein wenig«, meinte Heinz, als wir wieder allein waren. Aber an mehr dachten wir im Augenblick nicht. Wir hatten die erste Post aus der Heimat bekommen und darüber verblasste erst einmal alles andere. Nur die Tatsache ließ sich beim besten Willen nicht übersehen: Wir hatten Nachbarn bekommen. Nachbarn direkt vor der Haustür: eine Frau und drei Männer.

Wir haben keine Zeit, immer nur an die Baronin Wagner und deren Gefährten zu denken. Wir haben andere Sorgen. Der Bulle macht uns im Augenblick mehr Kopfzerbrechen als die Baronin. Mit der werden wir schon fertig werden. Mit dem Bullen ist es nicht so leicht. Er war in der Nacht wieder auf unser Maisfeld eingebrochen, trotz Stacheldrahtzaun.

Unser Mais muss es dem Viehzeug besonders angetan haben. Und dabei gibt es Grünes genug, auch außerhalb des Stacheldrahtes. Aber selbst die Bullen auf Floreana scheinen zu wissen, dass die verbotenen Früchte am besten schmecken.

Heinz musste erst einmal den Stacheldrahtzaun wieder flicken. Das war das Wichtigste. Dann ging er mit dem Postpäckchen zu Dr. Ritter. Er wollte ihm die letzten Inselneuigkeiten erzählen.

Aber unser Philosoph winkte ab: »Kenne ich schon, diese Gesellschaft. Sie sind gestern bei mir gewesen. Sie haben sogar bei uns übernachtet.«

Dr. Ritter schien von der Baronin nicht übermäßig begeistert zu sein.

»Die Dame«, berichtete er weiter, »musste sich natürlich mit einer Hängematte begnügen. Nachts fror sie. Da hat sie ihren Lakaien Lorenz beauftragt, in unserem Herd Feuer zu machen. Sie werden sich wohl denken, dass wir mit dieser Art von Selbstherrlichkeit nicht ganz einverstanden waren. Es hat einige böse Worte gegeben, bis die Baronin endlich, schwer gekränkt und zornfunkelnd, zur Postoffice Bay weitergewandert ist.«

Heinz gab Dr. Ritter die Post, die die Baronin für ihn mitgebracht hatte.

»Merkwürdig«, sagte Dr. Ritter, »warum hat sie mir die Post nicht selbst gebracht? Wo sie doch hier bei mir gewesen ist?«

Ja, das ist merkwürdig. Und merkwürdig war auch etwas anderes. Es fiel Dr. Ritter sofort auf, als er die Briefe in die Hand nahm. »Die Post ist geöffnet worden.«

»Von mir nicht«, sagt Heinz. Er fürchtete, Ritter würde Krach schlagen. Aber er schüttelte nur angewidert den Kopf: »Aus einigen Briefen wurden sogar die Fotos herausgenommen.« Er hatte die Briefe flüchtig durchgesehen. »So eine Hundsgemeinheit. Aber – ich weiß, dass Sie das nicht gemacht haben«, sagte er ohne eine Spur von Misstrauen.

Der Trick war ziemlich durchsichtig: Die Baronin hatte die Post absichtlich bei uns gelassen, damit wir sie Dr. Ritter brachten. Wir mussten dann in den Verdacht geraten, dass wir sie inzwischen neugierig geöffnet hatten. Die Baronin brauchte Zwietracht zwischen uns für ihre Zwecke. Oder sie war von Natur aus bösartig und gemein.

Zwei Tage später kam der Diener Lorenz und stellte uns den Ecuadorianer mit Namen Valdivieso vor. Die beiden hatten die Kühe mitgebracht und ein kleines Zeltdach aufgeschlagen, um darunter die Nacht zu verbringen.

Mit Valdivieso konnten wir uns nicht verständigen. Er sprach nur Spanisch und Französisch. Lorenz musste dolmetschen. Und er erzählte uns offen: »Dieser Valdivieso ist früher, vor ungefähr fünf Jahren, noch als Peón – das ist ein ganz geringer Arbeiter – auf der Insel Isabela gewesen. Als dann einmal ein Handelsschiff Isabela angelaufen hatte, hat er sich als blinder Passagier an Bord geschmuggelt und ist so nach Europa gekommen. In Frankreich hat er bei einer Bahngesellschaft gearbeitet. Da hat er die Baronin Wagner kennengelernt.«

Dieser Lorenz sprach mit einer erstaunlichen Offenheit über die Baronin. Da schien auch einiges nicht ganz zu stimmen.

Über unseren Ärger mit der Post und dem Bullen hatten wir den Reis fast vergessen. Er lag noch immer unten in der Postoffice Bay. Der Zentner, den uns der Kapitän für elf Sucres verkauft hatte. Heinz und Harry machten sich auf den Weg, um den Zentner heraufzuschleppen.

Die Baronin empfing sie am Strand und lud sie in das kleine Holzhaus ein, in dem sie sich niedergelassen hatte. Madame hatte den Besuch erwartet und sich festlich hergerichtet. Sie trug Sportdress – Reithose, Bluse, lange Reitstiefel, in der Hand eine Peitsche, im Gürtel einen Revolver. Dazu starkes Lippenrot, Puder und dicke Schminke.

Heinz durfte auf einem Stuhl Platz nehmen, während die Baronin, malerisch auf einem Diwan hingestreckt, Audienz erteilte.

Zu Beginn lernten sie den dritten Mann des Teams kennen: »Herr Robert Philipson«, stellte die Baronin mit charmanter Handbewegung vor. Herr Philipson war, wie sie sagte, ihr Gemahl. Er konnte sich Heinz nur ein paar Augenblicke widmen.

»Ich bin sehr beschäftigt«, entschuldigte er sich. »Ich bin gerade dabei, ein paar Artikel zu schreiben, und die müssen unbedingt heute noch fertig und gleich verschickt werden.« Heinz sagte nichts. Er grinste auch nur innerlich. Alle paar Monate lief ein Schiff die Insel an. Und dieser Herr Philipson tat, als käme täglich das Postauto.

»Kennen Sie meine Pläne eigentlich? Habe ich Ihnen noch nicht davon erzählt?«, fragte die Baronin. Sie lächelte und tat dann sehr wichtig.

Sie reichte meinem Mann eine Zeitung aus Guayaquil. Er brauchte eine ganze Weile, bis er einigermaßen verstand. Die Baronin hatte die Absicht, auf Floreana ein Hotel für amerikanische Millionäre zu errichten. Ihr Mann Philipson und der

Bediente Lorenz sollten Architekten und Ingenieure gewesen sein …

Heinz markierte beifälliges Staunen. Aber die Baronin ging sprunghaft schon wieder zu einem anderen Thema über: »Dieser Ritter will Arzt sein«, sagte sie mit arrogant herabgezogenem Mund. »Dieser Zahnklempner!«

Um diesem widerlichen Gespräch ein Ende zu machen, bat mein Mann um Reis. »Natürlich«, lächelte die Baronin süß. »Der Reis … Er kostet achtundzwanzig Sucres.«

Heinz glaubte nicht recht gehört zu haben. »Achtundzwanzig? Ich habe ihn für elf Sucres von dem Kapitän gekauft.«

»Er kostet achtundzwanzig Sucres«, wiederholte die Baronin und spielte mit ihrer Reitpeitsche. »Wenn Sie ihn haben wollen …«

Heinz stand auf: »Ich bitte Sie«, sagte er kühl, »unseren Apfelsinengarten nicht mehr zu betreten und sich eine andere Wohngelegenheit zu suchen, Frau Baronin.«

Ihre Züge wurden plötzlich hart. »Ich denke nicht daran, ich habe keine bessere Wohngelegenheit. Vorläufig jedenfalls nicht. Bis mein Hotel steht. Also werde ich bleiben. So lange, wie es mir gefällt. Oder – wollen Sie vielleicht versuchen, mich hinauszuwerfen?«

Sie lachte. »Bedenken Sie: Wir sind drei Männer – und ich zähle ebenfalls.« Mit einer unmissverständlichen Bewegung legte sie ihre Hand auf den Revolver und sah Heinz dabei aus ihren tückischen Augen an.

Wir verzichteten auf unseren Reis. Sollte die Baronin damit selig werden. Wir werden auch ohne den Reis nicht verhungern. Wir wollen mit dieser Frau nichts zu tun haben. Das eindringlich geflüsterte Wort »Vorsicht« unseres österreichischen Freundes klang uns noch in den Ohren. Ein paar Tage später traf Heinz im Busch den blonden Lorenz.

»Pssst!«, machte er. Dann verschwand er im dichten Gebüsch. Heinz ging ihm nach. »Kann uns hier keiner hören?«, fragte Lorenz und sah sich ängstlich nach allen Seiten um.

»Nein, hier hört uns niemand. Was ist denn?«

Lorenz machte einen völlig verschüchterten Eindruck. »Die Gnädige«, sagte er leise, »hat mir nämlich strengstens verboten, mit Ihnen und Ihrer Frau zu sprechen.«

Lorenz verlor seine Furcht. Er war froh, wieder einmal reden zu können. Unter dem Siegel strengster Verschwiegenheit begann er von der Baronin zu erzählen: »Sie ist nicht mit Philipson verheiratet. Das ist alles Schwindel. Sie war seit 1923 mit einem Franzosen verheiratet. Bousquet heißt er. Und sie nennt sich ja auch ›Baronin Wagner de Bousquet‹. Dieser Bousquet ist Reisender. Sie hat ihn in Konstantinopel kennengelernt. Dort soll sie Tänzerin gewesen sein. Und vorher, während des Krieges, war sie eine Spionin, habe ich gehört. Ich weiß nicht, ob es stimmt, aber möglich ist es schon, wenn man sie kennt … Sie ist übrigens von Bousquet geschieden. Aber ich glaube, der ist froh, dass er sie losgeworden ist.«

Heinz nahm diese Neuigkeit zur Kenntnis, aber ihn interessierte etwas ganz anderes. »Sagen Sie mal, Lorenz, hat jemand die Briefe an Dr. Ritter unterwegs geöffnet?«

Erst wollte er nicht mit der Sprache heraus, aber dann gab er zu: »Ja, die Baronin hat die Briefe geöffnet. Die gesamte Post. Sie wollte wissen, mit was für Leuten Dr. Ritter verkehrt – und Sie auch.«

Das eine wussten wir nun: Wir wurden überwacht. In unser stilles ruhiges Leben war plötzlich Unruhe eingebrochen.

Wir versuchten das alles zu vergessen. Der Hausbau machte sichtbare Fortschritte. Von den Abfällen des Baumaterials begann ich einen Hühnerstall zu zimmern. Ich wollte einmal eine große Hühnerzucht anlegen, und damit machte ich jetzt den bescheidenen Anfang.

Ein Huhn saß auf zehn Eiern. Das sollte der Grundstock für meine Hühnerfarm werden, von der ich dauernd träumte.

Schwarze und unheimliche Nächte

Es war am 15. November 1932, vier Wochen nach der Ankunft unserer streitbaren Baronin, als wir wieder Besuch auf der Insel bekamen. Der Norweger Stampa, der auf Santa Cruz lebte, kam mit einem Weltenbummler namens Franke nach Floreana. Franke wollte sich hier für eine Weile niederlassen und die Erlebnisse seiner Weltreisen in der Stille und Abgeschiedenheit unserer Insel aufzeichnen.

Die beiden kamen mit einem Motorsegler. In der Postoffice Bay gingen sie vor Anker. Der erste Mensch, den sie auf der Insel trafen, war die Baronin.

»Kann ich bei Ihnen ein Obdach bekommen?«, fragte der Weltenbummler Franke höflich. »Für einige Zeit …«

Sie schnitt ihm barsch das Wort ab. »Nein!« Eine unverständliche Antwort für eine Frau, die sich mit großen Hotelplänen trägt. Aber die Baronin hatte in diesem Fall wohl ihre Gründe. Sie hatte wohl sehr schnell herausgefunden, dass Franke alles andere als wohlhabend war. Und an solchen Gästen hatte sie kein Interesse. Sie brauchte zahlungsfähige Gäste, Millionäre. Das hatte sie uns gleich zu Anfang gesagt.

Enttäuscht zog Franke weiter; hinauf zu Dr. Ritter.

»Nein«, sagte auch er. Er sagte es nicht so grob wie die Baronin, aber er lehnte ab. »Ich brauche meine Ruhe. Ich arbeite an meinen wissenschaftlichen Werken, da kann ich keine Störung vertragen. Ich muss allein sein.« Das sah Franke seufzend ein. Und im Übrigen stellte er fest, dass Ritters Behausung wirklich keinen Platz für einen Gast bot. Es war nur ein Bungalow.

Er bestand aus vier Pfählen, über die ein Wellblechdach gelegt war. Im Inneren war wiederum um vier Pfähle eine Art Käfig aus Fliegendraht gebaut. Vielleicht zwei Mal drei Meter groß. In diesem Käfig standen die Betten für Ritter und seine Gefährtin Dore.

»Gehen Sie doch zu Wittmers«, riet Dr. Ritter dem Weltenbummler.

Da kam er also zu uns. Wir konnten ihn jedoch beim besten Willen nicht aufnehmen. Wir waren ja, vorläufig noch, auch nur Höhlenbewohner. Und unser Platz reichte gerade für uns selbst aus. Im Übrigen: In sechs Wochen erwartete ich mein Kind. Mein Zustand begann mir Beschwerden zu machen; ich konnte jetzt beim besten Willen keinen Dauergast aufnehmen.

»Ja, dann wird mir nichts anderes übrigbleiben, als mich von Stampa wieder nach Santa Cruz zurückfahren zu lassen.«

Franke war sehr enttäuscht. Aber er sah ein, dass er hier nicht bleiben konnte. Sie gingen wieder hinunter zur Postoffice Bay, wo der kleine Motorsegler lag. Auf dem Weg schossen sie ein Kalb. Das Fleisch wollten sie mit nach Santa Cruz nehmen. Den Schuss musste die Baronin gehört haben. Als sie die beiden Männer mit dem Kalb kommen sah, stürzte sie aus dem Holzhaus.

»Sie haben sich an meinen Kälbern vergriffen«, schrie sie. Dann riss sie den Revolver aus dem Gürtel und bedrohte Franke und Stampa. »Philipson! Valdivieso!«, schrie sie schrill. Die beiden kamen und stellten sich neben ihre Herrin. »Zerstört ihnen das Floß!«, befahl sie.

Sie gehorchten. Sie schlugen das kleine Landungsfloß zusammen, mit dem Stampa und Frank von ihrem Schiffchen auf die Insel herübergekommen waren und mit dem sie jetzt wieder zu dem Motorsegler hinüberfahren wollten. Untätig, wehrlos mussten sie zusehen, wie das Floß zerstört wurde. Die Baronin hielt drohend den Revolver auf sie gerichtet. Und sie hätte wohl kaltblütig geschossen, wenn die beiden auch nur den Versuch gemacht hätten, sich zur Wehr zu setzen.

Stampa flüchtete zu Dr. Ritter. Franke kam keuchend bei uns oben an. Das war also der paradiesische Friede auf unserer Insel …

»Können Sie uns nicht mit Ihrem Faltboot zur Postoffice Bay hinüberfahren?«, fragte Franke. Mein Mann hatte ihm erzählt, dass er es an der Küste zwischen Büschen versteckt hatte, aus Furcht, die Baronin könnte es entdecken und einfach für sich beschlagnahmen. Wie den Reis.

Franke hatte sich das so gedacht: Heinz sollte ihn mit dem Faltboot zum Motorsegler fahren, und er würde dann damit in die Black Beach kommen, um Stampa aufzunehmen.

Der erste Teil des Unternehmens glückte auch. Heinz und Harry brachten Franke glücklich zum Motorsegler. Aber Franke hatte von der Seefahrt nicht die geringste Ahnung.

Er brachte das Boot nicht auf den richtigen Kurs; das kleine Fahrzeug trieb immer weiter ab. Heinz blieb nichts anderes übrig, als mit dem Faltboot wieder zur Black Beach zurückzufahren, Stampa dort an Bord zu nehmen und mit ihm zusammen den Weg noch einmal zu machen.

Black Beach und Postoffice Bay liegen zwei Wasserstunden mit dem Faltboot auseinander. Dazu war das Wetter stürmisch. Die See ging recht hoch, viel zu hoch für ein kleines Faltboot. Heinz setzte sein Leben aufs Spiel, um Franke und Stampa zu helfen.

Ich war während dieses Unternehmens oben bei der Höhle. Ganz allein. Nur der Hund, Lump, war bei mir. Solange es hell war, arbeitete ich im Garten. Dann trug ich Holz und trockenes Zuckerrohr zusammen, um an meinem Hühnerstall weiterzubauen. Dann bereitete ich das Abendessen zu. Es wurde dunkler, immer dunkler. Die Hühner waren schon schlafen gegangen. Es war still rings um mich, unheimlich still. Selten habe ich diese Stille so schwer und drückend empfunden wie an diesem Abend. Was kann alles aus der Dunkelheit hervorbrechen …? Ich grüble und grüble, ich mache mir Sorgen, und dann kriecht eine lähmende Angst in mir hoch. Ich hocke auf einem kleinen Schemel vor dem spärlich flackernden Feuer. Lump liegt vor mir und hat seinen Kopf in meinen Schoß gelegt. Manchmal hebt er die Augen fragend zu mir auf. Wir lauschen beide auf das kleinste Geräusch, das von draußen zu uns hereindringt. Hin und wieder raschelt es. Von ferne weht ein tiefes Brummen eines Rindes zur Höhle herüber.

Die Minuten werden zu Ewigkeiten …Ich wage nicht einmal aufzustehen, das Feuer zu schüren oder die Petroleumlampe anzuzünden. Ich habe Angst. Grenzenlose Angst, wie noch nie in meinem Leben. Wenn Heinz und Harry etwas zugestoßen ist … Wenn das kleine Boot gekentert ist …Ich höre die heftige Brandung an der Küste bis hier herauf. Dieses ewige monotone Rauschen. Wenn die Haifische … Ich weiß, dass es an der Küste Scharen von Haifischen gibt. Das dünne Faltboot … Ich wage nicht weiterzudenken, lege die Hand über die Augen. Ich will nicht einmal im Geiste die Bilder sehen, die auf mich einstürmen. Lump legt seine Schnauze fester in meinen Schoß. Lump, das einzige Lebewesen, das ich um mich habe.

Und – wenn sie nicht zurückkommen? Himmel, was soll ich machen, wenn sie nicht wiederkommen? Ich – allein? Allein auf dieser Insel.

In sechs Wochen wird unser Kind zur Welt kommen.

Es ist längst finster geworden.

In der Höhle verbreitet nur noch ein Rest von Glut einen leise flackernden Schein. Ich bin nicht fähig aufzustehen und die Glut zu schüren, Holz nachzulegen. Ich fühle, dass ich keinen einzigen Schritt mehr gehen kann.

Draußen funkeln die Sterne am Himmel. Die Brandung klingt noch immer dumpf rauschend zu mir herauf. Ich habe das Gefühl, dass es nur noch mich gibt und die Ferne, diese endlose Ferne.

Plötzlich trägt der Wind, zerrissen und zerfetzt wie in munterem Übermut, ein Wort zu mir heran. Etwas, das wie ein Wort klingen könnte, das Wort eines Menschen. Dann ist wieder Stille.

Ich habe mich getäuscht. Die Dunkelheit und der Wind narren mich.

Lump hat seine Schnauze aus meinem Schoß genommen. Er hebt den Kopf. Er bellt, aber nicht wie sonst. Er knurrt leise und verhalten. Ich sehe, wie seine Ohren steil aufgerichtet sind, sein Schwanz beginnt langsam zu wedeln. Wieder ein Laut. Ein vom Wind hin- und hergerissenes Wort. »Lumpi!«, rufe ich heiser.

Da springt er auf. Rennt hinaus und bellt. Laut, noch lauter! Kommt hereingerannt, stupst mich mit der Schnauze und rast wieder hinaus, dass seine Ohren fliegen. Und dann höre ich es, durch den pfeifenden Wind hindurch, ganz deutlich:

»Hallo!« Das kann nur Heinz sein, so ruft nur mein Mann.

Mir zittern die Beine, als ich aufstehe. Und dann sehe ich sie, zuerst als schwache Umrisse, im Höheneingang. Heinz und Harry.

Der Himmel hat sie mir wiedergeschenkt.

»Heinz!« Ich taumele und er fängt mich in seinen Armen auf. Wir sprechen nichts. Was sollten wir jetzt sagen?

Es ist der erste böse Tag in meinem Inseldasein. Ich hoffe, es wird auch der letzte sein.

Einige Tage später erfahre ich, dass Dr. Ritter und Stampa eine Beschwerde an den Gouverneur nach San Cristóbal geschrieben haben. Sie haben gefordert, dass die »zweifellos geisteskranke Baronin« sofort von der Insel entfernt wird.

Das Wetter scheint sich zu ändern. Es wird, wenn es nicht regnet, sehr warm. Wir gehen der heißen Tropenzeit entgegen. Die Pflanzen, die nicht am Bachlauf stehen, lassen in der Mittagssonne die Blätter hängen. Wir müssten alles bewässern. Aber dazu reicht das Wasser nicht.

Außerdem gibt es im Augenblick nur eine Sorge: die Rinder. Die Bullen. Sie machen uns das Leben höllisch schwer. Fast in jeder Nacht brechen sie in den Garten ein. In einer Nacht hörten wir sie ganz nahe in aller Ruhe fressen. Lump schlug an. Heinz nahm sein Gewehr und ging dem Bellen des Hundes nach. Der Mond schien nur schwach, und nur die Umrisse eines Bullen waren undeutlich zu erkennen. Heinz schoss auf den schattenhaften Körper. Im Nu war der Teufel los. Brüllend rannten einige Rinder aus dem Garten.

Am anderen Morgen fanden wir den Bullen angeschossen im Maisfeld. Er war noch nicht tot. Die anderen Rinder hatten bei ihrer Flucht den halben Zaun mitgerissen. Wir hatten wieder einen unerwarteten Schlachttag, von dem wir gar nicht begeistert waren. Wir müssen der Rinderplage zu Leibe rücken. So geht es einfach nicht weiter. Wir arbeiten und arbeiten und schuften, und alles nur für die Rinder. Was bleibt uns denn noch, wenn das Viehzeug alles auffrisst und zertrampelt? Es bleibt uns nichts anderes übrig: Wir müssen in den Nächten Wache stehen.

Harry nahm die erste Woche von acht bis zwölf Uhr nachts. Ich ging bis drei Uhr morgens. Den Rest der Nacht wachte Heinz draußen.

Es ist unheimlich in der pechschwarzen Nacht. In einen warmen Mantel gehüllt, das Gewehr im Arm, in der Hand eine kleine Taschenlampe gehe ich durch die Pflanzung. Lump begleitet mich und rennt hinter jeder Ratte her, die über den Weg huscht. In der zweiten Nacht schoss ich ein Rind, das eingebrochen war und sich an den Stangenbohnen gütlich tat.

Diese Nachtwachen gehen auf Kosten der anderen Arbeiten. Der Hausbau kommt nur noch langsam vorwärts. Das Haus sollte fertig sein, wenn unser Kind kommt. Aber ob wir es schaffen? Ich weiß es nicht.

Die einsamen Wachen in der nächtlichen Stille haben auch ihren Reiz. Über einem steht der Himmel, dunkel und bedeckt. Selten funkeln die Sterne. Ringsum undurchdringliche Dunkelheit. Man sitzt ganz still da, um sich nicht durch ein Geräusch zu verraten. Aber im Busch ist auch während der Nacht immer Lärm. Die Schweine quietschen. Irgendwo schreit ein Esel. Rinder blöken und brummen. Ein eigenartig nächtliches Konzert. Es dauert lange, bis man sich daran gewöhnt. Wir sind ja noch nicht einmal ein halbes Jahr hier. Es ist noch so vieles fremd. Wir müssen erst allmählich mit dieser fremden Natur verwachsen.

Wir denken nur noch an Weihnachten. Vier Tage sind es jetzt noch. Morgens um zehn haben wir schon neunzehn Grad im Schatten. Am 20. Dezember … Kurz nach Mittag sind es 28 Grad. Und in vier Tagen ist Weihnachten.

Dr. Ritter hatte sich von uns für Weihnachten Trockenfleisch, grüne Bohnen und deutsches Gemüse gewünscht. Ich hatte gerade die ersten Gurken geerntet. Gurken sind doch ausgezeichnet für Vegetarier. Und sie gedeihen bei ihm nicht. In seiner Zone ist es zu warm und trocken. Dafür gedeihen bei ihm die Bananen und verschiedene Gemüse prächtig, die sich bei uns nicht richtig entwickeln. Wir tauschen immer ein wenig aus, und bei diesen Tauschgeschäften zeigt sich Ritter als ganz friedlicher Mensch.

Als Heinz mit seinen Gurken, dem Trockenfleisch und den Gemüsen bei Dr. Ritter ankam, glaubte er seinen Augen nicht zu trauen. Er überraschte den Doktor bei einer Beschäftigung, die mit seinen vielgepriesenen vegetarischen Theorien nicht ganz in Einklang stand: Dr. Ritter war gerade dabei, einen großen Bullen kunstgerecht zu zerschneiden.

»Ich habe ihn gerade geschossen«, sagte er verlegen und fügte schnell hinzu: »Das Biest hat mich schon seit Wochen belästigt und immer wieder meinen Zaun zerstört.«

Ein Paar Stücke von dem Biest schmorten schon in der Pfanne. Heinz roch den Duft, der vom Herd herüberwehte. Und er roch den ganzen Braten: Dr. Ritter und Frau Dore waren keine Vegetarier aus Überzeugung; sie redeten nur viel über ihre vegetarische Ernährungsphilosophie, um sich interessant zu machen.

»Darf ich Ihnen ein Stück gebratenes Fleisch anbieten?«, fragte Dr. Ritter. »Sie sind gerade im richtigen Augenblick gekommen.«

Heinz lehnte nicht ab. Er aß den Braten mit bestem Appetit und – dachte dabei, es sei wohl die gerechte Strafe für den bösen Bullen, in Dr. Ritters Bratpfanne zu landen. So hatte es der Doktor wahrscheinlich auch gemeint …

Weihnachten.

Unser erstes Insel-Weihnachten. Das Thermometer zeigt 28 Grad im Schatten. Wir versuchen krampfhaft an Schnee zu denken, uns einen Tannenwald, einen richtigen, tief verschneiten Tannenwald vorzustellen. Aber die großen bunten Schmetterlinge passen schlecht in den Winter.

Trotzdem versuche ich ein wenig weihnachtliche Stimmung in die Wohnhöhle zu zaubern. Mein Weihnachtsgebäck verbreitet einen heimatlichen Duft. Heinz hatte ein Schwein geschossen. Ein ordentlicher Braten gehört nun einmal zu einem Fest. Das haben wir immer so gehalten. Ich machte Leberwurst und brachte sogar Hartwurst zusammen, die im Rauchfang die richtige Würze bekam.

Unser erstes Weihnachten auf Floreana hatte ein festliches Kleid, und alle unsere Leckerbissen hatte die Insel geliefert. Das war das Schönste.

Und: Hitze hin, Hitze her … »Wenn ich an den kalten Winter in Europa denke«, sagte Heinz, »dann …«

»… dann«, nahm ich ihm das Wort aus dem Mund, »dann bin ich lieber auf Galápagos und feiere Weihnachten bei hochsommerlichen Temperaturen. Übrigens: Ich fühle mich hier wirklich wohl. Ich bin glücklich.« Am glücklichsten war an diesem Weihnachtsfest Harry. Er bekam eine Doppelflinte. Eine größere Freude hätten wir ihm gar nicht machen können.

»Eigentlich müsste man zu Weihnachten auch einen richtigen Weihnachtsspaziergang machen«, meinte mein ahnungsloser Mann. Einen Spaziergang über Stock und Stein, bergab, bergauf – und das in meinem Zustand. In den nächsten, den allernächsten Tagen erwartete ich mein Kind. Aber daran dachte er nicht. Er hatte ja keine Beschwerden. Woher soll er wissen, wie einer Frau ein paar Tage vor der Entbindung zumute ist? Natürlich hatte er es gut gemeint, und ich konnte ihm auch wirklich nicht böse sein.

Ich spazierte tapfer mit. Es war seit fünf Monaten das erste Mal, dass ich unser »Grundstück« verließ. Dieser kleine Weihnachtsspaziergang, nur eine halbe Stunde Weg bis zu der kleinen Quelle, war für mich mindestens so schwer wie der sechsstündige Gepäckmarsch damals von der Küste zu den Höhlen. Aber dann wurde ich für die Strapazen dieses Marsches hundertfach belohnt: An der kleinen Quelle, die aus einem Felsvorsprung heraussprudelt, genoss ich die weite Sicht auf das Meer und auf die Pampa, die sich als breiter Streifen vor dem Meer hinzieht. Auf dieser Pampa lief friedlich eine große Herde Rinder und Kälber herum, in trauter Gemeinschaft mit Schweinen und Eseln.

Ein paradiesisch schönes Bild.

Ein Mensch braucht nichts als eine Höhle

1932/33

Unser Haus ist fertig. Wenigstens zum Teil. Die Küche und mein Schlafraum. Die beiden Räume sind mit Zuckerrohr gedeckt. Das Dach scheint sogar dicht zu sein. Bisher ist jedenfalls noch kein Regenwasser hindurchgesickert. Es war eine mühsame Arbeit, dieses Dach zu bauen. Zuckerrohr ist störrisch, wenn es trocken ist. Es bricht dann sofort und muss immer wieder angefeuchtet werden. Wie sich das Dach in der Regenzeit verhalten wird, müssen wir erst noch abwarten.

Gegen unsere Wohnhöhle ist dies ein wahrer Palast. Wir haben ein niedriges Fundament aus Steinen gebaut, aus den Lavasteinen, die in jeder Menge herumliegen. An den vier Ecken sind starke Stämme in den Boden gerammt, und die Wände dazwischen sind ebenfalls aus Stangenholz. Ich habe von alten Zitronenbäumen das Moos abgekratzt und es in die Ritzen zwischen die Stangen gestopft. Vorher hat der Wind durch die Ritzen gepfiffen.

Das Haus ist nicht groß, zugegeben. Aber es ist ein festes Blockhaus. Und welche Arbeit hat es gemacht! Jede Stange musste erst geschlagen und zugehauen werden. Jede Stange ist ein Stämmchen von den kleinen Bäumen, die zum Teil von dem gerodeten Stück stammen. Und jede Stange musste erst auf der Schulter herangeschleppt werden.

Heinz und Harry hatten längst keine Schuhe mehr. Die waren beim Roden, bei der Jagd im Busch, auf den scharfkantigen rauen Lavasteinen schon lange zum Teufel gegangen.

»Ich muss mir ein Paar neue Schuhe kaufen«, hatte Heinz

vor Wochen gesagt. »Geh aber in ein gutes Geschäft!« Wir haben in solchen Fällen immer Witze gemacht, damit wir nicht zugeben mussten, wie traurig uns manchmal zumute war, wenn wir von Neuanschaffungen sprachen.

»Mal sehen, wo es die größte Auswahl gibt. Man nimmt ja nicht das erste Beste, nicht wahr?«

Das nächste Schuhgeschäft war in Guayaquil, so an die tausend Kilometer entfernt. »Vielleicht kannst du mir ein paar elegante Pumps mitbringen«, spottete ich weiter. »Für den Abend, weißt du, wenn Dore uns mal einlädt zu vegetarischem Rinderbraten ...«

Wir haben uns dann anders geholfen. Wir haben uns immer geholfen, so gut wir konnten, und aus dem, was uns die Insel bot. In diesem Falle bot sie uns Rinderhäute. Aber vom Gerben verstanden wir nichts. Wir hätten alles erst einmal lernen müssen: Räuchern, Gerben, Schustern und was sonst noch alles. Wir konnten nichts. Und wir haben trotzdem alles gemacht. Gegerbt haben wir sie nicht. Wir haben sie nur an der Sonne trocknen lassen, wenn sie gerade mal schien. Dann haben wir passende Sohlen und viele Riemen daraus geschnitten und Sandalen geschustert. Das waren keine schlechten Sandalen, und solange es nicht regnete, waren sie auch gut zu tragen. Sie waren immerhin ein guter Schutz gegen Steine und Dornen.

Aber wenn es regnete, dann weichten die an der Sonne getrockneten Sandalen sofort auf. Sie quollen förmlich auf, wie Stockfisch im Wasser. Sie wurden doppelt so groß und fielen einem von den Füßen. Wenn es so weit war, dann brauchten Heinz und Harry sie gar nicht mehr auszuziehen! Sie rutschten von selbst von den Füßen. Und sie blieben liegen, wo sie lagen. Die Ratten hatten dann jedes Mal Feiertag. Sie hatten eine ausgesprochene Leidenschaft für abgelegte Rinderhaut-Sandalen.

Die Wände meines Schlafzimmers habe ich mit weißem Stoff bespannt. Der Raum ist zwei mal zwei Meter groß. An der Wand steht das Bett – vier Pfosten, Querhölzer darauf. Die Matratze, aus Indanthrenstoff, ist mit Stroh gefüllt; tagsüber dient sie als Sitzgelegenheit, nachts, mit dicken Wolldecken belegt, als Bett. An der anderen Wand steht ein Regal mit einem Vorhang. Da werde ich meine Wäsche unterbringen. Hoch über dem Bett ist noch ein Bücherregal angebracht, die ganze Wand entlang. Darauf kommen die Bücher. Ich kann sie nun endlich aus den Kisten herausnehmen, in denen sie anfangen zu schimmeln.

Die Tür führt in das Wohnzimmer. Aber das ist noch gar nicht da. Das kommt erst später. Erst kommt mal etwas anderes: das Kind.

Die Küche ist ganz komfortabel. Sie hat einen richtigen aus Steinen gemauerten Herd mit Backofen. Darüber einen breiten Rauchfang, in dem man eine Menge Fleisch und Wurst räuchern kann. Es gibt sogar – alles selbstgebastelt – eine Anrichte, Abstellregale, einen Tisch und zwei richtige Stühle. Die Sitze der Stühle haben wir aus roher Rinderhaut geflochten. Wir haben das bei den Stühlen mal so zur Probe gemacht. Später wollen wir, wenn es gut geht, alle unsere Sitzgelegenheiten und auch die Betten auf diese Weise herstellen.

Aus der noch nicht ganz trockenen Rinderhaut haben wir Riemen herausgeschnitten, dann haben wir sie wieder feucht gemacht und zwischen Bäume gespannt, damit sie wieder gerade wurden. In die Querhölzer der Stühle haben wir Löcher gebohrt und dann die immer noch feuchten Riemen durch diese Löcher gezogen, im Gittermuster, wie beim Strümpfestopfen. Dann kam der fertig gespannte Stuhl in die Sonne. Die feuchten Riemen wurden knüppelhart. Die Sitze waren so straff wie Tennisschläger.

Heinz möchte lieber drei Häuser bauen als noch einmal einen Tisch, der nicht wackelt. So einen Tisch zu bauen – das muss eine der größten Künste sein.

Die Fenster – natürlich haben wir auch Fenster – sind vorläufig aus Fliegendraht. Glas gibt es hier nicht. Glas ist sogar in Ecuador kein alltäglicher Artikel. Wenn mich meine Erinnerung nicht täuscht: Ich glaube, die alten Häuser in Guayaquil hatten allesamt keine Glasfenster. Ist ja auch ein Luxus ohnegleichen.

Als wir anfingen, unsere Sachen aus der Wohnhöhle in das neue Haus zu bringen, stand plötzlich Lorenz da, der kleine semmelblonde Lakai der Baronin.

»Kann ich 'n bisschen helfen?«

Ich wollte seine Hilfe nicht. Wegen der Baronin. Ich fürchtete, er könnte Schwierigkeiten bekommen, wenn sie das erführe.

Ich machte zum ersten Mal im neuen Haus, in der hochzivilisierten Küche Feuer an. Der Herd zog großartig. Kein Qualm, kein Gestank. Ich braute einen Einweihungskaffee. »Auch ein Tässchen, Lorenz?«

Seine Augen strahlten. Er war Dresdener, und wenn von Kaffee die Rede war, konnte er seine sächsische Herkunft nicht verleugnen.

»Gestern bin ich bei Dr. Ridder gewesen«, begann er zu erzählen. Der Kaffee lockerte seine Zunge. »Ich habe mich wegen einer Reisemöglichkeit erkundigt. Ich halte das hier nicht mehr aus.« Er nahm einen Schluck, verbrannte sich beinahe die Zunge, und fuhr dann fort: »Das Leben mit der Baronin ist kaum noch zu ertragen. In Paris hat sie mich noch gut behandelt. Aber hier? Jetzt bin ich nur noch gut genug, ihre Kühe zu hüten und Wasser zu schleppen. Die besseren Arbeiten, die machen Philipson und Valdivieso.«

Wieder ein langer, genießerischer, schlürfender Schluck. »Die Gnädige hat angeordnet, dass ich jeden Tag frische Milch zur Küste bringe, weil die Frau Baronin keinen Reis ohne Milch essen könne. Mir gibt sie nur das Notwendigste zum Essen, und sie macht sich mit den beiden anderen einen vergnügten Tag da unten. Lebensmittel hat sie ja eine Menge mitgebracht. Bloß ich kriege nichts davon ab. Kein Hund lebt so wie ich …«

»Lieber Lorenz: Ja, du tust mir wirklich leid. Aber ich kann dir nicht helfen. Ich habe meine eigenen Sorgen. Noch zwei, drei Tage, dann müsste es so weit sein. Wie klein sind deine Sorgen dagegen, Lorenz. Du bist doch ein Mann. Sieh zu … «

Zwei Tage noch. Dann geht das alte Jahr zu Ende. In zwei Tagen ist Silvester. Ich denke nicht an Punsch oder an den Sekt, den man trinkt, um das alte Jahr zu verabschieden und das neue zu begrüßen.

Ich denke nur noch an mein Kind.

Die ersten Wehen kommen am 29. Dezember 1932. Lieber Himmel, lass alles gut gehen.

Heinz kann doch nicht immer bei mir sein. Es gibt so viel zu tun. So unmenschlich viel. Wir stehen doch noch am Anfang. Da kann man keinen halben Tag versäumen. Das sehe ich ein. Ich weiß doch …

Ich habe Schmerzen. Aber Heinz und Harry brauchen nichts zu merken. Ich tue so, als ob nichts Besonderes wäre.

In meinem Schlafzimmer im neuen Haus liegt alles bereit: Leinen, Verbandszeug, Watte, die Schere, die Babyaussteuer.

Und eine Dose mit Talkpuder. Ob sie reichen wird? Ich habe nur diese eine. Ich hätte zwei mitnehmen sollen. Oder drei.

Mein Bett ist hergerichtet. Wir haben dicke Lagen von Papier daraufgelegt und darüber ausgekochte Leinenlappen.

Die Schmerzen sind kaum noch zu ertragen. Aber der Tag vergeht. Und die Nacht auch noch. Ich kann keine Minute schlafen vor Schmerzen. Heinz macht mir eine Stütze im Rücken, damit ich ein wenig sitzen kann. Im Sitzen ist es nicht ganz so schlimm. Mir wird heiß und kalt. Die Nacht vergeht. Am Morgen, die Dämmerung kriecht herauf. Nichts, nichts. Heinz kocht mir einen starken Kaffee. Ich stehe wieder auf, laufe ein wenig herum. Die Schmerzen lassen nach. Ich kann sogar das Essen zubereiten und einen Neujahrskuchen backen.

Dann kommt die nächste Nacht. Harry und Heinz schlafen sofort ein. Sie haben am Tag schwer gearbeitet. Sie lassen mich mit meinen furchtbaren Schmerzen allein. Ich muss die Zähne fest in das Kissen beißen, damit ich von den Höllenqualen nicht laut aufschreie.

Nein, ich schreie nicht. Ich nehme mich zusammen. Auch diese furchtbare Nacht vergeht. Neujahr ist da. Der erste Tag des Jahres 1933.

»Ob das überhaupt noch ein Ende nehmen wird?« Ich war völlig verzweifelt. Nur trinken, immerzu trinken. Ich hatte das Gefühl zu verbrennen.

Heinz schickt Harry mit dem Hund hinaus. Wenn sie zurückkommen, wird alles überstanden sein. Aber nichts geschieht. Ich bin fast besinnungslos.

Noch eine Nacht. Die dritte. Seit zweiundsiebzig Stunden habe ich so grausame Schmerzen, dass ich glaube, ich überlebe sie nicht.

Die Nacht vergeht langsam. Heinz und Harry haben kaum

geschlafen. Sie stehen auf, als es noch dunkel ist. Ich höre sie gehen. Ich kann nicht einmal etwas sagen, so schwach bin ich. Sie werden gleich wieder zurückkommen. Sie sind hinausgegangen, ich weiß nicht, warum. Vielleicht haben sie gehört, wie ein Bulle im Garten eingebrochen ist. Vielleicht werden sie ihn schießen. Ich werde nicht einmal den Schuss hören … Es ist noch dunkel. Ich habe das Gefühl, dass ich keine Luft mehr bekomme. Luft, Luft …! Ich stehe auf, ich halte es in meinem Bett nicht mehr aus. Mir ist schlecht vor Schmerzen und vor Angst.

»Heinz!« Ich will laut rufen. Aber ich höre mich selbst kaum. Ich gehe aus dem Haus hinaus. Vielleicht sind Heinz und Harry bei den Höhlen. Ich gehe zur Wohnhöhle. Ich schleppe mich hin, fast ohnmächtig vor Schmerzen. In der Höhle ist niemand.

»Heinz!« Mein Schrei dringt kaum aus der Höhle hinaus. Ich bin sogar zum Schreien zu schwach.

In der Wohnhöhle liegen noch ein paar Sachen. Eine Kiste, zwei Kisten. Bücher in der offenen Kiste. Ja, ein Buch müsste man jetzt lesen. Das beruhigt vielleicht. Der wackelige Tisch steht auch noch da. Aber in der Feuerstelle ist kein bisschen Glut. Haben sie das Feuer ausgehen lassen? Ich weiß gar nicht, wo ich bin. Ich weiß gar nicht, dass zwanzig, dreißig Schritte von hier das Haus steht. Sie werden im Busch sein. Vielleicht verfolgen sie die Spur eines Bullen. Im Busch … Ja, ich werde auch in den Busch gehen. Ich werde sie finden. Nur nicht so allein sein …!

Am Boden liegt ein Strohsack. Ich wäre fast darüber gefallen …

Ich habe doch ein Bett, ein richtiges Bett. Mit einem weißen Laken. Für einen Augenblick wird mir schwarz vor Augen. Meine Beine halten mich nicht mehr. Dann wird mir auf einmal so leicht. Der Strohsack … Ich lasse mich sinken. Ich fühle das Stroh unter mir.

Ich liege auf dem Strohsack, unfähig mich zu rühren.

»Heinz! Heinz!« Diesmal schreie ich so laut, dass ich vor meiner eigenen Stimme erschrecke.

Es hallt laut und leer in der Höhle zurück. Aber keine Antwort.

Ich liege ganz still. Am Höhleneingang raschelt es. Ein unheimliches Rascheln. Draußen ist es noch dunkel. Eine Eule schreit. Ich höre einen Bullen brüllen. Und das Brüllen kommt immer näher. Jetzt muss er da sein, ganz nahe.

Der Bulle brüllt noch einmal, als ob er todwund geschossen wäre. Er ist keine drei Schritte von mir entfernt. Mir bricht der kalte Schweiß aus. Ich will rufen. Will nach Heinz rufen. Aber ich kann nicht. Ich bin zu schwach um nur die Lippen zu öffnen.

Da höre ich einen Schrei.

Nein, ich habe nicht geschrien.

Einen Schrei, kurz durchdringend, schrill und quäkend.

Der Schrei kam nicht von mir. Und auch nicht von Heinz. Es ist der erste Schrei unseres Kindes, das zur Welt gekommen ist. Es ist da. Und ich begreife es kaum, weil ich zu schwach dazu bin. Und zu hilflos.

Ich höre auch die schnellen hetzenden Schritte nicht mehr. Ich sehe nicht, wie mein Mann, in Schweiß gebadet, plötzlich vor mir steht. Ich sehe und höre überhaupt nichts mehr.

Hinter Heinz kommt Harry – das haben sie mir später erzählt, und dann kommt Lump angesaust. Er bellt fröhlich, als er mich auf dem Strohsack liegen sieht. Und ist dann still, weil ich so still bin.

Heinz und Harry brachten mich vorsichtig zum Haus. Mich und das Kind. »Es ist ein Junge.« War das Heinz?

Ich war so schwach, dass ich die wenigen Worte gar nicht verstand.

Heinz legte mich behutsam auf mein Bett. Er badete das Kind und schlug es in ein großes Tuch, das schon bereitlag. Und dann fielen wir beide in tiefen Schlaf. Ich und das Kind. Und auch Heinz und Harry schliefen die letzten beiden Stunden dieser Nacht.

Als es hell wurde, wachte ich auf. Ich konnte nicht sprechen. Ich trank den Kaffee, den Heinz mir ans Bett brachte. Ich trank ihn gierig. Ich aß die beiden geschlagenen Eier und das Kürbispüree. Dann kamen die Schmerzen wieder. Ich wusste, dass ich noch längst nicht alles überstanden hatte. Das Kind war da, gottlob, das war gut gegangen. Es lag neben mir, die rosigen Fäustchen auf das Gesicht gepresst, und schlief mit fest zusammengekniffenen Augen. Ich sah das kleine Gesicht, ich wollte den Arm heben, um es zu streicheln, um es wenigstens einmal zu fühlen – aber die Schmerzen quälten mich so stark, dass ich zu keiner Bewegung fähig war. Die Geburt war noch nicht vorbei. Für das kleine Wesen, das neben mir lag, schon, aber für mich noch nicht. Die Nachgeburt war noch nicht da. Immer noch nicht, nach so vielen Stunden.

Ich war fast betäubt vor Schmerz, aber das sah ich ganz klar: dass mein Leben in Gefahr war. Es war schon höchste Zeit.

Mit jeder Minute wurde die Gefahr größer. Und ich konnte mir nicht helfen. Heinz konnte auch nichts tun. Hier konnte nur noch ein Arzt helfen. Aber schnell …

»Doktor Ritter …«, sagte ich kraftlos. »Harry!«

»Ja?« Harry wollte losgehen. »Nimm Lump mit, Harry.«

»Ja. – Komm, Lumpi!«

Der Hund bellte vergnügt. Ich sah, wie er mit dem Schwanz wedelte. Und Harry ging aus dem Zimmer.

Jetzt war ich wieder einigermaßen klar bei Sinnen: Harry war fast blind. Er würde trotz des Hundes den Weg zu Dr. Ritter verfehlen, er musste sich verlaufen. Es würde vielleicht einen ganzen Tag dauern, bis er zu Dr. Ritter kam, wenn er den Weg überhaupt fand …

»Harry!« Heinz rief hinter ihm her. »Ich gehe selbst. Ich kenne die Wege besser. Und ich bin schneller.«

Und dann lief Heinz los, rannte den Weg zu Dr. Ritter hinunter.

Ich sah mir zum ersten Mal unseren neuen Insulaner an. Er hatte hellblondes Haar und braune Augen. Seinem Schreien nach zu urteilen, waren seine Lungen gut in Ordnung.

Drei lange Stunden vergingen, bis Heinz zurückkam. Er kam mit Dr. Ritter. Gott sei Dank. Ritter untersuchte mich und war jetzt ganz Arzt. Alles andere schien er vergessen zu haben.

»Haben Sie noch Schmerzen?«, fragte er.

»Ja. Sehr.«

»Ich muss einen Eingriff machen.«

Mir war alles gleich, wenn es mir nur half.

»Ich werde es erst einmal mit Chinin und mit Wechselumschlägen versuchen.« Dr. Ritter schien seine Meinung plötzlich geändert zu haben. Ich musste die Umschläge machen. Dr. Ritter ging weg. »Ich muss noch nach der Baronin sehen«, sagte er. Heinz erzählte mir kurz, sie hätten Lorenz unterwegs getroffen. Es schien verschiedenes nicht zu stimmen. Nach einer guten Stunde war Dr. Ritter plötzlich wieder da.

Er wusch sich die Hände ein Dutzend Mal mit medizinischer Seife. Dann wagte er den Eingriff; ohne Gummihandschuhe. Und, was für mich noch viel schlimmer war, ohne Narkose. Ich musste mich mit aller Gewalt beherrschen, um nicht laut zu schreien, so grausam war der Schmerz. Aber es ging gottlob schnell vorüber, und dann blieb nur noch eine wohlige Schwäche zurück. Er hatte mir geholfen.

Ich konnte wieder erleichtert aufatmen. Ich konnte sogar wieder schwach lächeln, als Dr. Ritter mich dann zu meinem Jungen beglückwünschte.

»Hut ab vor Ihrer Tapferkeit«, sagte er – und ich bat ihm im Stillen ab, dass ich ihn im Gespräch mit meinem Mann ein paar Mal einen widerlichen Klotz genannt hatte. »Das war keine Kleinigkeit, diese Geburt!«

Wahrscheinlich kam es Dr. Ritter erst jetzt so richtig zu Bewusstsein, dass diese Geburt hätte schiefgehen können. Vielleicht kam ihm auch die Einsicht, dass er dann, zumindest moralisch, eine große Schuld auf sich geladen hätte, weil er mir trotz meiner Bitten seine Hilfe versagt hatte.

Aber daran wollte ich jetzt nicht denken. Es war furchtbar gewesen, aber nun war alles überstanden, das Schlimmste jedenfalls. Jetzt konnte er mir leicht gute Ratschläge geben:

»Nun bleiben Sie aber auch schön ein paar Tage im Bett und erholen sich. Und lassen Sie sich ordentlich pflegen.«

Ich wäre wahrscheinlich, selbst wenn ich ein Narr gewesen wäre, nicht auf den unsinnigen Gedanken gekommen, sehr bald schon wieder aufzustehen.

Dr. Ritter sah sich jetzt erst das Kind an. Er nickte anerkennend. »Strammes Kerlchen«, stellte er fest. »Gut gebaut. Machen Sie ihm nur nicht das Nest zu weich. Je härter, desto besser für ihn. Das gibt nachher die wertvollsten Menschen.«

War das wieder eine Kostprobe seiner merkwürdigen Philosophie? Mir wollte nicht ganz einleuchten, was die Matratze mit dem späteren Wert eines Menschen zu tun hat …

»Was bin ich Ihnen für Ihre Hilfeleistung schuldig?«, fragte mein Mann.

»Geld? Wollen Sie mir Geld geben?« Dr. Ritter schüttelte den Kopf. »Was soll man hier mit Geld anfangen? Es nützt einem nichts. Und Geld … ich will ohne Geld leben. Nur mit dem, was die Natur uns bietet. Aber Sie können uns bei Gelegenheit ein Schwein herunterbringen. Und dann – Ihr Trockenfleisch sagt meinen Hühnern außerordentlich zu. Wenn Sie mir davon alle vierzehn Tage mal einen Sack voll geben könnten …«

Ich drehte mich um und lachte in das Kissen. Der große Vegetarier lässt sich mit einem Schwein bezahlen. Ausgerechnet mit einem Schwein. Und bescheiden war er mit seiner Honorarforderung auch gerade nicht. Gleichgültig, von mir aus hätte er zwanzig Schweine haben können, eines fetter als das andere – Hauptsache, es war alles überstanden.

Und jetzt zum Schluss hat er mir wirklich geholfen. Was für ein merkwürdiger Mensch: erst jede Hilfe ablehnen – »Ich bin nicht nach Floreana gekommen, um hier als Arzt zu praktizieren«, diese Worte werde ich nie vergessen – und dann, als es fast schon zu spät war, half er plötzlich ohne jedes Sträuben.

Die übrige Arbeit draußen in der Pflanzung blieb in diesen Tagen liegen. Nachher gab es doppelt und dreifach zu tun.

»Hör mal, Harry«, sagte ich, »kannst du uns nicht mit einem Namen für den Jungen aushelfen? Mir fällt keiner ein.«

»Mir schon … Ich hab schon einen. Also, wenn es nach mir gehen würde, ich würde ihn Rolf nennen.«

Wir diskutierten nicht lange. Rolf wurde akzeptiert. Wir fanden den Namen schön. Und kurz. Ich bin immer für die Kürze. Also gut, Rolf.

Ich hatte ein paar Tage Urlaub. Schwer verdienten Urlaub. Ich hatte Zeit, über einen Namen für unseren Jungen nachzudenken. Aber ich fand keinen besseren. Vielleicht war ich auch nur zu schwach zum Denken. Harry holte den ganzen Tag Holz und machte es klein, und Heinz spielte Koch und Pfleger. Und nun müssten wir Rolf ja eigentlich auch taufen, wie es sich für einen anständigen Christenmenschen gehört, selbst wenn er auf Floreana geboren ist. Aber an eine richtige Taufe war vorläufig nicht zu denken. Wie sollten wir einen Pfarrer benachrichtigen? Vielleicht sollten wir einen Brief in die Posttonne legen und das Ereignis der Welt bekannt geben. Irgendwann, mit irgendeinem Schiffchen würde dann vielleicht einmal ein Pfarrer zur Taufe kommen.Wir mussten warten.

Ich hatte in diesen Tagen immer nur den einen Gedanken: Was für ein Wunder ist doch so eine Geburt … Plötzlich ist ein neuer Mensch da … Ich konnte es gar nicht glauben, dass wir nun unser vier waren.

Ich bin zum ersten Mal aufgestanden. Ich habe ein paar Schritte gemacht. Aber es flimmert mir vor den Augen. Ich muss mich am Tisch festhalten. Dann komme ich gerade noch zum Stuhl und sinke erschöpft nieder. Und in diesem Augenblick höre ich Schritte draußen Fremde Schritte. Das Ohr lernt hier in der Inseleinsamkeit sehr schnell, die leisesten Geräusche zu unterscheiden. Zu einem von uns gehören diese Schritte jedenfalls nicht. Und Lump schlägt an, anders als wenn einer von uns kommt. Er meldet Fremde. Besuch …

Alles Mögliche habe ich erwartet. Nur das eine nicht: Die Baronin kommt zu Besuch. Und mit ihr Philipson und Lorenz.

»Herzlichen Glückwunsch zu Ihrem Sohn!«, sagt sie mit überschwänglicher Liebenswürdigkeit und schüttelt mir beide Hände. Sie trägt heute keinen Revolver im Gürtel. Sie macht überhaupt einen ungewohnt friedlichen Eindruck. Sie ist in Gönnerlaune. Sie schenkt mir ein Kinderkleidchen und eine Büchse Haferflocken und kann sich vor Begeisterung gar nicht fassen, dass ich schon aufgestanden bin. Es ist erst der dritte Tag nach der Geburt.

Ich muss an den Reis denken und möchte ihr am liebsten die Tür weisen. Aber ich will keinen Unfrieden. So nehme ich die Geschenke dankend an. Gebrauchen kann ich sie nur zu gut.

Alle drei sind sehr lebhaft. Viel zu lebhaft für meine Verhältnisse. Ich könnte ganz gut noch etwas Ruhe vertragen. Aber sie haben mir so viel zu erzählen.

»Valdivieso ist nicht mehr in der Hotel-Union«, berichtet die Baronin. »Er hat gekündigt. Mit dem nächsten Schiff, das Floreana anläuft, will er die Insel verlassen. Bis ein Schiff kommt, haust er unten in der Postoffice Bay. Lorenz muss jeden Tag hinuntergehen und ihm das Essen bringen.« Mich interessiert nicht, ob Lorenz ihm das Essen bringen muss oder nicht. Und die Hotel-Union … Alles Unsinn!

Aber die Baronin redet immer wieder von ihrer Gesellschaft.

»Alle Unstimmigkeiten zwischen Hotel-Union und Dr. Ritter und letzten Endes auch mit Ihnen sind nur auf diesen hinterlistigen Valdivieso zurückzuführen«, behauptet die Baronin. »Aber jetzt, wo dieser Störenfried ausgeschieden ist, werden wir bestimmt alle im besten Einvernehmen leben können.«

Hoffentlich, dachte ich. Dann war die Baronin so gnädig,

ein wenig von sich selbst zu plaudern. Ich habe gar nicht mehr hingehört.

Am nächsten Tag erschien Dr. Ritter mit Frau Dore. Ich wagte nicht, den Vegetariern Fleisch vorzusetzen, sondern fütterte sie mit Reispudding und Obstsalat. Frau Dore gab mir gute Ratschläge für die Erziehung des Kleinen. Es war seit einem halben Jahr das erste Mal, dass ich sie wiedersah. Seit unserem Antrittsbesuch waren wir einander nicht mehr begegnet.

»Wir wollen mal bei der Frau Baronin vorbeigehen und uns ihre Hotelpläne ansehen«, sagte Frau Dore.

Ich verstand die Inselwelt nicht mehr. Erst hatten die beiden Frauen sich gegenseitig beleidigt, und jetzt machten sie sich freundschaftliche Besuche. Ob diese Freundschaft vorhalten wird …?

Aber das sollen sie selbst miteinander abmachen. Wir haben unsere eigenen Sorgen. Das Dach hält nicht dicht. Als der Regen kam, machte es schlapp. Die ganze Bescherung, Dach mitsamt Regen, kam ins Zimmer. Alles schwamm. Die ganze Wäsche wurde klatschnass. Aber am nächsten Tag brannte die Sonne so stark, dass alles schnell wieder trocken wurde. Auch in unserem Leben geht es auf und ab. Man muss sich daran gewöhnen, dass es nicht immer nur aufwärts geht …

Ich habe einen Babysitter.

Ich bin meine größte Sorge los. Ich brauche nicht mehr den ganzen Tag auf den kleinen Rolf aufzupassen oder ihn dauernd mit mir herumzutragen, wenn ich hinausgehe und im Garten arbeite. Die Arbeit kann ja nicht ewig liegen bleiben. Wir sind sowieso schon viel zu weit zurückgekommen durch die Geburt.

Aber jetzt ist alles wieder in der Reihe. Die beiden Männer arbeiten wieder unbesorgt in der Pflanzung oder im Busch, und ich werkle im Gemüsegarten oder bei meinen Hühnern.

Lump, unser Schäferhund, passt inzwischen auf den kleinen Rolf auf. Zuerst bestand seine Reaktion auf die Ankunft eines neuen Hausgenossen ausschließlich aus Eifersucht. Jedes Mal, wenn ich das Kind auf den Arm nahm, bellte er wütend. Er fühlte sich zurückgesetzt. Aber nun geht er keinen Schritt mehr von seiner Seite. Wenn ich draußen im Garten arbeite, sitzt Lump neben der Kiste, in die ich den kleinen Rolf gebettet habe. Ich kann mich felsenfest darauf verlassen, dass er den Jungen keinen Augenblick verlässt. Wenn der Kleine weint, dann hört Lump sich das eine Weile mit an. Vergeht das Weinen, dann ist es gut. Wenn er weiterweint, dann bellt Lump so lange, bis ich ihn höre. Wehe, wenn irgendein Lebewesen dem Baby zu nahe kommen sollte! Wenn nur einmal ein neugieriges Huhn in die Nähe kommt, dann knurrt Lump böse und vertreibt es.

Später, als Rolf schon herumkriechen konnte, hat er oft in den »Armen« des Hundes geschlafen. Manchmal lag ein Schweinchen am Bauch von Lump, wenn Rolf angekrabbelt kam. Dann schob Rolf das Schweinchen, das sich bei Lump so wohlfühlte, einfache beiseite und benutzte den Hund als Kopfkissen. Lump hat unter der Last manchmal leise gestöhnt. Aber er hat sich nicht ein einziges Mal gerührt, auch wenn der Kleine eine Stunde oder noch länger bei ihm schlief. Lump hat sich überhaupt zu einem prächtigen Tier entwickelt. Dass er hin und wieder mal ein Stück Schinken stibitzt, sehen wir ihm nach. Wir haben genug Fleisch. Und er hat nun mal eine Leidenschaft für Schinken. Aber auf der anderen Seite ist der Hund ein so lieber und treuer Hausgenosse, dass wir seine kleinen Schandtaten übersehen.

Er hat sich sogar zum Meldehund entwickelt.

Es war an einem Tag, als Heinz und Harry weit draußen im Busch waren. Ich war allein im Haus und hatte eine wichtige Frage, die ich nicht selbst beantworten konnte. Es drängte, und Heinz würde erst am Abend zurückkommen. Da schrieb ich ihm einen Zettel und rief den Hund.

»Lump«, sagte ich, »hör mal ganz gut zu!« Er saß vor mit und sah mich mit seinen klugen Augen an. Lauschte, als ob er jedes Wort verstehen würde. »Du musst mal ganz schnell zu Herrchen laufen, hörst du, und ihm diesen Zettel bringen.«

Er ließ sich den Zettel am Halsband befestigen.

»Nun geh zu Herrchen«, sagte ich noch einmal. Lump lief los. Er rannte fast eine Stunde lang durch den dichten Busch, fand meinen Mann und kam nach knapp zwei Stunden zurück. Wieder mit einem Zettel am Hals. Mit der Antwort von Heinz.

Hotel »Paradies«

1933

Der erste Besuch, den wir auf Floreana gehabt haben, war höchst unerfreulich gewesen.

Der zweite Besuch war unbeschreiblich schön für uns.

Es war inzwischen schon Februar geworden. Februar 1933.

Wir sahen die große weiße Jacht draußen auf dem Meer liegen, das zweite Schiff in acht Monaten.

Und dann kam der Inselbesuch zu uns: eine Gesellschaft von Amerikanern, angeführt von dem Mäzen und Forscher-Captain Allan Hancock. Der Ölmagnat aus Los Angeles stellte in jedem Jahr seine Jacht »Velero III« einer Gruppe von Wissenschaftlern für eine ausgedehnte Forschungsreise zur Verfügung. Er selbst steuerte sein Schiff bis in die letzten Winkel Südamerikas. Auf dieser Fahrt war er nun auch einmal zu den Galápagos gekommen. Bei Ritter war diese Gesellschaft schon gewesen.

Dass wir einmal so viele Gäste haben würden, hatte ich überhaupt nicht für möglich gehalten. Aber sie fanden alle Platz. Für uns war der Besuch ein wahres Geschenk in dem stillen Inselalltag.

Es waren fünfzehn Wissenschaftler, die mit Captain Hancock zu uns kamen. Unter ihnen war einer, zu dem wir uns ganz besonders hingezogen fühlten: Professor Dr. Waldo L. Schmitt, der Leiter des Nationalmuseums von Washington. Prof. Schmitt stammte von deutschen Eltern; er sprach noch ein recht gutes Deutsch – übrigens auch viele der anderen Wissenschaftler. Die Unterhaltung machte deshalb überhaupt keine Schwierigkeiten. Es war eine wunderbare Abwechslung für uns.

Captain Hancock schlug die Hände über dem Kopf zusammen, als ich ihm mein Baby zeigte.

»Und den haben Sie hier gekriegt?« Hancock war einfach sprachlos. Genauso sprachlos, wie er über all das war, was wir inzwischen aus dem Busch gemacht hatten: eine blühende Pflanzung, die schon reiche Früchte trug. Als er meine Hühner sah, lächelte er: »Oh, Sie haben Hühner, ich habe auch ein paar.«

»Was, Sie haben Hühner?« Ich musste laut herauslachen. Ich konnte mir beim besten Willen nicht vorstellen, dass der Millionär Hancock sich mit Hühnern abgab.

»Ja«, sagte er, »ich habe eine kleine Farm in Kalifornien. Da ernte ich jedes Jahr so an die zwanzigtausend Eier.«

Mir blieb eine ganze Weile der Mund offenstehen. zwanzigtausend Eier …! Ich wäre schon glücklich gewesen, wenn ich zwanzig gehabt hätte! Aber Millionäre scheinen mit Hühnern mehr Glück zu haben als ich. Meine Henne hat die Eier, die sie ausbrüten sollte, aufgefressen. Wenn das so weitergeht, wird es vielleicht noch zwei Jahre dauern, bis ich es zu dem erträumten Hühnerhof gebracht habe. Vielleicht konnte mir Mr. Hancock verraten, wie man es anstellen muss …

Aber Mr. Hancock war nicht nach Floreana gekommen, um sich mit mir über Hühnerzucht zu unterhalten, sondern wegen Dr. Ritter, dessen Lebensweise ihn interessierte. Aus Forscherdrang, nicht aus Neugier. Er suchte ihn in seiner primitiven Behausung auf und brachte ihm, nobel wie er war, eine ganze Menge Geschenke mit, Dinge, die bei uns zu den Schätzen dieser Erde gehören: Schuhe, Kleider, Konserven, Dosenmilch, Handwerkszeug.

Davon hatte die Baronin erfahren. Sie stattete Dr. Ritter einen Besuch ab und nahm sich den handfesten Philipson mit, um eine ›gerechte‹ Teilung dieser Schätze vorzunehmen.

»Kommt nicht in Frage!« Dr. Ritter lehnte jede Teilung ab. »Die Sachen gehören mir; ich denke gar nicht daran, Ihnen etwas abzugeben.«

»Bettler!«, zischte die Baronin arrogant.

Aber da mischte sich Frau Dore ein, deren Zunge mal wieder einen guten Tag hatte: »Bettler … Und Sie? Ich möchte mal wissen, ob Ihr Adel überhaupt echt ist!«

»Sie simple Lehrerin«, schrie die Baronin schrill, »was bilden Sie sich eigentlich ein! Einen Titel, den unser Kaiser uns verliehen hat, wollen Sie anzweifeln, Sie Schulmeisterin? Dass ich nicht lache!«

Frau Dore hatte tatsächlich ihr Lehrerinnen-Examen gemacht, ihren Beruf hatte sie allerdings nicht ausgeübt. Aber ihren bescheidenen Titel als Lehrerin führte sie immerhin zu Recht.

Mir war es gleichgültig, ob die beiden Damen sich schlugen oder vertrugen. Mich machte nur eines stutzig: Kurze Zeit nach Mr. Hancocks nettem und erfreulichem Besuch fragte Dr. Ritter meinen Mann: »Sind die Johnsons bei Ihnen gewesen?«

Wir kannten keine Johnsons.

»Es war doch ein amerikanisches Schiff hier.«

»Wir haben nichts gemerkt«, sagte Heinz.

»Merkwürdig, Frau Johnson hatte mir ausdrücklich gesagt, sie wollte zu Ihnen hinaufgehen. Sie seien überhaupt nur Ihretwegen gekommen. Oder besser gesagt: wegen Ihres kleinen Rolf. Die Nachricht von seiner Geburt muss ja wie eine Sensation gewirkt haben.«

Uns ging langsam ein Licht auf: Wie eine Sensation gewirkt … Wo denn …? In den Vereinigten Staaten?

Hatte die Baronin doch eine Möglichkeit gefunden, eine Nachricht nach draußen zu geben? Und wenn ihr das gelungen war: Machte sie dann mit uns, mit unserem Kleinen, draußen Reklame für sich? Für ihr Hotel – von dem es bestenfalls die Pläne gab …

»Sie macht Reklame mit uns«, sagte Heinz ahnungsvoll. »Sie lockt die Amerikaner an, um die Sensation von Floreana zu sehen, und dann fängt sie die Besucher ab und lässt sich von ihnen beschenken. Ich möchte nur wissen, was sie ihnen dafür zu bieten hat. Die Bretterbude? Ihr ›Hotel‹, das ja in Wirklichkeit nichts als eine Bretterbude ist.«

»Vielleicht.« Aber ich konnte nur noch lachen: »Die Schönheit Floreanas muss dann aber als Attraktion mitberechnet werden.«

Später erfuhr ich, dass Captain Hancock aus Höflichkeit auch der Baronin einen Besuch abgestattet hatte. Und dass er sie, wohl oder übel, mit ihrem männlichen Gefolge auf seine Jacht eingeladen hatte.

Und Dr. Ritter hatte herausbekommen, dass Mr. Hancock ihr auch Geschenke für uns mitgegeben hatte: »Es war unter anderem eine ganze Kiste Dosenmilch, für Sie, damit Sie sich schneller erholen und auch zusätzliche Nahrung für den Kleinen haben.«

Die Kiste Milch habe ich nie zu sehen bekommen. Aber eines Tages ließ die Baronin mir eine Dose Milch schicken. Eine einzige Dose als Geschenk.

Uns blieb von Captain Hancocks Besuch etwas viel Schöneres und Wertvolleres als eine Dose Milch: Mr. Hancocks Freundschaft, die die Jahre überdauerte. Und die Freundschaft von Professor Waldo L. Schmitt, dem wir einige Jahre später unser Weiterleben verdankten.

Unser Blockhaus ist uns schon nicht mehr gut genug. Wir wollen uns ein richtiges Steinhaus bauen. Steine gibt es hier ja genug, große Sandsteine, die uns der Himmel vor die Füße gelegt hat. In der nächsten Regenzeit wollen wir in einem festeren Haus wohnen. Dieser ununterbrochene Regen schwemmt nämlich alles fort, was nicht niet- und nagelfest ist.

Heinz hat in einem Buch über Galápagos gelesen, an der Ostseite der Insel sei die zum Siedeln bestgeeignete Stelle. Dort soll es angeblich viel Wasser geben. Ehe wir jetzt ein Steinhaus bauen, wollen wir uns das natürlich einmal ansehen. Wenn das Buch wirklich recht haben sollte, schön, dann werden wir unseren Wohnsitz an die Ostseite verlegen. Das hat auch noch den anderen kleinen Vorteil, dass wir aus der Nähe unserer Nachbarn herauskommen.

Mitte März machte Heinz einen großen Erkundungsgang zur Ostseite hinüber. Er ging zuerst zur Postoffice Bay und von dort aus an der Küste weiter. Seit seinem letzten Besuch dort waren nun schon fünf Monate vergangen. Das Blockhaus, das die Baronin beschlagnahmt hatte, war verschlossen. An der Hauswand hing ein großes Plakat mit der folgenden Inschrift:

Wer ihr auch seid – Freunde!
Zwei Stunden von hier liegt die Hacienda »Paradies«.
Sie ist ein Fleckchen, wo der müde Reisende das Glück hat,
auf seinem Wege durchs Leben Ruhe, Erfrischung und
Frieden zu finden! Das Leben, dieser kleine Teil der Ewigkeit,
an eine Uhr gefesselt, ist so kurz – lasst uns daher
glücklich sein!

Im Paradies hast Du nur einen Namen – Freund.
Wir wollen mit dir teilen das Salz des Meeres, das Gemüse
des Gartens und die Früchte der Bäume, das kalte Wasser,
das von den Felsen herabrieselt, und die guten Dinge,
die Freunde uns brachten, als sie vorbeikamen.
Wir wollen einige Augenblicke des Lebens mit dir verbringen
und dir das Glück und den Frieden schenken, den Gott uns
in Herz und Gemüt gelegt hat, als wir die rastlose Welt verließen
und zur Ruhe des Jahrhunderts reisten, die ihren Mantel
über die Galápagos gesenkt hat.

Baronin Wagner-Bousquet

Neben dem Norwegerhaus lag eine Menge leerer Whisky-, Bier- und Likörflaschen – die traurigen Überreste der »guten Dinge«, die Freunde gebracht hatten.

Der Weg von der Postoffice Bay in die Berge war mit roten Farbstrichen markiert, damit die »Freunde« das «Hotel Paraiso« leichter finden konnten.

An diesem Tag ankerte eine große amerikanische Jacht in der Postoffice Bay. Aber ihr Herr, Mr. Astor, aus der New Yorker Astorfamilie, verschmähte die allzu deutliche Aufforderung, das Glück im »Paradies« zu genießen. Die Baronin schickte ihm mit Philipson sogar eine persönliche Einladung. Aber Mr. Astor gab ihm die Einladung wortlos zurück.

»Dahinter steckt Dr. Ritter!«, schrie die Baronin, als Philipson zurückkam. Sie war tödlich gekränkt, bestieg ihren Esel und ritt zu Dr. Ritter. Sie kochte vor Wut. Und sie schäumte über, als sie Ritter dabei antraf, wie er gerade die Geschenke auspackte, die Mr. Astor ihm mitgebracht hatte. Das war das

Ende der Freundschaft zwischen der Baronin und Dr. Ritter.

Philipson mischte sich frech ein und bot Ritter sogar Prügel an. Aber diesmal hatte er sich in dem kleinen Doktor verrechnet. Der nahm die beiden beim Kragen und warf sie kurzerhand aus seinem Garten.

Dr. Ritter (links) mit Captain Allan Hancock,
Margret Wittmer und Harry

Lebenszeichen aus der Heimat! Zwei Kisten voll mit Geschenken und ein ganzer Sack Post. Der Motorsegler »San Cristóbal« brachte uns diese Herrlichkeiten, und ich vergaß vor lauter Aufregung, den Mann, der mir half, das alles zu uns heraufzuschleppen, zu bewirten. Ich war völlig aus dem Häuschen vor Freude. Ich zappelte vor Ungeduld, bis Heinz endlich die Kisten geöffnet hatte. Dann packten wir mit fliegenden Händen aus.

Heinz rief: »Bücher! Samen! Sogar ein Rasiermesser!« Er ließ seinen Gefühlen freien Lauf. »Ich kann mich gar nicht fassen! Genau das, was ich mir alles gewünscht habe.«

Wir schrien vor Freude durcheinander und um die Wette. Für mich gab es Stoffe, Gardinen, Küchenmesser, sogar ein Bügeleisen, Schokolade, Haferflocken und eine Babyausstattung, die allerdings schon ein bisschen klein war für unseren Rolf, denn die Kisten waren ein halbes Jahr unterwegs gewesen.

Ich saß zwischen all diesen Herrlichkeiten und merkte gar nicht, wie mir die Tränen über die Wangen rannen. Nicht nur, weil ich so glücklich über diese wunderbaren Sachen war, mehr noch, weil sie aus der Heimat kamen. Ein Gruß aus der Heimat …

Wie einem dabei zumute ist – ich glaube, das kann kein Mensch verstehen, der nicht selbst wie wir auf so einer winzig kleinen Insel mitten im endlosen Stillen Ozean sitzt, der nicht monatelang von der ganzen Außenwelt abgeschnitten ist. Den nicht immer wieder das quälende Verlangen überfällt, von der Heimat und den Menschen dort zu hören. So tief und fest die Wurzeln auch sind, die man in der neuen Heimat schlägt – die Wurzeln, die noch in der alten Heimat stecken, lassen sich nicht einfach ausreißen. Und wenn es nur noch feine Wurzelfäden sind, sie halten auch noch über eine Entfernung von mehr als zehntausend Kilometern. Oder dann vielleicht besonders fest …?

Heinz war ganz still geworden. Er saß auf dem Tisch und rauchte eine Zigarre. Er saß weit nach vorn gebeugt und war in eine Zeitung vertieft. Ich sah zu ihm hinüber. Meine Augen waren so nass, dass ich die Schrift auf dem Zeitungsblatt nicht erkennen konnte. Ich sah nur dicke rote Striche zwischen dem Text. Und ich wurde neugierig: »Was gibt's denn?«

Heinz sah mich an. Er sog ein paar Mal an seiner Zigarre. »Toll, einfach toll ist das!« Und dann las er mir vor, was in den Zeitungen stand:

»Kaiserin von Floreana. Eine Frau und ihr Hofstaat von zwölf adeligen Männern und Abenteurern haben ein Schreckensregiment auf Floreana errichtet, Dr. Ritter gefangen genommen und in Ketten gelegt.«

Er legte die Zeitung beiseite und nahm eine andere zur Hand:

»Herrscherin auf den Galápagos-Inseln ist eine Frau, die sich selbst zur Kaiserin im Stillen Ozean proklamiert hat.«

Selbst die Londoner *Times* ist auf den Unsinn hereingefallen, und eine große Kopenhagener Zeitung brachte die »Sensation von Floreana« mit fetten Lettern auf der Titelseite.

Der Propagandachef der Baronin verstand sein Geschäft. Und er erreichte seinen Zweck: Man wurde neugierig auf Floreana, seine »Kaiserin« und ihr Schreckensregiment. Die Zeitungen überschlugen sich in der Berichterstattung über die wilde Kaiserin von Floreana – und in gleichem Maße sollte der Touristenverkehr steigen. Freunde würden ins »Paradies« kommen und »gute Dinge« mitbringen. Wie die Baronin es sich wünschte. Und niemand schien sich daran zu stoßen, dass in diesem angeblichen Paradies kein Luxushotel stand, von dem die Baronin phantasiert hatte.

Das »Paradies« bestand aus einer Art Zelt. Zeltbahnen waren zwischen vier Pfähle gespannt – das waren die Mauern des Hotels. Und über den vier Pfählen lag ein Dach aus Wellblech. Rings umher war dichter Busch.

Wir brauchten lange Zeit, um die Meldungen über die »Kaiserin« von Floreana einigermaßen zu verdauen. Wir hatten es anders erlebt: wie die Baronin frech und verlogen ein paar Büchsen Milch an sich brachte, die eigentlich nicht ihr, sondern uns gehörten. Und wie sie von dem kleinen, fünfzigjährigen Dr. Ritter am Kragen gepackt und hinausgeworfen worden war.

In der ersten Zeit erregen uns die Sensationsberichte der Weltpresse – auch der seriösen – so sehr, dass wir sogar vergessen, die Wildhunde abzuschießen, die uns einige unserer kostbaren Küken weggeholt haben. Diese wilden Biester werden langsam zur Plage. In Rudeln bis zu acht Stück schleichen sie sich an die Tiere heran, an einen Esel, ein Schwein oder ein junges Kalb, und martern sie mit ihren reißenden Zähnen zu Tode. Wir haben im Busch Tiere gefunden, die schon halb zerrissen waren – und noch lebten. Arme wehrlose Tiere …

Der Kommandant der Galápagos-Inseln, Carlos Puente, Jefe territorial, hatte zugesagt, gelegentlich einmal von seiner Residenz auf San Cristóbal herüberzukommen, um die Angelegenheit Franke / Stampa gründlich zu untersuchen. Er kam auch – Wochen später. Und brachte sieben Soldaten und einen Dolmetscher mit und veranstaltete eine Gerichtsverhandlung. Der Dolmetscher war ein Däne, Knud Arenz.

Die Gerichtsverhandlung fand im »Paradies« der Baronin statt. Sie muss im Wesentlichen daraus bestanden haben, dass die Baronin die Herren aufs Beste bewirtete. Von der Angelegenheit Franke / Stampa scheint weniger gesprochen worden zu sein. Mehr dagegen, und mit bestem Erfolg, von den persönlichen Anliegen der Baronin. Denn die Gerichtsverhandlung endete damit, dass der Baronin ganz schnell und ohne alle Formalitäten ein Besitztitel auf vier Quadratmeilen Landes zugesprochen wurde. Für ihr Hotel.

Der Kommandant kam nach erfolgreicher Gerichtsverhandlung auch zu uns. Wir bewirteten ihn, wie jeden Menschen, der zu uns kam. Und wir bekamen auch einen Besitztitel. Aber da wir nur einfache Siedler waren, lautete dieser Titel nur auf zwanzig Hektar. Wir waren nicht gerade begeistert, aber wir sagten: »Fürs Erste reicht das schon.«

Die neue Landesherrin zeigte sich auch recht unternehmungslustig, als der Kommandant sie zu einer Erholungsreise einlud. Sie packte einen Teil ihrer Siebensachen und bestieg mit Philipson den Motorsegler »San Cristóbal«. Lorenz, den Haushund, konnte sie auf einer solchen Reise nicht gebrauchen. Er blieb hier und musste gut aufpassen, bis die Frau Baronin zurückkam.

Als Dr. Ritter von dem Ausgang der sogenannten Gerichtsverhandlung erfuhr, bekam er einen leichten Anfall und fluchte auf die Baronin, die sich brillant aus der Affäre gezogen hatte.

Gottlob, die Baronin ist für einige Zeit weg und erholt sich auf der »San Cristóbal«. Wir haben Ruhe. Das, was wir gesucht haben, als wir nach Floreana auswanderten. Und wir haben so viel mit uns selbst zu tun, wir haben so viel zu schaffen, dass wir kaum noch einen Gedanken an sie verschwenden.

Wir müssen uns besser auf die nächste Regenzeit vorbereiten, damit nicht wieder das Wasser durch alle Ritzen und Fugen des Hauses hindurchdringt. Merkwürdig, dass es in dem Blockhaus viel kälter und feuchter ist als in der Wohnhöhle. Aber der Wind, der durch die feinen Ritzen zwischen den Stämmen bläst, bringt die Nässe mit. Und dauernd tropft es durch das Dach. So dicht kann man ein Dach wahrscheinlich gar nicht machen, dass während der Regenzeit nicht doch immer wieder Wasser durchsickert. Wir müssen jetzt, wo die kalte Jahreszeit beginnt, Tag und Nacht ein Feuer im Haus unterhalten, sonst ist es kaum zu ertragen vor Kälte. Der Übergang von der heißen zur kalten Jahreszeit ist so kurz, dass man die Kälte besonders stark empfindet. Wer hätte gedacht, dass man das Wort »Kälte« hier, in so unmittelbarer Nähe des Äquators, überhaupt aussprechen würde … Aber wir sprechen dauernd von der Kälte und leiden darunter.

Rolf hat mit viel Geschrei seine ersten beiden Zähne bekommen. Aber sonst ist er munter und macht uns viel Freude.

Ich mache mir schon ernste Gedanken wegen der Zukunft. »Was soll werden, wenn Rolf sechs, sieben Jahre alt ist?«, frage ich meinen Mann. »Ich meine – wegen der Schule. Er kann doch nicht ohne jede Schulbildung aufwachsen. Und die nächste Schule ist, wenn ich mich recht erinnere, tausend Kilometer weg. Bisschen weiter Schulweg.«

Heinz hat in solchen Fällen manchmal eine entwaffnende Art zu lachen. So auch jetzt: »Sorgen hast du! Er kann noch nicht mal laufen, und da denkst du schon an Lesen und Schreiben und das kleine Einmaleins. In ein paar Jahren können wir uns mal wieder darüber unterhalten, aber jetzt doch noch nicht.«

Ich möchte am liebsten, dass die Zeit stillsteht. Dass Rolf immer so klein bleibt. Dass das Wort »Schule« niemals auftaucht. Aber die Zeit wird nicht stillstehen. Ich mache mir eben immer Gedanken und Sorgen um die Zukunft.

»In ein paar Jahren werde ich genauso fragen und denken wie jetzt«, sage ich. Aber Heinz nimmt das alles auf die leichte Schulter. Oder er tut jedenfalls so.

»Wir sind doch freiwillig hierhergegangen. Da müssen wir uns halt mit solchen Dingen abfinden. Und – kommt Zeit, kommt Rat.«

»Und wie wird dein Rat in sechs Jahren so ungefähr aussehen?«

Da lacht er wieder, beinahe sorglos:

»Ich denke, dann wirst du Rolf unterrichten. Du kannst das bestimmt ausgezeichnet. Du hast doch eine pädagogische Ader.«

Schöne Aussichten. In ein paar Jahren soll ich auch noch Lehrerin spielen! Als ob ich nicht gerade genug anderes zu tun hätte!

Im Augenblick habe ich viel größere Sorgen, als mir den Kopf über Rolfs künftigen Schulunterricht zu zerbrechen. Zum Beispiel ist uns gerade die Seife ausgegangen. Und woher bekommt man auf Floreana Seife? Man bekommt sie natürlich nicht zu kaufen – man muss sie herstellen.

Das ist leicht gesagt. Aber wie macht man das, wenn man keine Zutaten und keine Ahnung hat? Wir probierten ein bisschen herum, und dann gelang uns so etwas Ähnliches wie Seife: Holzasche, Ton und Rinderfett ergaben ein seifenähnliches

Gemisch, das uns fatalerweise an den Ersatz aus der Kriegszeit erinnerte. Immerhin hatte meine Seife nicht so viele Steine, und auch der Ton war besser geschlämmt. Und im Übrigen reinigte sie sehr gründlich. Was will man mehr?

Nach vielen Experimenten kamen wir auch dem Problem auf die Spur, wie man Häute gerbt. Und als wir das geschafft hatten, tauchte das nächste Problem auf: Wie gewinnt man aus Zuckerrohr den Zucker? Heinz ist erfinderisch. Er bastelte eine richtige Zuckerpresse – ob sie richtig war, weiß ich nicht, auf jeden Fall funktionierte sie.

Eine richtige Zuckerpresse also, so eine Art Wäschemangel, durch die die abgeschälten Zuckerrohrstangen hindurchgedreht wurden. Der ausgepresste Saft wurde aufgefangen und durch stundenlanges Kochen eingedickt. So entstand eine sirupähnliche Masse, die man in Ecuador »miel« nennt, zu Deutsch: Honig. Dieser Zuckerhonig war also unser Zuckerersatz, außerdem war er ein ausgezeichneter Brotaufstrich und eine köstliche Zugabe zu meinen verschiedenen Puddings.

Wir kommen also langsam weiter. Wir wissen uns zu helfen. Und Mutter Natur hilft uns dabei. Wir haben jetzt unser eigenes Gemüse; alles, was wir aus den mitgebrachten Samen gezogen haben, hat sich prächtig entwickelt und ist herrlich gediehen. Langsam werden die Zeiten besser.

Aber die Arbeit lässt nicht nach. Heinz und Harry roden ein neues Stück Busch. Das soll unser Maisfeld werden. Für unser neues Haus haben meine Männer schon achthundert Bäume gefällt und die dünnen Stäbchen sauber bearbeitet. Nebenbei behauen sie Steine für den Hausbau. Steine, Steine und immer wieder Steine. Und die müssen erst ausgegraben und teilweise von weither herangeschleppt werden.

Wenn nichts dazwischenkommt, werden wir im Oktober in unser neues Haus einziehen. Aber es geht bei uns nicht ohne Zwischenfälle ab. Der nächste Zwischenfall war die Rückkehr der Baronin. Von ihrer mehrwöchigen Erholungsreise brachte sie noch einen Mann mit: den Dolmetscher Knud Arenz, der seinerzeit bei der Verhandlung mit dem Inselkommandanten gedolmetscht hatte.

»Herr Arenz«, erzählte uns Lorenz im Vertrauen, »wurde von der Baronin mit einem Gehalt von neunzig Sucres engagiert. Er soll Jagdmeister spielen.« Außerdem hatte die Baronin noch eine Eselin mit Füllen und zehn Hühner mitgebracht. Es sieht also ganz so aus, als wolle sie sich für lange Zeit hier einrichten. Vielleicht sogar für immer?

Floreana scheint eine merkwürdige Anziehungskraft auf Deutsche zu haben. Im September kam wieder ein Deutscher. Er kam mit dem Postschiff, das eigentlich schon im Juli hier sein sollte. Aber was bedeutet für uns schon eine Verspätung von zwei kleinen Monaten?

Dieses um sechzig Tage verspätete Schiffchen brachte also wieder einen Deutschen auf die Insel: Werner Boeckmann, einen Journalisten. Wahrscheinlich hatten die Schauermärchen über die »Kaiserin von Floreana« ihn angelockt. Boeckmann machte zuerst der Baronin seine Aufwartung. Dann kam er zu uns.

»Wollen Sie länger bleiben?«, fragten wir.

»Nein. Diesmal ist es nur eine Stippvisite. Ich fahre gleich wieder ab. Das Schiff kann nicht länger warten. Aber ich komme im Oktober wieder, mit meinem Schwager zusammen, und dann werde ich etwas länger bleiben.« Ein paar Stunden später fuhr er wieder ab.

Nach diesem Besuch begann bei der Baronin eine merkwürdige geheimnisvolle Tätigkeit: Bei Tag hörten wir nicht das leiseste Geräusch aus ihrem »Paraiso« zu uns heraufklingen. Es herrschte eine seltsame Stille. Aber nach Eintritt der Dunkelheit wurde es lebhaft. Im schwachen Schein der Laternen wurden Bäume geschlagen und Holz gehackt. Dabei wurde gesungen und gelacht, bis der Morgen graute. Dann war es den ganzen Tag wieder still.

Vielleicht suchte die Baronin nach vergrabenen Schätzen, die überall hier auf den Inseln verborgen sein sollten?

Die Menschen, die auf den anderen Inseln leben, sprechen immer wieder von solchen Schätzen. Es sind Geschichten, die sich durch die Jahrhunderte hindurch erhalten haben. Vielleicht sind sie im Laufe der Zeit verfälscht worden, aber der Kern, der in den Sagen steckt, ist immer gleich. Da wird von Seeräubern erzählt, die unermessliche Schätze an Gold auf den Inseln vergraben haben sollen – Gold, das sie den Spaniern mitsamt ihren Schiffen abgejagt und dann versteckt haben.

Hat die Baronin etwa der Goldrausch gepackt? Ist sie deshalb nach Floreana gekommen? Besitzt sie vielleicht eine jener geheimnisvollen Karten von Meeren und abgelegenen Inseln, wo solche Goldschätze auch heute noch verborgen sind? Was weiß man denn – aber bei der Baronin ist so vieles geheimnisvoll.

Plötzlich hört diese seltsame Nachtarbeit auf. Genau an dem Tag, als Herr Boeckmann tatsächlich wieder auftauchte. Er kam, wie er uns damals gesagt hatte, in Begleitung seines Schwagers, Herrn Linde.

Der Segler aus San Cristóbal hatte außerdem noch einen Soldaten an der Küste abgeladen. Der Inselkommandant hatte ihn zum Schutz der beiden Herren mitgegeben. Zum Schutz? Vor wem sollte er die beiden Besucher denn schützen? Wen gab es denn hier auf der Insel, der etwas gegen sie im Schilde führen könnte?

Wir wussten keinen. Aber wir wussten auch nicht, was die Baronin bei ihrem Besuch auf der »San Cristóbal« vielleicht von den Gefahren und den gefährlichen Menschen auf unserer Insel erzählt hatte – sich selbst ausgenommen, natürlich.

Wir haben lange herumgerätselt, was dieser Aufwand bedeuten könnte. Ein bewaffneter Soldat … Er hatte sogar ein Gewehr und Munition. Irgendeinen Zweck musste diese Wache doch verfolgen.

Merkwürdigerweise nahmen die beiden Herren Quartier bei Dr. Ritter und nicht bei der Baronin. Sie war böse, dass sie bei dem verhassten Ritter wohnten und nicht in ihrem »Hotel.« Sie wandte alle Überredungskünste auf, um den Fremden ihr »Paraiso« schmackhaft zu machen. Aber Boeckmann lehnte dankend ab.

»Wenn wenigstens Herr Linde bei uns bleiben würde …« Sie wurde also bescheidener und wollte sich begnügen. Aber auch Herr Linde, der Schwager, verspürte keinen Appetit auf das Glück des Paradieses.

»Dann darf ich die Herren wenigstens zu einer Jagd einladen«, schlug sie vor. Und diese Einladung konnten die beiden nicht abschlagen. So unhöflich wollten sie nun auch wieder nicht sein.

So zog denn die ganze Gesellschaft, einschließlich des ecuadorianischen Beschützers, zur Pampa, wo nach den Angaben des neu engagierten Jagdmeisters Arenz reichlich Wild vorhanden war.

»Ich habe so ein dummes Gefühl, als ob hinter dieser Jagd irgendeine Teufelei steckt«, sagte ich. Manchmal habe ich so etwas wie einen sechsten Sinn für solche Dinge. Aber als mir diese Gedanken kamen, ahnte ich noch nicht, was auf der Insel geschehen war.

Ich habe gerade den kleinen Rolf in der Badewanne. Da höre ich draußen laute aufgeregte Rufe. Dann kommt Lorenz, der Diener der Baronin, angekeucht.

»Kann ich schnell Ihren Wassersack haben?«

»Wozu denn den Wassersack?«

»Es ist ein Unglück geschehen, bei der Jagd.«

»Ist jemand verletzt?« Ich beginne Unheil zu ahnen.

»Ja! Auf der Pampa hat der Soldat Herrn Arenz angeschossen. Er hat fürchterliche Schmerzen. Die Baronin meint, mit dem Wassersack könne man die Schmerzen lindern.«

»Wo ist Herr Arenz denn verletzt?«, frage ich und hole den Wassersack.

»Bauchschuss.«

»Ach, du meine Güte.«

»Doktor Ritter ist schon da und hat ihn untersucht.«

»Na, und …?« Aber Lorenz gab mir keine Antwort mehr. Er nahm den Wassersack und verschwand so eilig, wie er gekommen war.

Am Nachmittag erfuhren wir von Werner Boeckmann, dass sich der Unfall ganz anders zugetragen hatte, als Lorenz ihn mir bei seinem kurzen aufgeregten Besuch geschildert hatte.

»Die Baronin«, schilderte Boeckmann, »hat mit ihrem Gewehr auf ein Kalb geschossen, im gleichen Augenblick, als der Soldat auf ein Schwein schoss. Beide Tiere haben aber keinen Schuss abbekommen. Dafür sank Arenz mit einem Bauchschuss zusammen. Es hat sich alles so blitzartig abgespielt, dass wir zunächst gar nichts bemerkt hatten. Bis eben Arenz stöhnend am Boden lag. Wir haben ihn sofort einigermaßen weich auf die Erde gebettet. Ich bin dann sofort mit meinem Schwager zu Dr. Ritter gelaufen. Ritter ist auch gleich mit zu der Unglücksstelle gekommen und hat Arenz untersucht. Die Kugel steckt noch im Bauch. Wir haben nur den Einschuss gefunden, aber keinen Ausschuss. Nach der Einschussöffnung zu urteilen, muss es sich um ein 6-Millimeter-Geschoss handeln.«

Wir sahen uns mit einem vielsagenden Blick an, mein Mann und ich. Wir wussten, dass der ecuadorianische Soldat, der angeblich auf Arenz geschossen haben soll, nur ein Mauser-Dienstgewehr, Modell 88, hatte. Er konnte also den Schuss auf Arenz nicht abgegeben haben.

Da mischte sich Linde, der bisher nachdenklich geschwiegen hatte, ein:

»Ich glaube, die Geschichte ist doch ganz anders gewesen. Aber da muss ich Ihnen vorher noch ein merkwürdiges Erlebnis erzählen, das mir nicht aus dem Kopf will: Ich bin mit der Baronin zur Pampa gegangen. Wir haben uns über die Jagd unterhalten. Auf einmal sagte die Baronin: ›Ich habe eine schreckliche Angewohnheit: Ich schieße die Tiere am liebsten ins Bein; dann fange ich sie nachher ein und pflege sie wieder gesund, die armen Viecher.‹«

Wir sahen uns an, starr vor Entsetzen über diese Abnormität. »Und Sie meinen«, fragte mein Mann, »sie hätte auf Arenz absichtlich abgedrückt, um ihn ins Bein zu schießen und dann gesund zu pflegen?«

Linde schüttelte langsam den Kopf. »Nein. Ich glaube nicht, dass sie es auf Arenz abgesehen hatte. Wenn ich mir die Situation genau überlege, dann muss ich eigentlich zu dem Schluss kommen, dass sie mit ihrer Kugel mich treffen wollte und nicht Arenz. Ich weiß genau, er hatte dicht neben mir gestanden und war dann in geduckter Haltung vor mich gesprungen. In diesem Augenblick hat die Baronin geschossen. Die Kugel – so stelle ich mir das jedenfalls vor – sollte mir ins Bein gehen, sie ist aber versehentlich dem armen Arenz in den Bauch gegangen. Er hätte nur eine Sekunde später vor mich zu springen brauchen, dann hätte es mich erwischt.«

Wir brauchten alle nicht auszusprechen, was wir dachten: Sie wollte Linde ins Bein schießen, um ihn nachher gesund pflegen zu können. Weil er freiwillig nicht in ihr Paradies kommen wollte … Es war unfassbar. Aber wir durften unsere Gedanken nicht einmal laut aussprechen. Wir hatten ja keine Beweise. Einer wusste mehr als alle: Philipson, ihr angeblicher Mann. Aber der schwieg.

Fünf Tage später kam der Motorsegler zurück, um die beiden Gäste, Boeckmann und Linde, wieder abzuholen. Arenz wurde auf einer Tragbahre zur Küste gebracht und auf den Segler geschafft. Philipson begleitete ihn bis nach Guayaquil. Dort sollte die Kugel entfernt werden. Einer wagte es, frei heraus zu sagen, dass nicht der ecuadorianische Soldat, sondern die Baronin den Schuss auf Arenz abgegeben hatte: Dr. Ritter. Er hatte guten Grund, das zu behaupten. Er als Arzt hatte einwandfrei festgestellt, dass der Schuss auf Arenz nicht aus dem Gewehr des Soldaten, sondern aus dem Gewehr der Baronin abgegeben worden war. Die Einschussöffnung ließ keinen Zweifel daran. Und Dr. Ritter kannte auch die Gründe, die die Baronin zu diesem Schuss auf ihr Menschenwild bewogen hatten. Er zog die Konsequenzen aus seinen Feststellungen: Er schrieb erneut an den Gouverneur auf San Cristóbal, die offensichtlich geisteskranke Baronin sofort von der Insel zu entfernen.

Die Baronin sah elend aus, als Heinz sie ein paar Tage nach

dem »Unfall« traf. Sie hatte von Dr. Ritters Beschuldigung gehört.

Aber sie bekam nicht einmal einen Wutanfall. Ihre sonst so harte und befehlende Stimme klang matt:

»Ich bin inselmüde. Dieser ewige Kampf mit Dr. Ritter und seiner Gefährtin, die mich nicht als Baronin anerkennen will, zermürbt mich. Wenn ich jetzt Gelegenheit hätte, ich würde die Insel sofort verlassen.«

Immerhin bekamen wir eine erfreuliche Nachricht: Arenz' Zustand war nicht so ernst gewesen, wie wir befürchtet hatten. Die Kleinkaliberkugel hatte glücklicherweise keinen allzu großen Schaden angerichtet. Die Operation in Guayaquil war gut verlaufen, und Arenz hatte das Krankenhaus bald wieder gesund verlassen können.

Nach Floreana kam er nicht zurück. Er hatte keine Lust mehr, sein Jägermeisteramt bei der Baronin wieder anzutreten.

Fußspuren im Sand

1934

Seit Monaten hat es nicht mehr geregnet. Auf der Insel sieht es trostlos aus. Überall liegt verendetes Vieh herum. Von den Kadavern schwirren Wolken von Fliegen auf, wenn man sich nähert. Die Quelle gibt so wenig Wasser, dass es gerade noch für das Allernotwendigste reicht. Wenn die Dürre noch länger anhält, wird die Quelle versiegen. Die sengende Hitze lässt alles verdorren; wir versuchen, wenigstens unsere Gemüsepflanzen am Leben zu erhalten, damit wir in der nächsten Zeit etwas Frisches zu essen haben. Bei Dr. Ritter, der nur eine kleine Quelle hat, sieht es noch trostloser aus. Er trägt sich schon mit dem Gedanken, Meerwasser zu destillieren und zu seiner Pflanzung hinaufzuschleppen – wenn nicht bald Regen kommt.

Die Natur kann grausam sein. Sie macht uns das Leben jetzt so unsagbar schwer. Und die Menschen sind so unvernünftig und machen es sich selbst noch schwerer.

Da liegt Heinz mit einer schmerzhaften und gefährlichen Zahnfistel im Bett, und Frau Strauch schickt mich wieder weg, als ich um Rat bitte. »Dagegen kann Doktor Ritter auch nichts machen. Sie müssen schon zusehen, wie Sie sich selbst helfen.«

Im »Paraiso« der Baronin scheint auch die Hölle los zu sein. Wir hören manchmal bis zu uns hinauf die Schreie des armen Lorenz und das wüste Geschimpfe der Baronin. Einmal kommt er heulend wie ein kleines Kind zu uns gelaufen: »Sie gibt mir für alles die Schuld, was ihr schiefgeht«, jammert er. »Neulich, als eine Jacht hier war, hat sie gebettelt, sie möchte sie mit in die Südsee nehmen. Captain Hancock hat sie gebeten, er solle sie nach Hollywood bringen. Beide Male hat sie einen Korb gekriegt, und hinterher hat sie mich angeschrien, ich stecke dahinter, dass man sie ablehnt.« Ein andermal kommt Lorenz und bittet uns um Unterkunft. Philipson und die Baronin hätten ihn so geschlagen, dass er bewusstlos zusammengebrochen sei.

Was da unten im »Paraiso« vor sich geht, das wissen wir nicht. Was das für Menschen sind, was für widerliche Szenen sich da abspielen. Wir ahnen nur das eine, dass diese Frau, die mit Reitpeitsche und Revolver herumläuft, ein Teufel sein muss. Ein Mensch, der seine Freude daran hat, andere hilflose Menschen zu peinigen.

Es ist wie eine Erlösung in dieser Zeit, wenn Menschen zu uns kommen, mit denen wir uns verstehen, mit denen uns eine Freundschaft verbindet, die durch nichts getrübt ist. Es waren wirkliche Festtage für uns, als Captain Hancock mit seiner Jacht »Velero III« wieder zu uns kam. Professor Dr. Schmitt, mit dem wir uns so prächtig verstanden hatten, war wieder in seiner Begleitung. Es wurden ein paar herrliche Tage in unserem neuen Steinhaus »El Dorado«. Und das Schönste war Captain Hancocks Versprechen, sehr bald wiederzukommen.

Tatsächlich kam er mit seiner Jacht kurz darauf wieder zu uns. Und am nächsten Tage bekamen wir noch mehr Besuch. Eine zweite Jacht lief die Postoffice Bay an. Es war die »Stella Polaris«, der Polarstern, die frühere Jacht »Hohenzollern« des deutschen Kaisers Wilhelm II. Sie war jetzt Eigentum einer norwegischen Reisegesellschaft und schaukelte reiche Leute über die sieben Meere. Wir hatten sieben Gäste im Haus, in unserem wunderbaren neuen Steinhaus.

Es ist merkwürdig bei uns auf Floreana: Entweder lässt sich monatelang kein einziges Schiff sehen – oder es kommen alle auf einmal, als ob Floreana plötzlich ein beliebtes Ausflugsziel für Millionäre und Globetrotter wäre.

Zu den beiden großen Jachten kam noch ein drittes Schiff, der ganze 21 Tonnen große Segler »Monsun«. Dafür war aber der neue Gast, den uns dieses winzige Schifflein brachte, ein Mensch von ganz besonderer Art. Ein Mensch, der uns das Lachen mitbrachte. Es war der Däne Hakon Mielche, ein junger Journalist, der in seiner Nussschale rings um die Erde fuhr, um sich alle Kuriositäten aus der Nähe anzusehen. Und zu diesen Kuriositäten gehörten auch wir, und natürlich vor allem die anderen Inselbewohner, die Ritters und die Baronin mit ihrem Anhang.

Hakon Mielche machte diesen Inselkuriositäten seinen Besuch, und dann erzählte er uns, wie es ihm ergangen war und was er dabei so erlebt hatte.

Wir hatten in der Baronin immer nur den Störenfried gesehen, die uns das Leben schwer machte. Wahrscheinlich konnten wir sie gar nicht von der humoristischen Seite sehen, wie Hakon Mielche das jetzt tat.

»Händchen in Händchen führte sie mich in das Paradies«, lasen wir später in seinem reizenden Buch *Wollen man sehen, ob die Erde rund ist,* »eine Holzbaracke inmitten eines Gemüsegartens, wo ein kräftiger junger Mann Pfötchen gab und von der Baronin als ›mein Bubi‹ vorgestellt wurde. Bubi sah aus, als wäre er in einem sehr billigen Lokal von Berlin-W. Gigolo gewesen; seine Augen waren wasserblau und schwimmend, sein Haar lockig und sein Lächeln allzu süß. Ein deutscher Koch, tuberkulös und dem Tode nahe, lächelte krankhaft aus dem Hintergrund und brachte Tee. Die Baronin kuschelte sich mit träumerischen, halb geschlossenen Augen auf einem Diwan nieder und erzählte mir unaufgefordert ihre romantische Lebensgeschichte, während Bubi ihr die Hände streichelte und die Kissen hinter ihrem Rücken zurechtrückte.«

Mielches stundenlanges Erzählen war wie ein erfrischender Regenguss nach wochenlanger Dürre. Wir vergaßen darüber einen Tag die sengende Hitze und die Trockenheit, die draußen alles Grüne sterben ließ. Wir lebten wieder auf, und das konnten wir gerade in dieser trostlosen Zeit so gut gebrauchen.

Am nächsten Tag gab Mielche seine Erlebnisse bei Dr. Ritter zum Besten: »Als ich kam, saß er auf einem Holzstuhl und philosophierte. Das habe ich ihm sofort angesehen. Die Falten auf seiner Stirn waren so kraus wie seine Haare. Er war gerade dabei, das menschliche Gehirn zu kartographieren«, informierte er uns über Ritters derzeitige geistige Tätigkeit. »Aber er ist noch lange nicht fertig damit. Er ist noch beim Vermessen … Seine Stirnfalten lassen erkennen, dass dieses Vermessen eine sehr anstrengende Tätigkeit ist.« Mielche lachte bei dem Gedanken an den philosophierenden Ritter. »Ich kann leider nicht warten, bis er mit seinem Lebenswerk fertig ist. Hundertvierzig will er werden. Er hat noch runde neunzig Jahre Zeit. Ich nicht.«

Wir hatten immer gebremst, wenn Ritter uns in seine hohe Philosophie einweihen wollte. Damit konnten wir uns beim besten Willen nicht abgeben. Wir mussten roden und hacken und bauen und pflanzen. Und viel gießen. Und ich musste nebenbei noch ein Kind zur Welt bringen. Aber Hakon Mielche hatte sich sein Gerede mit einer wahren Engelsgeduld angehört. Dazu war er ja schließlich zu ihm gegangen, und tief beeindruckt kam er wieder.

Boshaft schrieb er später in seinem Buch von den beiden: »Ritter ist Philosoph … Er hat eine lange spitze Nase, wässerige, vorstehende Augen und einen Prophetenbart. Seine Jüngerin, Fräulein Dora, lächelte ein zahnloses Willkommen. Das Paar verfügt nur über eine Garnitur falscher Zähne, und heute war Ritters Tag.«

So ist es auf Floreana: Es gibt kein Gleichmaß, keine weichen, fließenden Übergänge. Es gibt nur den plötzlichen Wechsel. So ist es in der Natur, wenn auf die sengende Hitze plötzlich die Kälte folgt, wenn nach wochenlanger Dürre plötzlich Wolkenbrüche die Insel überschwemmen. Und so ist es bei uns, wenn tagelang fröhliches, unbeschwertes Lachen durch das Haus gedrungen ist und dann mit einem Mal wieder die Stille des Alltags einzieht mit seinen Sorgen und seinen bestürzenden Zwischenfällen.

Das Lachen unserer Gäste war verklungen. Die Jachten und der kleine Segler mit dem fröhlichen Hakon Mielche an Bord waren wieder am Horizont verschwunden. Das alte Leben begann aufs Neue. Und da war auch Lorenz wieder.

»Bitte, nehmen Sie mich bei sich auf«, flehte er. »Ich halte es da unten nicht mehr aus. Philipson und die Baronin haben mich so geschlagen, dass ich zusammengebrochen bin.«

Der arme Kerl sah wirklich zum Erbarmen aus. Aber wir wollten ihn nicht bei uns aufnehmen. Nicht aus mangelnder Nächstenliebe, sondern weil wir neue Bosheiten der Baronin befürchteten.

Wir schickten Lorenz zu Dr. Ritter. Der lehnte auch ab, wahrscheinlich aus den gleichen Gründen.

Was blieb uns anderes übrig, als Lorenz doch ein Asyl zu

geben? Wir konnten ihn doch nicht einfach im Busch verkommen lassen.

»Philipson hat mir gedroht«, sagte er uns, »er würde mich umbringen, wenn er mich noch einmal sähe.«

Das waren ja schöne Aussichten. Die Lage wurde immer übler. Ich konnte nicht mehr ruhig schlafen, seitdem Lorenz bei uns im Hause war. Aber die Baronin war offensichtlich nicht böse darüber, dass er bei uns wohnte. Am nächsten Tag sahen wir sie den Weg heraufkommen, und wir trauten unseren Ohren nicht, als sie am Gartentor süß und lockend rief:

»Lori! Lori! Komm doch, bittschön, mal ein Minutle heraus! Ich muss dir was sagen.«

Lorenz ließ sich wirklich locken. Die Baronin verschwand mit ihm auf dem Weg. Nach Stunden kam Lorenz wieder, heiter, aufgeräumt. Aber dann saß er nachher stundenlang am Tisch und heulte. Er ist eben doch ein schwerkranker Mann, und wir haben nur die eine Hoffnung, dass bald ein Schiff kommt und ihn mitnimmt.

Dieses Spiel der Baronin wiederholte sich fast jeden zweiten Tag. Immer wieder ging Lorenz mit ihr.

»Lori!« Wieder hörte ich den melodischen Lockruf am Gartentor. Aber Lorenz war nicht im Haus. Er arbeitete irgendwo draußen mit meinem Mann, um sich für die Unterkunft erkenntlich zu zeigen. Ich war allein.

Die Baronin war im Reitdress. Sie trug Hosen, lange Stiefel, eine Hemdbluse und um den Kopf ein fesches Tuch.

»Lorenz ist nicht da«, sagte ich. Sie sah mich von oben bis unten an. »Dann sagen Sie ihm, dass Freunde von uns gekommen sind. Wir gehen mit ihnen nach der Südsee. Ich hoffe, dass ich dort einen besseren Platz finde, um meine Pläne verwirklichen zu können. Lorenz soll auf die zurückgelassenen Sachen aufpassen, bis ich wiederkomme oder Nachricht gebe.«

»Dann wünsche ich Ihnen eine gute Reise«, sagte ich. Ich war nicht sicher, dass sie die Wahrheit gesagt hatte. Es war mir auch gleich. Begann wieder eine neue Teufelei …?

Heinz und Lorenz wollten auch nicht an die Südseereise glauben. Lorenz aß erst in aller Ruhe, dann ging er hinunter. Er stand lange vor dem »Hotel«, beobachtete es einige Zeit und wagte sich dann hinein. Er fand das »Paradies« leer. Verlassen, die Esel waren fort.

Auch ein großer Teil der Sachen der Baronin und von Philipson waren nicht mehr da. Lorenz ging dann zum Haus an der Postoffice Bay weiter.

Zwei Tage lang hat Lorenz die Insel abgesucht. Er hat außer ein paar Fußspuren im Sand an der Küste keine Spur mehr von den beiden gefunden. Das war im März 1934.

Ich ging mit ihm zu Dr. Ritter. »Die Baronin ist abgefahren, wissen Sie schon?«

Dr. Ritter schüttelte ungläubig den Kopf. »Glauben Sie es nicht?«

»Ich habe kein Schiff gesehen«, sagte er. »Wenn eines hier gewesen wäre, dann hätte ich es doch sehen müssen.«

Frau Dore führte einen Freudentanz auf, als sie die Neuigkeit erfuhr. Sie kochte uns Schokolade und holte alles Mögliche aus der Vorratskammer. Dr. Ritter war auffallend einsilbig. Er machte einen ganz veränderten Eindruck.

Plötzlich wandte er sich an Lorenz: »Nun machen Sie aber, dass Sie schleunigst von hier fortkommen! Was Sie nicht mitnehmen wollen, verkaufen Sie, und dann sehen Sie zu, dass Sie so schnell wie irgend möglich wieder nach Deutschland zurückkommen!«

Später ging Heinz mit ihm zum Haus der Baronin. Ritter öffnete die zurückgelassenen Kisten und Kasten mit einer Selbstverständlichkeit, die darauf schließen ließ, dass er fest davon überzeugt war, sie würde nicht mehr zurückkommen. Er kaufte den größten Teil der Sachen; wir kauften das Wellblech und einiges mehr.

»Können Sie das eigentlich ohne Weiteres verkaufen?«, fragte Heinz zwischendurch.

»Alles ist von meinem Geld gekauft worden«, behauptete Lorenz.

Ob Dr. Ritter ein guter Philosoph war, das haben wir nie beurteilen können. Aber ein guter Geschäftsmann war er. Er verstand sich meisterhaft aufs Handeln und zahlte einen kleinen Teil des Preises, den Lorenz forderte.

Nach dem Handel kamen alle zu mir herauf. Dr. Ritter setzte ein Protokoll über die plötzliche Abreise der Baronin auf. Wiederum fiel uns auf, wie eilig er es mit der schriftlichen Festlegung dieser Abreise zu haben schien. Wusste er denn, dass die Baronin nicht zurückkommen würde? Sie war doch schon öfter zu den Nachbarinseln herübergefahren und wiedergekehrt.

Aber natürlich hatten wir nichts dagegen, wenn die Sache festgehalten wurde. Erst später dämmerte mir, dass Ritter sich damit die Rolle des verlässlichen Sachverwalters zu sichern gedachte, der bestrebt war, Recht und Ordnung auf der Insel aufrechtzuerhalten.

Endlich ist die Dürre vorbei. Es ist Juli darüber geworden. Der Regen hat neues Leben gebracht, Pflanzen und Tiere haben sich schnell wieder erholt. Das Gemüse im Garten haben wir mit viel Mühe über die Trockenheit gebracht. Wir können schon wieder ernten.

Wir können hier auf Floreana das ganze Jahr über ernten. Wir könnten im Überfluss leben – wenn die Natur uns dabei helfen würde.

Floreana könnte wirklich ein Paradies sein. Es gibt Wasser genug. In jedem Jahr einmal fällt es für kurze Zeit in wahren Wolkenbrüchen auf die Insel. Aber es läuft wieder ab. Der lehmige, tonige, steinige Boden kann die Feuchtigkeit nicht halten. Das restliche Wasser verdunstet. Und dabei würde es doch ausreichen, um die Insel für ein ganzes Jahr zu bewässern. Wenn, ja wenn diese unermesslichen Wassermengen aufgefangen und aufgespeichert werden könnten.

Aber wir sind nicht undankbar. Die Insel ernährt uns, wenn unsere Hände auch tüchtig mithelfen müssen. Jetzt, nachdem die lange Trockenheit überstanden ist, haben wir einmal keine Sorgen – außer den alltäglichen. Wir haben so viel Ruhe, dass wir unsere Leseabende wieder aufnehmen können. Wir lernen sogar fleißig Sprachen und machen gute Fortschritte im Englischen und im Spanischen. Harry auch. Wir müssen ihm alles vorsprechen. Wegen seines Augenleidens kann er kaum lesen und schreiben.

Die wenigen Abendstunden reichen nicht aus, um die beiden Sprachen schnell zu lernen, die wir hier brauchen: Englisch und Spanisch. Ich muss auch noch den Tag zu Hilfe nehmen, die Stunden während der Arbeit. Wenn ich im Garten arbeite, habe ich immer ein Wörterbuch bei mir und sehe zwischendurch schnell mal nach, was Erde und Stein, Baum, Strauch, Blüte, Frucht, Kern, Huhn, Ziege und all das heißt, was ich gerade sehe. Dann wird wiederholt. Das Wörterbuch verschwindet in der Tasche. Und während ich ein Huhn sehe, sage ich vor mich hin »this is a chicken«, damit ich auch die Aussprache lerne. Erst auf Englisch, dann auf Spanisch. Dann drei Minuten später: »Der Hund ist im Haus.« Wenn mich einer bei meinen dreisprachigen Selbstgesprächen beobachtet, hält er mich wahrscheinlich für verrückt.

Im Juli kam endlich ein Schiff, die »Dinamita«. Ein Schiff für Lorenz. Es gehörte dem Norweger Trygve Nuggerud, der auf der Insel Santa Cruz lebte. An Bord hatte er den dänischen Schriftsteller Rolf Blomberg, der sich einmal Floreana ansehen wollte.

Lorenz war ganz aufgeregt, als Nuggerud ihm zusagte, er würde ihn mitnehmen. »Aber nur bis Santa Cruz. Von dort kommen Sie ziemlich schnell nach San Cristóbal.« Von San Cristóbal aus wollte Lorenz dann zum Festland hinüberfahren.

»In Guayaquil lasse ich meine Papiere in Ordnung bringen«, schwärmte er, »und dann setze ich mich mit meinem Bruder in Deutschland in Verbindung. Aber ehe ich in die Heimat fahre, komme ich erst noch einmal nach Floreana zurück.«

Seine Augen hatten wieder ein wenig Glanz, als er an die Rückkehr, an die alte Heimat und den Frühling in Deutschland dachte. Er machte Pläne und ahnte nicht, dass alles anders kommen würde.

Lorenz fuhr mit Nuggerud in der kleinen »Dinamita« ab: Nuggerud, der Däne Rolf Blomberg und Lorenz. Wir waren wieder allein auf der Insel: Ritter mit seiner Gefährtin und wir.

Ein Monat verging. Da kam zum ersten Mal wieder Post. Der Motorsegler »San Cristóbal« war vorbeigekommen und hatte Post für uns in die Posttonne gelegt. Ein Brief von Rolf Blomberg war dabei. Blomberg schrieb:

»Nuggerud, Lorenz und ich sind gut in Santa Cruz angekommen. Dort hat Lorenz nicht aufgehört, Nuggerud immer wieder zu bitten, er möchte ihn doch gleich nach San Cristóbal fahren. Er konnte wahrscheinlich die Zeit nicht erwarten, endlich weiterzukommen. Und Nuggerud hat schließlich auch nachgegeben. Er fuhr also (am 13. Juli) nach San Cristóbal, mit Lorenz und einem Ecuadorianer. Aber dort sind sie nicht angekommen. Als der Verlust des Bootes nach ungefähr vier Wochen bekannt wurde, schickte man den Motorsegler »San Cristóbal« auf die Suche nach dem verschwundenen Boot. Man nahm an, dass die Besatzung auf einer anderen Insel gestrandet sei. Aber man fand nichts, keine Spur von dem Boot und den drei Menschen. Deshalb glaubt man, dass das Boot verloren ist. Es hatte nur einen Motor und keine Segel; wahrscheinlich ist der Motor defekt geworden und das Boot ist weit hinaus abgetrieben. Die Strömung ist ja um diese Jahreszeit sehr stark.«

Das war eine niederschmetternde Nachricht. Nuggerud … Der arme Lorenz … Und auch unsere Post war verloren, die wir Lorenz mitgegeben hatten. Wir konnten das einfach nicht glauben. Wir gaben die Hoffnung nicht auf, dass man sie bald danach auf irgendeiner der kleinen Inseln der Galápagos-Gruppe finden würde.

Zwei Monate hörten wir nichts mehr. Dann kam der Motorsegler »San Cristóbal« und mit ihm Herr Blomberg. Er brachte keine neuen Nachrichten außer der einen: »Es ist sicher, dass das Boot und die drei Menschen verloren sind.«

Lorenz wird also nicht wieder nach Floreana zurückkommen. Was mag aus ihm geworden sein? Welches Schicksal mag er erlitten haben? Lebt er vielleicht doch noch irgendwo, verborgen, versteckt …? Oder lebt er nicht mehr? Kein Mensch kann darauf eine klare Antwort geben. Und kein Mensch hat eine Nachricht von der Baronin. Aus Tahiti, dem Ziel ihrer Reise, ist kein Lebenszeichen zu uns gekommen.

Demnächst wird auch Frau Dore Strauch die paradiesische

Insel verlassen. Und – trägt sich etwa auch Dr. Ritter mit Rückkehrgedanken?

»Die Insel hat mir nicht das geboten, was ich mir erhofft hatte«, sagte er, ziemlich still und resigniert. Aber er sagt nicht, dass er die Insel verlassen will, die ihn enttäuscht hat.

Er sagt: »Und die dauernden Zänkereien mit Frau Strauch, die täglich kränker und kränker wird, reiben mich langsam auf. Im Januar wird Frau Strauch mit Captain Hancocks Jacht ›Velero III‹ zum Festland hinüberfahren und von dort aus die Heimreise nach Deutschland antreten. Bis dahin sind es immer noch drei Monate, die ich …« Er sprach nicht weiter. Er seufzte nur.

Dr. Ritters tragisches Ende

14. November 1934.
Es gibt Tage, die ich nie vergesse.

An diesem 14. November fuhr ich zum ersten Mal seit unserer Ankunft wieder in einem kleinen Boot auf dem Ozean. Aber nicht sechs Tage und sechs Nächte wie damals vor mehr als zwei Jahren, sondern nur ein Stück von der Küste bis zur Jacht »Seth Parker«. Die Jacht gehörte Captain Lord. Sie war früher ein Frachtschiff gewesen; Captain Lord hatte sie gekauft und für eine Weltreise behaglich eingerichtet. Nun war er nach Floreana gekommen und hatte uns einen Besuch gemacht, und wir machten jetzt einen Gegenbesuch auf seinem schönen Viermaster.

Für mich war das ein Erlebnis besonderer Art: Ich war noch nie auf einem großen Segelschiff gewesen.

Wir saßen gerade in einem der Salons beim Essen, als ein anderes Motorboot am Schiff anlegte. Es brachte einige Offiziere von einem Besuch bei Dr. Ritter zurück. Die Herren waren sehr aufgeräumt. »Bei Doktor Ritter herrscht eine tolle Aufregung«, erzählte einer von ihnen. »Der größte Teil seiner Hühner hat heute früh tot am Boden gelegen. Sie sind alle an Fleischvergiftung eingegangen.«

Captain Lord konnte uns die Geschichte der fleischfressenden Hühner genau erzählen. Er hatte es selbst erlebt:

»Ich war gestern bei Dr. Ritter zum Essen eingeladen. Zur Feier des Tages öffnete Ritter ein Glas mit Schweinefleisch, das er selbst eingekocht hatte. Aber das Fleisch war verdorben.

Völlig ungenießbar. Frau Dore hat es den Hühnern hingeworfen. Und die haben es gefressen. Ergebnis: Bitte, heute sind sie tot.«

Am Sonntag machten wir einen Besuch bei Dr. Ritter. Er hatte uns gebeten, ein paar Hühner und einen Hahn mitzubringen, damit er eine neue Hühnerzucht beginnen konnte. Wir taten ihm den Gefallen.

Dr. Ritter erzählte uns den ganzen Vorgang noch einmal, genauso wie Captain Lord ihn schon erzählt hatte.

»Ist das nicht ein Unglück?«, sagte er.

Ich kam nicht mehr dazu, ihm eine Antwort zu geben. Ich war wie erstarrt über das, was ich jetzt erst sah: Ritter war gerade dabei, die Hühner einzukochen. Die Hühner, die an Fleischvergiftung krepiert waren. »Ist das Fleisch denn essbar?«, fragte ich, nachdem ich mich von meinem Schrecken einigermaßen erholt hatte.

»Ja, ja«, sagte Ritter, »so schlimm ist das nicht. Durch starkes Kochen werden die Giftstoffe wieder unschädlich gemacht.« Das sagte ein Arzt. Obendrein ein Vegetarier! Ich war völlig fassungslos. Und ich lehnte sehr bestimmt ab, als er mir ein paar von den krepierten Hühnern anbot.

21. November 1934

Wenn etwas Unangenehmes geschieht, bin ich immer allein zu Hause. Das ist mir schon langsam zur Gewohnheit geworden. Ich kann wirklich nicht sagen: zur lieben Gewohnheit.

Sechs Tage nach unserem Besuch bei Ritter war ich auch wieder allein. Und wieder passierte etwas. Gegen zehn hörte ich aufgeregte Rufe draußen am Gartentor.

Durch die Tür sah ich Frau Dore kommen. Nichts Gutes ahnend, ging ich ihr zum Tor entgegen.

»Warum sind Sie denn nicht mit dem Esel gekommen?«, fragte ich. Mir fiel im Augenblick nichts Gescheiteres ein. Aber ich wusste, wie beschwerlich ihr lange Wege waren, da sie doch ein gelähmtes Bein hat.

Sie gab mir keine Antwort auf meine Frage.

»Es ist etwas Furchtbares geschehen, Frau Wittmer. Dr. Ritter ist an Fleischvergiftung erkrankt. Es ist ganz schlimm mit ihm. Ich glaube, er stirbt.«

Ich war wieder einmal fassungslos. Ich musste mich setzen. Ich wusste, dass schnelle Hilfe nottat, aber fürs Erste waren meine Beine zu schwach, als dass ich hätte losgehen können. Und Dore musste sich auch erst ein paar Minuten ausruhen. Die Aufregung und der Weg hatten sie furchtbar mitgenommen. Sie erzählte mir in der Zwischenzeit kurz, wie es dazu gekommen war:

»Vorgestern haben wir ein paar von den Gläsern aufgemacht, mit dem Fleisch von den krepierten Hühnern, Sie wissen ja ... Wir haben gleich gemerkt, dass das Fleisch nicht mehr gut war, aber Ritter hat gesagt, ich sollte es nur ordentlich kochen, dann könnte man es essen.«

»Und Sie haben davon gegessen? Sie auch?«

»Ja, ich auch«, sagte Frau Dore. »Ritter, ich und die Katzen.«

Ich wusste nicht recht, was ich dazu sagen sollte: Da haben zwei Menschen von verdorbenem Fleisch gegessen; der eine liegt angeblich im Sterben, und der andere geht den beschwerlichen Weg zu uns herauf und macht trotz der ungewohnten Anstrengung einen ganz gesunden Eindruck.

»Was ist denn nun mit Dr. Ritter?«, fragte ich.

»Gestern früh hat er sich nicht wohlgefühlt«, erzählte sie.

»Er hat es auf die Fleischvergiftung zurückgeführt. Aber das Schlimmste ist, dass er nicht mehr sehen kann. Deswegen glaubt er auch fest an eine Vergiftung.«

»Und Sie merken überhaupt nichts?«

»Nein. Jetzt nicht mehr. Ich habe mich erbrochen, und dann habe ich eigentlich keine Beschwerden mehr gehabt. Aber mit Ritter ist es schlimmer geworden. Im Laufe des Vormittags ist seine Zunge so stark angeschwollen, dass er nicht mehr richtig sprechen, sondern nur noch unverständlich lallen konnte. Das Letzte, was er noch einigermaßen verständlich sagen konnte, war, dass es die reine Ironie sei, wenn er, der Vegetarier, an Fleischvergiftung sterben sollte. Ich hätte ihm sofort eine Magenspülung machen sollen«, jammerte sie, »aber wir haben nicht die notwendigen Geräte.«

Ich ahnte, dass es um Minuten ging, und schrieb schnell ein paar Zeilen für meinen Mann: Er möchte sofort zu Dr. Ritter kommen, wenn er wieder zu Hause sei. Dann nahm ich einen dünnen Schlauch, mit dem man eine Magenspülung notdürftig vornehmen konnte, und ging mit Dore Strauch.

Wir brauchten lange für den Weg. Frau Strauch kam nur sehr langsam vorwärts.

Als wir bei Dr. Ritter ankamen, sah ich, dass es wahrscheinlich schon zu spät war. An eine Magenspülung war überhaupt nicht zu denken. Ritter konnte nicht mehr sprechen. Was er zu sagen hatte, schrieb er auf ein Blatt Papier. Hören konnte er noch. Er hat jedes Wort verstanden, das wir sagten.

Ritter muss Qualen gelitten haben. Frau Dore wollte ihm zur Linderung eine Morphiumspritze geben, aber dagegen wehrte er sich. Sie wollte ihm wenigstens einen Schleimpfropf, der sich in der Luftröhre festgesetzt hatte, absaugen, aber das gelang ihr nicht.

Endlich, am Nachmittag gegen fünf Uhr, kam Heinz. Um diese Zeit war Ritter schon so apathisch, dass er nicht einmal mehr schreiben konnte. Dann nahm er noch einmal alle Kraft zusammen. Er griff zum Bleistift und schrieb seinen letzten Satz auf einen Zettel:

»Ich verfluche dich im letzten Augenblick!«

Seine Augen funkelten hasserfüllt. Seine Blicke trafen Dore Strauch wie Pfeile. Was mag sich zwischen diesen beiden Menschen abgespielt haben, die nach außen hin immer den Eindruck erweckt hatten, als wären sie Menschen, die alles Irdische und alles Menschliche verachteten und nur in geistiger und seelischer Gemeinschaft lebten?

Was müssen es in Wirklichkeit für Menschen gewesen sein! Menschen, in denen sich ein unüberwindlicher Hass aufeinander angesammelt hatte. Warum hassten sie sich?

Für mich waren das Stunden peinlicher Hilflosigkeit. Ich musste zusehen, wie Dr. Ritter jeden Versuch Dore Strauchs, in seine Nähe zu kommen, wütend abwehrte. Das Einzige, was ich noch tun konnte, war, im Stillen für ihn zu beten.

Helfen konnten wir ihm nicht mehr. Wir mussten machtlos zusehen, wie er sich quälte und immer unruhiger wurde. Frau Dore tat, als hätte sie seine hassfunkelnden Blicke nicht gesehen. Aber jedes Mal, wenn sie in seine Nähe kam, machte er schwache Bewegungen, als ob er nach ihr schlagen oder treten wollte. Erst als Frau Strauch gegen Abend hinausging, wurde Ritter ruhiger.

Heinz und ich waren allein mit ihm. Ritter faltete plötzlich die Hände und hob sie mir entgegen.

»Wollen Sie beten?«, fragte ich leise.

Er schüttelte den Kopf, hob wieder die Hände zu Heinz und mir. Aber wir konnten diese seltsame Geste nicht deuten.

Kurz vor neun Uhr am Abend sah ich dicke Schweißperlen auf seiner Stirn. Ich holte ein Tuch, um ihm die Stirn zu trocknen und ihm das Kissen aufzuschütteln. Frau Dore kam herein. Als Dr. Ritter ihre Stimme hörte, richtete er sich mit letzter Anstrengung noch einmal auf. Er sah gespenstisch aus, wie er versuchte, sich auf Frau Dore zu stürzen. Seine Augen flackerten in wildem fiebrigem Feuer. Dore schrie auf und wich entsetzt zurück. Dann sank Dr. Ritter lautlos in sich zusammen und fiel in die Kissen zurück.

Sein Leben war erloschen.

Heinz überzeugte sich von Ritters Tod. Dann ging er zu den Kindern zurück. Ich blieb über Nacht bei Frau Strauch.

Ich konnte nicht schlafen. Dore sprach unablässig. »Ritter hatte ein Geheimnis mit Lorenz.« Mehr war nicht aus ihr herauszubekommen.

Sie fing immer wieder von diesem Geheimnis an, aber sie verriet es mir nicht.

»Warum hat Doktor Ritter immer wieder die Hände zu Ihnen erhoben?«, fragte sie gequält. Ich wusste es nicht. Aber Frau Dore hatte plötzlich eine Erklärung. »Ich kann es Ihnen sagen«, flüsterte sie geheimnisvoll. »Er wollte Sie um Verzeihung bitten.«

»Um Verzeihung? Wofür?«

»Ich weiß es nicht. Ich weiß nur, dass es so ist.«

»Was soll er uns denn getan haben?«

Wieder dieses geheimnisvolle Flüstern: »Ich weiß es nicht.«

Sie redete in dieser Nacht so viel und so wirr … Tausend Dinge durcheinander.

»Ich muss fliehen«, schrie sie plötzlich in die nächtliche Stille. »Ich werde hier auf der Insel ermordet.«

»Wer soll Sie denn ermorden?«, versuchte ich sie zu beruhigen. »Es ist doch kein Mensch hier, der Ihnen nach dem Leben trachtet.«

»Nein, nein, ich muss fliehen!«, schrie sie wieder.

Dann sprach sie leise, beschwörend. »Ich muss fort von hier. Ich muss den Ruhm des toten Dr. Ritter in aller Welt verkünden! Den lebenden Ritter wollten sie nicht anerkennen.« Sie lachte schrill. »Jetzt wird man seine Arbeiten in die großen Werke der Philosophie einreihen!«

Mir fiel ein Stein vom Herzen, als endlich der Morgen graute und Heinz mit den beiden Kindern kam. Ich war wie erlöst.

Die Hand des Schicksals

1934/1935

Die Tragödie ist ausgespielt.

Heinz und Harry schaufelten ein Grab für Dr. Ritter. Wir brachten ihn zu dem Grab, das inmitten der Steine ausgeworfen war, die Ritter so mühsam ausgegraben hatte. Wir warfen Blumen in das Grab. Ich betete ein »Vaterunser«. Dann häufte sich die Erde über dem Toten.

Dore Strauch hat die Insel nun auch verlassen.

Von Lorenz gab es kein Lebenszeichen. Nur wir waren noch auf der Insel, mein Mann, unsere beiden Kinder und ich. Werden wir endlich den ersehnten Frieden haben?

Die Baronin war nicht mehr da, Philipson auch nicht. Das war eine Tatsache, und es war die einzige, an der nicht zu rütteln war.

Es war ganz ausgeschlossen, dass die beiden sich vielleicht in einen anderen, schwer zugänglichen Teil der Insel zurückgezogen hatten. Dazu hatten sie keine Veranlassung, und außerdem hätten sie dort keine Lebensmöglichkeiten vorgefunden.

Waren sie nun wirklich mit der amerikanischen Jacht weggefahren? Niemand hatte eine Jacht gesehen. Und nichts deutete darauf hin, dass ein Schiff in der Bucht gewesen war. Keine Spur, kein Brief, keine Mitteilung.

Sollte sich an der einsamen Bucht eine Tragödie abgespielt haben? Wir kamen von diesem Gedanken nicht mehr los. Wir begannen nach Hinweisen auf eine solche Möglichkeit zu suchen, nach ein paar Worten, ein paar Andeutungen, nach Begebenheiten, die an sich unwichtig erschienen waren – nach kleinen Bruchstücken, die sich jetzt nachträglich vielleicht zu einem Bild über den wahren Hergang zusammensetzen ließen. Wir suchten nach Spuren im Busch und an der Küste, aus denen wir vielleicht hätten herauslesen können, was sich da unten abgespielt hat. Aber wir fanden nichts. Nichts jedenfalls, was Rückschlüsse auf die wahren Vorgänge an dem Tage erlaubt hätte, an dem die Baronin und Philipson verschwanden.

Wieder ging der Name Floreana durch die Presse der ganzen Erde. Man sprach von der Tragödie, aber nirgends stand etwas von den Tatsachen zu lesen. Überall nur Vermutungen. War es ein Unfall gewesen? Vielleicht, dass die beiden am Strand vom Sog des Wassers erfasst und ins Meer hinausgerissen wurden.

Wenn es aber kein Unfall war, wer hatte dann beim Verschwinden der »Baronin« seine Hand im Spiel gehabt?

Mit dieser Frage tauchte das Wort auf, das wir schon lange auf den Lippen gehabt, das wir aber offen auszusprechen uns gescheut hatten:

Mord? Zu einem Mord gehört ein Mörder! Schwer zu glauben, es seien Menschen von draußen auf die Insel gekommen und hätten die Baronin und ihren »Mann« umgebracht. Wenn es einen Mörder gab, dann musste es ein Mensch von der Insel sein. Und dieser Kreis war sehr, sehr klein.

Zu diesem Kreis gehörten auch wir.

Wir haben uns um Aufklärung bemüht. Und dabei gewannen Dinge, Geschehnisse, Worte, die uns zuvor nicht sonderlich wichtig erschienen waren, doch erheblich an Gewicht.

Da war zum Beispiel Dr. Ritters Verhältnis zur Baronin Wagner. Es war fast immer gespannt; es ging bis zur offenen Feindschaft.

Die Baronin war für Dr. Ritter von Anfang an eine Bedrohung gewesen, die er als geradezu lebensgefährdend empfunden haben muss. Aus Briefen, die später zu seinem Buch hinzugefügt wurden, spricht Hass gegen die Baronin. Das sonst so langweilige Buch mit seinen pseudowissenschaftlichen Ergüssen über seine Privatphilosophie und seine Lebensweise gewinnt nur dort Leben, wo er von seiner Abneigung gegen die Baronin spricht. Er hat sie, wie er offen zugibt, abgrundtief gehasst. Und er hatte seine Gründe für diesen Hass: Die Baronin schnitt seine Lebensader ab; sie blockierte den Fußweg zu Ritters Farm »Frido«, über den er in all den Jahren hindurch Besuch, Post und nahrhafte Geschenke erhalten hatte. Was aber in seinen Augen wohl noch wichtiger war: Sie hatte ihn aus den Spalten der Presse gedrängt. Er sah seinen Ruhm und Ruf gefährdet. Das hat ihn wohl langsam zur Raserei getrieben. Ich habe selbst erlebt, wie er in der Erregung aus der Fassung geraten konnte.

Da war noch ein anderer, der die Baronin aus ganz anderen Gründen hasste: Lorenz. Der junge Mann, der bei der Baronin einmal die Rolle des Favoriten gespielt hatte. Der dann durch den jüngeren und gesünderen Philipson von der ersten Stelle gedrängt worden war.

»Ausgeschlossen«, hatte Lorenz gesagt, als ich ihm von dem letzten Besuch der Baronin erzählt hatte. Von dem Besuch, mit dem sie sich bei mir verabschiedet hatte, um mit einer amerikanischen Jacht in die Südsee zu fahren.

»Ausgeschlossen, die Geschichte mit der Jacht und mit der plötzlichen Abreise stimmt nicht. Aber – ich weiß, was das zu bedeuten hat: Sie will mich in eine Falle locken. Ich soll glauben, sie sei nicht mehr da. Ich soll ahnungslos zum ›Paraiso‹ hinuntergehen. Und unten wollen sie mich umbringen.« Er hatte damals ängstlich, gehetzt gesprochen. Er sah aus wie ein Mensch, der etwas Unheimliches ahnt, etwas, das ihn bedroht.

Lorenz hatte Angst vor der Baronin: Sie könnte ihn als gefährlich gewordenen Mitwisser ihres Lebenswandels und ihrer Untaten beseitigen oder beseitigen lassen. Wenn er darüber etwas in die Außenwelt dringen ließe, dann hätte das ihr Ende bedeutet. Schon der Zwischenfall mit Arenz, ihr verunglückter Schuss auf das begehrte Menschenwild, hatte sie ganz unsicher gemacht, denn das konnte Folgen haben. Wenn es um ihre Existenz ging, konnte die Baronin kaltblütig zum letzten Mittel greifen. Das wusste Lorenz. Und das fürchtete er.

Lorenz ist an dem Tag, als die Baronin angeblich abfuhr, zuerst zum »Paraiso« und dann zur Küste hinuntergegangen. Unterwegs hat er Dr. Ritter besucht, wie er uns sagte. Dr. Ritter hat diesen Besuch später abgeleugnet. Warum?

Das Haus der Baronin lag einsam an der Postoffice Bay. Wer weiß, was sich an diesem Tage, in dieser Nacht dort abspielte. Wir haben keine Spuren gefunden, die auf einen Mord hingedeutet hätten. Nur Fußspuren waren im Sand zu sehen, aber keine Schleifspuren, nach denen Heinz gesucht hatte. Doch was will das schon besagen? Zweimal in vierundzwanzig Stunden haben wir Ebbe und Flut; um acht Meter steigt die See bis zu dem einsamen Haus am Meer. Und die auslaufende Flut konnte zwei Leichen in wenigen Minuten in die von Haien wimmelnde Bucht hinaustragen. Die Fischer beseitigen noch heute die Überreste ihrer Arbeit auf diese Weise.

Lorenz war in jenen Stunden, als die Baronin von der Insel verschwand, bei ihrem Haus. Er war ein armer verprügelter, kranker Mensch, den der Husten ständig plagte, aber er war kein Wrack …

Unheimlich war seine leise Art, durch den Busch zu schleichen und plötzlich vor einem aufzutauchen. Immer war ich erschrocken, wenn er mich, wie aus dem Boden gewachsen, auf diese Art überraschte.

Die Baronin Wagner (wenn sie wirklich so hieß, was bis heute niemand weiß) ist nicht wieder zur Insel zurückgekommen. Sie ist auch sonst nirgends aufgetaucht. Wäre sie noch am Leben gewesen, sie, eine so sehr auf Geltung bedachte Frau, hätte sie wohl keine Gelegenheit ausgelassen, um wieder von sich reden zu machen. Später, im Krieg, drangen Gerüchte zu uns, sie sei in einem drittklassigen Nachtlokal in Panama oder Tahiti als Tänzerin aufgetreten – aber was waren das mehr als romantische Ausschmückungen einer Legende, die sich längst um diese Frau gebildet hatte!

Die Welt hat nie wieder etwas von der Baronin Wagner gehört. Das ist die einzige Tatsache, die wirklich feststeht. Und die andere Tatsache ist die, dass Dr. Ritter nur wenige Tage nach jenen Vorgängen unten an der Bucht unter eigenartigen Umständen eines ungewöhnlichen und qualvollen Todes gestorben ist. Wir waren zu spät gekommen, um ihm zu helfen.

Wir lebten nun ganz allein auf der Insel. Aber wir fanden keine Ruhe.

Captain Hancock hatte nach einem kurzen Besuch auf Floreana der Welt die Nachricht vom Tode Dr. Ritters durch Funkspruch mitgeteilt. Bald darauf begann es auf der Insel von sensationslustigen Reportern zu wimmeln. Sie stürzten sich gierig auf jedes Wort über das tragische Geschehen. Die meisten bauschten die »Tragödie von Floreana« zu einer wilden Sensation auf. Die amerikanischen Leser wurden mit fetten Schlagzeilen und mit Berichten gefüttert, die zum großen

Teil zusammenphantasiert waren und die Wahrheit vollkommen verdrehten.

Weihnachten und Neujahr gingen vorüber. Wir sahen wieder einmal einen Besuch kommen. Aber es waren keine Freunde, die wir den Weg heraufkommen sahen. Es war eine Handvoll Soldaten, bewaffnet, mit aufgepflanztem Bajonett. Was wollten sie hier?

Ausnahmsweise war ich nicht allein im Haus. Heinz war da, Gott sei Dank. Ich hatte zwar ein sauberes Gewissen, aber bei dem Anblick bewaffneter Soldaten stockte mir doch das Herz.

Den Soldaten folgte der Inselkommandant von San Cristóbal und ein Dolmetscher, Herr Kuebler von Santa Cruz.

Sie sahen nicht nur kriegerisch aus, sie verhielten sich auch so.

»Was wollen Sie von uns?«, fragte Heinz. Er bekam keine Antwort.

Stattdessen bauten sich die Soldaten im Kreis um uns auf.

Dann begann im Haus ein langes Verhör. Zuerst wurde Heinz vernommen, dann kam ich an die Reihe. »Erzählen Sie mir genau, wie das mit dem Verschwinden der Baronessa gewesen ist!«, ließ mich der Gouverneur fragen.

Ich erzählte ihm, was ich wusste. Und was er selbst längst wissen musste. Er wollte mehr erfahren.

»Sie verschweigen mir etwas«, behauptete er. »Die Hauptsache ... Sagen Sie endlich die Wahrheit!«

Ich war wie vor den Kopf gestoßen. Was in Gottes Namen sollte ich denn wissen? Was verschwieg ich denn? Dann erfuhr ich den Grund dieser ganzen Gerichtsverhandlung: Draußen waren Gerüchte aufgekommen, wir hätten etwas mit dem Verschwinden der Baronin zu tun. Wir wüssten, dass sie die Insel überhaupt nicht verlassen hätte. Jedenfalls nicht lebend.

Endlich rückte der Gouverneur mit der Weisheit heraus: »Ihr Mann hat die Baronin umgebracht.«

Ich war so starr, dass ich nicht einmal Nein sagen konnte. Als ich mich wieder gefasst hatte, fragte ich: »Wer hat Ihnen denn das erzählt?«

»Doktor Ritter.«

»Doktor Ritter ist schon seit sechs Wochen tot.«

Der Gouverneur lächelte nachsichtig. »Nicht der tote Doktor Ritter … Der lebende hat es erzählt.«

Dr. Ritter, so ließ der Gouverneur uns durch den Dolmetscher sagen, hatte kurz vor seinem Tode in der ecuadorianischen Zeitung *Universo* einen Artikel veröffentlicht, in dem er meinen Mann beschuldigte, die Baronin erschossen zu haben. Das hörten wir jetzt zum ersten Mal.

»In jener Nacht, als die Baronin die Insel angeblich verlassen haben soll, ist kein einziges Schiff in der Nähe von Floreana gewesen«, hatte Dr. Ritter sinngemäß geschrieben. »In dieser Nacht habe ich aber Schüsse und die Todesschreie einer Frau gehört. Das kann nur die Baronin gewesen sein. Und der Einzige, der diese Schüsse abgegeben haben kann, ist Heinz Wittmer.«

So ungefähr hieß es im *Universo*.

Der Gouverneur muss uns angesehen haben, dass wir uns völlig unschuldig fühlten. Er wurde schwankend. Ob er überhaupt an diese ganze phantastische Geschichte geglaubt hat, erfuhren wir zwar nicht, aber der Augenschein hatte ihn wohl darüber belehrt, wem mehr zu glauben war.

Er stellte noch ein paar Fragen. Aber sein Ton hatte schon die vorherige Schärfe verloren. Unsere Antworten waren so klar und so eindeutig, dass er schließlich von seiner Anschuldigung überhaupt nicht mehr sprach. Sein strenges Gesicht glättete sich; er wurde höflich und verbindlich. Da legten auch die Soldaten ihren kriegerischen Gesichtsausdruck ab.

Und der Gouverneur nahm nun sogar eine Einladung zu einem kleinen Imbiss an, den ich schnell richtete.

Der dienstliche Teil des Unternehmens war erledigt. Der Gouverneur war offensichtlich ganz zufrieden mit dem Ausgang der »Gerichtsverhandlung«. Während er mit Behagen eine Hühnerkeule verspeiste, ließ er uns die Post bringen, die die Soldaten heraufgebracht hatten. Einen halben Sack voll Post, Briefe aus aller Herren Länder.

»Caramba!« Plötzlich sprang der Gouverneur vom Tisch auf und zog aus seinem Ärmelaufschlag einen Zettel heraus. »Das hätte ich beinahe vergessen. Beinahe ... Die Hauptsache.«

Der Zettel entpuppte sich als ein Kabel einer deutschen Zeitung. Man bat um Mitteilung, ob wir noch lebten und ob ich unter Umständen bereit sei, über die Vorgänge auf der Insel zu schreiben. Wunderbar, dass gerade in dieser Stunde, nach dieser unangenehmen Gerichtsverhandlung, ein Gruß aus der Heimat kam! Die Rückantwort war bezahlt. Sieben Worte. Was kann man in sieben Worten sagen? Der Gouverneur drängte. Er musste wieder zurück aufs Schiff.

»Wir leben. Dr. Ritter tot. Schreiben ja.«

Das waren sieben Worte. Ich kritzelte sie schnell auf ein Blatt Papier. Der Gouverneur nahm den Zettel mit und gab die kurze Nachricht vom Boot aus gleich auf dem Funkwege weiter.

Sieben Stunden später war der kurze Inhalt meines Telegramms in riesengroßen Lettern am Haus jener deutschen Zeitung angeschlagen, wie ich später erfuhr.

Nach diesem Tage vermieden wir es, den Namen Ritter auszusprechen. Wir wollten an diese Zeit nicht mehr erinnert werden. Wir wussten jetzt, was die beschwörend und bittend erhobenen Hände in Ritters Todesstunde zu bedeuten hatten. Wir sollten ihm verzeihen, verzeihen, dass er diese gemeinen Lügen über uns in die Welt gesetzt hatte.

Es gibt Dinge, die man nicht verzeihen kann. Später vielleicht, wenn man genügend Abstand gewonnen hat. Aber jetzt – nein! Erst nach und nach, im Laufe der Jahre, ist es mir dann gelungen.

Wir hatten Frau Dore versprochen, auf »Frido«, Ritters kleine Siedlung, aufzupassen, bis sie uns einmal eine Nachricht zukommen lassen würde, was mit dem Platz geschehen soll. Aber nach dieser Gerichtsverhandlung beschlossen wir, »Frido« seinem Schicksal zu überlassen. Wir gingen noch einmal hinunter. In Ritters Vorratsraum fanden wir eine Unmenge von Lebensmitteln: Mehl, Zucker, Reis, Konserven, Fett, Öl, Seife. Davon hatten Ritter und seine Gefährtin gelebt. Und wegen dieser Dinge, die die Amerikaner ihm bei ihren Inselbesuchen geschenkt hatten, wollte er uns von der Insel vertreiben.

Wir zogen wieder hinauf in unsere Berge. Sollte »Frido« wieder in seinen Schlaf zurückfallen, aus dem es so oft aufgeweckt worden war.

Heinz stellte trotz allem ein Kreuz auf Ritters Grab und brachte eine Tafel darauf an, auf der sein Name und sein Sterbetag verzeichnet waren. Sein Geburtstag war uns nicht bekannt.

Unsere nächsten Besucher hatten schwer zu schleppen: Sie brachten uns fast zweihundertfünfzig Briefe aus allen Ecken der Welt. Jeder wollte Einzelheiten über die »Tragödie von Floreana« wissen. Andere gaben uns für unser weiteres Inseldasein gute Ratschläge. Aber – die brauchten wir nicht. Wir wussten, was wir wollten und was wir zu tun hatten: arbeiten.

Wir waren nun fast zweieinhalb Jahre auf Floreana. Und in dieser Zeit hatten wir gearbeitet. Wenn wir nicht gerade von anderen gestört wurden … Wir besaßen eine Farm, fast drei Hektar groß, die wir in unsagbarer Mühe der Steinwildnis und den Dornen abgerungen hatten. Auf unserer Farm wuchs und grünte, blühte und gedieh es. Der Boden war mit Schweiß gedüngt – dem einzigen Dünger, an den die anderen, die vor uns da gewesen waren, nicht gedacht hatten.

Drei Tragödien – drei Rätsel

1935/36

Es ist nicht zu fassen: Ich sitze in Köln. Nicht auf der Insel Floreana, sondern in Köln, in der Heimat.

Heinz hatte beschlossen, mich nach den aufregenden Ereignissen auf der Insel nach Deutschland zu schicken. Ich sollte feststellen, wo Frau Dore Strauch in Deutschland lebte und ob sie alte und neue Lügen über uns verbreitete. Und ich sollte mich gegen diese Lügen wehren.

Am 17. Februar 1935 standen meine Koffer an der Küste.

Neben mir krabbelte Rolf im Sand herum. Ich sollte ihn mit hinüber in die alte Heimat nehmen. Das Inselboot »San Cristóbal« entführte uns aus der neuen Heimat. An Bord waren der neue Inselkommandant und auch der alte, der nach seiner Dienstzeit auf den Inseln wieder nach Guayaquil zurückfuhr.

In Guayaquil verfolgten mich die neugierigen Reporter auf Schritt und Tritt. Es war schwieriger sie abzuwehren als auf der Insel die Bullen.

Dann, zwei Tage vor der Ausreise des Hapag-Dampfers »Cerigo«, gab es noch einmal wegen der Vermissten eine Verhandlung. Dieses Mal im Deutschen Konsulat in Guayaquil.

Auch das ging vorüber. Am 1. März stach die »Cerigo« in See. Richtung Europa, Richtung Heimat. – Ende April waren wir in Hamburg.

Und nun sitze ich in Köln. Vor mir liegt ein Schriftstück, das schon am 3. Februar hier eingegangen war.

Damals war ich noch auf Floreana. Das Schriftstück war vom Auswärtigen Amt in Berlin und hatte folgenden Wortlaut:

Die Zollbehörde in San Diego, Vereinigte Staaten von Nordamerika, hat dem deutschen Konsulat in Los Angeles am 11. Dezember 1934 eine größere Anzahl Briefe und Schriftstücke übersandt, die anscheinend von dem Reichsangehörigen Alfred Rudolf Lorenz auf seiner letzten von der Galápagos-Insel Floreana aus unternommenen Fahrt mitgenommen waren und von dem Kapitän des amerikanischen Dampfers »Sant Amaro« in San Diego abgeliefert worden sind.

Unter diesen Papieren befanden sich die beigefügten, mit Ihrem Absender versehenen Briefe und Schriftstücke.
– gez. Der Reichsminister des Auswärtigen – I.A
gez.: Unterschrift.

Welch traurigen Weg haben diese Briefe genommen, die nun wieder vor mir liegen. Ich sehe im Geiste Lorenz, wie er in gehobener Stimmung Abschied nahm. Wie er sich auf die Heimkehr nach Deutschland freute. Lorenz, der Wochen später, verdurstet und verdorrt, im glühenden Sand einer einsamen kleinen Galápagos-Insel gefunden wurde. Dorthin waren auch diese Briefe verschlagen worden, die nun wieder vor mir liegen.

Ganz im Norden der Galápagos-Gruppe liegt die kleine Insel Marchena. Ein steiniges, sandiges Eiland, auf das die Sonne fast senkrecht herunterbrennt. Hier erfüllte sich das Schicksal von Lorenz, hier spielte sich seine Tragödie ab. Aber was da geschehen ist, das hat nie ein Mensch erfahren.

Vier Monate, nachdem er in dem Fischerboot des Norwegers Nuggerud Floreana verlassen hatte, fand man die beiden. Ein amerikanischer Thunfischer fuhr in der Nähe der Insel vorüber. Im Sand der flachen Küste sah die Besatzung an einem Stock ein weißes Tuch flattern. Dann fand sie am Strand zwei Leichen und ein kleines Ruderboot, und neben der Leiche einen Koffer mit einem Packen Briefe, die alle nach Deutschland gerichtet waren. Das Boot verständigte San Cristóbal.

Eine Funkmeldung flog in die Welt hinaus, und die Zeitungen griffen die Nachricht begierig auf und schmückten sie phantasievoll aus.

»Die eine der beiden Leichen hat langes blondes Haar«, hieß es in einigen Zeitungen. »Man kann vermuten, dass es sich um Frau Wittmer von Floreana handelt.« Vielleicht entstand dieses Gerücht deshalb, weil neben diesem Toten die nach Deutschland gerichteten Briefe mit unserem Absender lagen. Captain Hancock hatte kurze Zeit, bevor das Thunfischerboot die beiden Leichen gefunden hatte, den letzten Brief von Dr. Ritter bekommen mit der Nachricht, dass die Baronin nicht mehr auf der Insel sei. Er fuhr mit seiner Jacht »Valero III« sofort los, um nachzusehen, was auf Floreana geschehen war.

Auf dem Weg erreichten ihn die Nachrichten von der Auffindung der beiden Leichen – und die Legenden, die um diese beiden toten Menschen gesponnen wurden.

Mr. Hancock wollte dieser Sache auf den Grund gehen. Ehe er zu uns kam, steuerte er mit seiner Jacht die Insel Marchena an und – sah Lorenz und Nuggerud im Sande liegen.

Dann fuhr er auf dem schnellsten Wege zu uns. Ich war gerade in »Frido« bei Frau Dore, als Hancock den Weg heraufkam. Er sah uns an, dass etwas geschehen sein musste.

»Ich erfuhr, dass die Baronin nicht mehr da ist«, sagte Hancock. »Was war denn los?«

Ich gab eine Antwort auf seine Frage. »Dr. Ritter ist vor drei Wochen gestorben, Mr. Hancock.«

Er brauchte eine Weile, um nun auch noch diese Nachricht zu fassen. Später berichtete er dann von seinem Besuch auf der Insel Marchena: »Es war Lorenz. Ich habe ihn sofort erkannt. Er lag lang hingestreckt im weißen Sand. Seine Kleidung war zerrissen, aber sein Körper war noch nicht in Verwesung übergegangen. Er war ausgetrocknet wie eine Mumie. Seine Gesichtszüge waren noch zu erkennen. Nicht weit von ihm der andere, Nuggerud. Sie müssen verhungert und verdurstet sein. Auf dieser Insel gibt es kein Wasser. Nur heißen Sand ...«

»Und der Dritte?«

»Ich habe keinen Dritten gesehen.«

Ich wusste, dass Nuggerud außer Lorenz noch einen Ecuadorianer, einen Indio, an Bord seines kleinen Fischerbootes gehabt hatte.

Von diesem Indio, José Pazmiño, fehlte jede Spur. Und Nuggeruds Motorboot war auch nicht mehr da.

Wie merkwürdig – das Beiboot, mit dem die beiden die Insel erreicht hatten, hatte man gefunden.

Was war da, am Strande von Marchena, geschehen? Wir konnten es nur ahnen. Das Boot war alt und kaum noch seetüchtig. Der Motor hatte schon früher manchmal gestreikt. Hatte er auf der Fahrt von Santa Cruz nach San Cristóbal wieder einmal versagt? Dann wäre das Boot hilflos gewesen. Der Humboldtstrom ist um diese Jahreszeit besonders stark. Die »Dinamita«, Nuggeruds Boot, besaß keine Segel. Der Strom konnte es hinführen, wohin er wollte.

War der Indio auf dem Boot geblieben, weil es größer war als das kleine Ruderboot, die winzige Nussschale? Weil es ihn sicherer dünkte? Vielleicht weil er glaubte, dass das Boot eher von anderen Schiffen gefunden werden könnte? Oder war die »Dinamita« gestrandet, geborsten und gesunken und hatte den Indio mit in die Tiefe gezogen?

Der Humboldtstrom kommt von weit her aus dem Süden, aus antarktischen Gewässern, und biegt bei den Galápagos-Inseln scharf nach Westen. Er hat schon manches Schiff, auch größere Segler mit vier Masten, bei völliger Windstille mit sich in die Unendlichkeit des Pazifiks getrieben. Und dort sind sie samt ihrer verhungerten und verdursteten, irrsinnig gewordenen Mannschaft als Gespensterschiffe monatelang, jahrelang umhergetrieben, ängstlich gemieden von anderen Schiffen, deren Besatzung sich angstvoll bekreuzigte, wenn sie an so einem Gespensterschiff vorübersegelten.

Die »Dinamita« ist nie gefunden worden. Vielleicht treibt sie führerlos, tot, noch heute in den Weiten des Stillen Ozeans, vielleicht ruht sie mit José Pazmiño seit einem Vierteljahrhundert auf dem Meeresgrund nahe Marchena. Nie mehr wird ein Mensch erfahren, was sich vor der Küste dieser Insel ereignet hat. Aber immer wieder, noch Jahre später, drängte sich uns die Frage auf: Besteht ein Zusammenhang zwischen der Tragödie bei der Insel Marchena und der Tragödie, die sich um den 28. März 1934 an der Küste von Floreana abgespielt hat? An dem Tag, als die Baronin von der Insel verschwand, ohne eine Spur zu hinterlassen.

An dem Tag, als Lorenz von unserer Farm zu dem Haus hinunterging …

Fragen, nichts als Fragen – und keine Antwort.

Armer Junge – welches Geheimnis nahmst du mit ins Grab?

Ich habe für die Zeitung in Köln unser Leben und die seltsamen und geheimnisvollen Vorgänge auf Floreana beschrieben. Frau Dores Spur habe ich nicht gefunden. Sie sollte in Berlin leben, aber so weit bin ich ihr nicht nachgegangen. Ich habe nur gehört, dass sie immer neue Geschichten über die Insel erzählt hat. Ich hörte, dass sie ganz verschiedene Todesursachen für Dr. Ritters plötzlichen Tod angab. Nun sollte er wieder an Lungenentzündung gestorben sein.

Schließlich hat man ihr wohl gar nichts mehr geglaubt.

Als dann meine Aussagen über die Vorgänge auf Floreana in den Zeitungen erschienen, muss Frau Dore sich gekränkt gefühlt haben. Aber unter dem Gewicht der Tatsachen und der sprechenden Beweise verstummte sie schnell.

Mit ihrer eigenen Version, die unter dem bezeichnenden Titel *Satan came to Eden* in Amerika erschienen war, fand sie wenig Glauben.

Armes, unglückliches Wesen …

Ende Oktober 1935 verließen wir Deutschland wieder, ich und Rolf. Bei Windstärke zwölf fuhren wir zurück über den Atlantik.

Wenn ich dabei bin, ist immer was los. Damit habe ich mich langsam abgefunden. Die beiden schweren Lokomotiven, die wir für Chile an Bord hatten – genau gesagt: auf Deck –, begannen sich selbständig zu machen. Eine riesige Welle durchschlug die Holzverschalung wie ein Stück Papier. Der Kapitän war nahe daran, die beiden Loks ins Meer rollen zu lassen.

Dann war ich wieder in Guayaquil. Unser gutes kleines Inselschiff, der Motorsegler »San Cristóbal«, hatte es klugerweise so eingerichtet, dass er kurz vor unserer Ankunft nach Floreana abgefahren war.

Und wann das nächste Schiff oder Boot zu den Inseln hinübergehen würde, das stand in den Sternen geschrieben. Es konnte Wochen dauern, Monate …

Weihnachten wollte ich wieder auf der Insel sein. Aber daran war nicht zu denken. Wir saßen wochenlang fest.

Plötzlich, nach langen Wochen des Wartens, überstürzte sich alles. Ich bekam die Nachricht, dass die »San Cristóbal« voraussichtlich am 4. Januar zu den Inseln fahren werde.

Und dann stand ich wieder mit meinen Kisten am Hafen. Wir fuhren von Guayaquil den Rio Guaya hinunter. Siebzig Kilometer bis zum offenen Meer. Dann sieben volle Tage bis zu den Galápagos. Sieben Tage für tausend Kilometer – das ist noch einmal eine harte Geduldsprobe. Und eine Folter für meinen Magen …

Aber dann lag die Küste von Floreana vor uns. In der Black Beach Bay warfen wir Anker. Es war morgens um sieben Uhr. Der Kapitän schickte einen Mann mit einer Nachricht zum Haus hinauf. Aber Stunde um Stunde verging. Niemand kam. Ich wurde unruhig und musste noch bis zum Abend warten. Da hörte ich aus dem Busch heraus Hundebellen. Lump war der Erste, der mich begrüßte. Aufgeregt rannte er am Strand hin und her und bellte das Schiff an.

Endlich sah ich Heinz mit dem Esel aus dem Busch treten.

»Papa, Papa, komm den lieben Jungen holen!«, rief Rolf immer wieder über das Wasser hinüber. Das hatten wir ihm in Köln beigebracht, und er hatte es nicht vergessen.

»Gut siehst du aus.« Das war das Einzige, was ich sagen konnte.

Wir lagen uns wortlos in den Armen und waren glücklich, dass wir wieder zusammen waren. Rolf schleppte die Bilderbücher und Spielsachen herbei, die er in einem kleinen Koffer mitgebracht hatte, und baute sie im Kreis um uns auf.

»Hast du in San Cristóbal mit dem neuen Kommandanten gesprochen?« Die erste Viertelstunde des glücklichen Wiedersehens war vorbei. Da meldeten sich Fragen schon wieder, diese dummen, nüchternen Fragen, die uns in unserem Inselalltag immer auf der Seele brennen. Und wenn Heinz gerade jetzt, in dieser Stunde des Wiedersehens, nach dem neuen Kommandanten fragte, dann musste es mit dieser Frage auch etwas Besonderes auf sich haben.

»Gesehen habe ich ihn schon.« Ich musste nachdenken, um mich wieder in die Wirklichkeit hineinzufinden. »Ja, auf San Cristóbal, bei der Herfahrt, da ist er an Bord gekommen. Aber gesprochen habe ich ihn nicht. Und er hat mich auch nicht angesprochen. Er hatte sich mir gegenübergesetzt und mich dauernd mit seinen kohlschwarzen Augen fixiert. Später, als der Kommandant wieder gegangen war, habe ich den Kapitän gefragt, wer das eigentlich gewesen ist. Der hat nur ›Comandante‹ gesagt. Und ›no bueno‹.«

Mein Mann liebt Überraschungen. Aber auf die Überraschung, die mich zu Hause erwartete, war ich wirklich nicht gefasst. Unser Haus war vergrößert worden. Heinz hatte einen großen Schlafraum angebaut. Vier mal fünf Meter groß, Zementboden, sechs Fenster, ein großer Kleiderschrank und vor einem Fenster ein Schreibtisch, auf dem Boden ein Teppich – das war mehr Komfort, als man sich auf der Insel Floreana erträumen konnte!

Floreana wird kultiviert. Aber welche Unsumme von Arbeit steckt in diesem einen Zimmer! Wie viel Tage, Wochen, Monate.

Da fiel mir ein, wie lange ich nicht hier gewesen war.

»Elf Monate«, sagte Heinz.

Ich sah ihm an, wie schwer diese Monate gewesen waren.

»Hast du meine Post bekommen?«

»Ja.« Er lächelte wehmütig. »Die erste Post kam Mitte November.«

Im Februar war ich abgefahren. Im November war das erste Lebenszeichen von mir gekommen. Um diese Zeit hatte ich meinen ganzen Deutschland-Urlaub längst hinter mir. Da saßen wir im Zug von Guayaquil ins Innere, weil uns der Motorsegler vor der Nase weggefahren war. Neun Monate ohne ein Lebenszeichen.

»Ich hatte keine Ahnung, was in Deutschland alles los war. Wie lange du wegbleiben würdest.« Er sah mich abbittend an. »Da habe ich die meisten Hühner geschlachtet. Die Arbeit wäre zu viel für mich geworden.«

Zwölf Hühner und ein Hahn waren übrig geblieben. Meine stolze Hühnerzucht war wieder auf ein bescheidenes Restchen zusammengeschrumpft. Aber ich war nicht traurig darüber. Ich war glücklich, dass ich wieder hier war. Alles andere war im Augenblick so unwichtig. Und meinen Hühnerhof würde ich schon wieder voll kriegen. Ich hatte es ja inzwischen gelernt, mit Hühnern umzugehen.

Nein, die Hühner machten mir keine Sorge. Was mir schwere Sorgen machte, das war Harrys Zustand. Er sah schlecht aus. Zuerst dachte ich, er hätte zu viel arbeiten müssen. Aber er erholte sich auch in den nächsten Wochen nicht, trotz aller erdenklichen Schonung und der besten Kost. Er blieb beängstigend blass. Im April musste er sich hinlegen. Er hatte ein eigenartiges Fieber, sodass ich zuerst an Malaria dachte. Aber die äußeren Symptome sprachen dann doch gegen Malaria. Und nach zwei Wochen konnte Harry, einigermaßen gesund, wieder aufstehen. Aber gesund war er nicht.

Harry ist unsere einzige Sorge. Sonst haben wir keine, jedenfalls keine großen. Die kleinen Alltagssorgen, die zählen wir gar nicht. Dafür haben wir die Ruhe und den Frieden, so wie wir es uns einst gewünscht hatten. Wir sind nun allein auf der Insel. Niemand stört uns. Die Menschen, die gelegentlich zu uns kommen, sind gern gesehene Gäste. Menschen, die kommen und wieder gehen und – unseren Frieden nicht stören. Im Gegenteil. Wir haben uns über Besuch aus der großen Welt immer gefreut, über die Abwechslung, die er in unseren stillen Inselalltag brachte.

12. Juli 1936. Mein Geburtstag.

Wir hatten am Morgen die Tiere versorgt und saßen gemütlich beim Geburtstagskaffee, als wir Flugzeuge hörten. Zwei englische Maschinen kreisten über unseren Köpfen.

Während wir herumrätselten, was das nun wieder bedeuten sollte – irgendetwas Besonderes musste es ja wohl sein –, tauchten am Gartentor sechs Marineoffiziere auf. Britische Marineoffiziere – einer von ihnen stellte sich als Admiral Best vor.

Seit der Gerichtsverhandlung mit dem Inselkommandanten und seiner bewaffneten Macht hatten wir etwas gegen das Militär. Aber dieses Mal gab es kein hochnotpeinliches Verhör wegen eines angeblichen Mordes, sondern eine liebenswürdige Einladung.

»Seiner Majestät Kreuzer ›Apollo‹ liegt in der Postoffice Bay vor Anker«, sagte der Admiral. »Wir sind gekommen, um Sie zum Abendessen auf das Schiff einzuladen.«

Wir nahmen mit großer Freude an. Aber zuerst lud ich die Herren einmal zu mir ein. Zum Geburtstagskuchen. Während Heinz die Offiziere durch das Haus und durch die Pflanzung führte und sich viele wohltuend anerkennende Worte über unsere Leistung anhören durfte, belud ich den Esel mit frischen Früchten, die ich als kleine Anerkennung mit zum Schiff nehmen wollte. Unten an der Küste in dem alten Norweger-Holzhaus vertauschte ich meine kurze Hose mit einem Kleid. Nun war ich fertig zum Empfang.

Admiral Best stellte uns auf dem Schiff erst einmal sein Bad zur Verfügung, damit wir uns erfrischen konnten.

Im Empfangsraum waren alle Offiziere versammelt. Zur Begrüßung wurde ein Cocktail serviert. Die Herren trugen Galauniform, mit einer schwarzen Binde auf den weißen Jacken; ein Zeichen der Trauer für den kurz zuvor verstorbenen König Georg V.

Im Speiseraum empfing uns eine festlich gedeckte Tafel. Aber bevor wir zum Essen Platz nahmen, wurde zu Ehren der Gäste zuerst die deutsche, dann die englische Nationalhymne gespielt. Und noch eine noble Geste des ritterlichen Admirals: In den Gläsern funkelte deutscher Wein vom Rhein. War das vielleicht eine besondere Aufmerksamkeit für die Kölnerin?

Ich weiß noch sehr genau, dass plötzlich eine beklemmende, peinliche Stille eintrat, als der Admiral, der an meiner Seite saß, über die Tafel hinweg meinem Mann die Frage stellte:

»Was halten Sie eigentlich von der Hitler-Regierung, Mister Wittmer?«

Mir blieb das Stückchen Käse, mit dem ich gerade beschäftigt war, fast im Halse stecken. Würde diese wunderbare Stunde jetzt in ein unangenehmes politisches Gespräch abgleiten?

Was sollte man jetzt auf diese Frage antworten? Wir hatten uns oft über die politische Entwicklung in Deutschland unterhalten. Ich hatte selbst einen Blick in dieses neue Deutschland tun können. Meine Eindrücke waren sehr unterschiedlich gewesen. Ich hatte viel Optimismus gesehen, viel Hoffnung auf eine bessere Zukunft. Auf der anderen Seite hatte ich aber auch von der erbarmungslosen Verfolgung politischer Gegner und der jüdischen Bürger gehört. Sosehr wir unsere Heimat liebten – dieses Unrecht konnten wir niemals gutheißen. Aus amerikanischen und englischen Zeitungen wussten wir, dass man in diesen Ländern die Entwicklung in Deutschland mit Abneigung und Sorge sah. Und hier saßen wir nun als Gäste eines britischen Admirals, dessen Regierung sicherlich wenig freundliche Gefühle gegen diese neue Regierung in Deutschland hegte.

Heinz warf mir einen fragenden Blick zu. Aber ich konnte ihm doch nicht eine Antwort über die ganze Tafel zuflüstern. Und außerdem, offen gestanden, diesmal wusste ich keine Antwort.

Aber Heinz wusste eine. Er hatte nur ein paar kurze Augenblicke gebraucht, um die einzig mögliche Antwort zu finden. Er lächelte liebenswürdig: »Right or wrong, my country, Sir.«

Unser Gastgeber sah Heinz an. Er sah mich an, dann stand er auf.

Er hob sein Glas, verneigte sich leicht gegen meinen Mann und mich und sagte: »Möge Gott Ihnen für Ihre Arbeit und für die Haltung, die ich respektiere, seinen Segen geben.«

Wie schön, mit Menschen zusammen zu sein, vor deren Gesinnung wir uns innerlich verneigten.

Die Situation war durch Heinz' Antwort und die feinen Worte des Admirals gerettet. Und über Politik wurde an diesem schönen Abend kein einziges Wort mehr gesprochen.

Es war dunkel und sternenklar über dem Meer, als wir gegen Mitternacht wieder von Deck gingen. Die ganze Schiffsbesatzung hatte hier Aufstellung genommen.

Admiral Best gab der Kapelle ein Zeichen, zum Abschied »Die letzte Post« zu spielen.

Dann brachte uns ein Motorboot zur Küste zurück.

Das ganze Schiff war hell erleuchtet, die Lichter spiegelten sich in den dunklen Fluten des Meeres. Dann blitzten die Scheinwerfer des Kreuzers auf und beleuchteten die Bucht taghell. Das Motorboot fuhr zurück. Unmittelbar darauf begannen die Maschinen des Kreuzers zu laufen. Wir saßen auf der Treppe des alten Blockhauses in der Postoffice Bay. Die Lichter wurden immer schwächer, der Kreuzer immer kleiner. Nach einer guten halben Stunde war von der »Apollo« nichts mehr zu sehen.

»War das Wirklichkeit?«, fragte Heinz leise. Vielleicht war dieser Abend zu schön, als dass er Wirklichkeit gewesen sein konnte.

Es war ein Uhr morgens, als wir endlich den Rückweg antraten. Vier Stunden stiegen wir durch die Stille der Nacht zu unserem Haus. Und als wir im ersten Licht des Morgens zurückkamen, war Harry gerade dabei, das Wasser für den Morgenkaffee aufs Feuer zu setzen.

Satan came to Eden

1936/37

Acht Monate war ich schon wieder auf der Insel. Und in diesen acht Monaten hatten wir keinen einzigen Brief aus Deutschland bekommen. Acht Monate hatte kein einziges Schiff vom Festland die Insel angelaufen. Keine Zeile von draußen. Dazu hatte der englische Besuch mich völlig aus der Fassung gebracht. Diese bohrende Frage des Admirals … Zu allem Unglück war ich heimwehkrank. Wenn ich ganz still auf meine innere Stimme hörte, dann wusste ich, wie es um mich stand: Ich hatte mich in diesen vier Jahren immer noch nicht in die Abgeschiedenheit der Insel eingelebt. Ich hing noch mit einem Zipfel an der Heimat.

Aber nach acht Monaten kam endlich das erste Schiff, nur ein Fischerboot, von der Insel San Cristóbal. Es brachte uns nicht nur den ersehnten Brief aus der Heimat, sondern drei Säcke Post!

Rolf hatte das Boot an der Black Beach gesichtet. »Ein Schiff! Ein Schiff!« Ich lief mit hinunter, weil ich die Zeit nicht mehr erwarten konnte. Der alte Capitano Manuel Guitierez winkte schon von weitem und rief:

»Señora, ve Usted tres sacos llenos de correo!«

Ich lachte und heulte durcheinander, als ich diesen Briefsegen sah. Drei Säcke voll Post … Medizin gegen das Heimweh. Ich war glücklich – wie vom Weihnachtsmann beschenkt. Ich hatte keine Zeit, die nette Einladung von Manuel zum Essen anzunehmen. Wir packten uns die Post auf und liefen wie glückliche Kinder zum Haus hinauf.

Es dauerte Tage, bis wir all die vielen Briefe aus Deutschland, aus England und den Vereinigten Staaten durchgelesen hatten. Und zwischendurch freuten wir uns immer wieder über den Inhalt der Pakete. Über alles, vor allem über die Nähnadeln. So winzig klein und unscheinbar eine Nähnadel sein mag, für uns ist sie so lebenswichtig wie Fleisch und Früchte. Und es kann wieder acht Monate dauern, bis ein Schiffchen Floreana, das kleine Pünktchen im Stillen Ozean, findet.

Heinz und ich sahen inzwischen dem nächsten Ereignis von Floreana mit einiger Ruhe entgegen: dem nächsten Familienzuwachs.

Nun warte ich also auf mein zweites Baby. Wenn ich allein bin, fühle ich immer wieder diese geheime Angst heranschleichen: Wird es dieses Mal gut gehen? Dieses Mal, wo wir ganz allein sind? Wo kein Mensch da ist, der mir helfen kann, wenn es nötig werden sollte? Wenn wieder ein Eingriff gemacht werden müsste, wie Dr. Ritter ihn vorgenommen hatte?

Ich bin froh, wenn ich einmal eine Abwechslung habe. Das lenkt ab, und diese Ablenkung kann ich jetzt gut gebrauchen.

Die nächste Abwechslung war der Besuch des polnischen Segel-Schulschiffes »Dar Pomorza«. Die Offiziere kamen zu uns herauf und, was für mich eine wahre Erlösung war, der Arzt kam auch mit. Er untersuchte mich, und er konnte mich beruhigen:

»Sie brauchen sich keine Sorgen zu machen. Es ist alles in guter Ordnung. Allerdings, etwas ist nicht in Ordnung, und das sind Sie.«

Organisch war ich gesund, aber trotzdem fehlte mir etwas. Und das stellte auch der Arzt fest:

»Sie leiden unter Heimweh, und das ist nicht gut.« Er nahm meine Hand und sprach beruhigend auf mich ein: »Seien Sie doch froh, dass Sie hier sind. Wer weiß, wie die Dinge in Europa sich in der nächsten Zeit entwickeln. Irgendwo schwelt es unter der Oberfläche. Man weiß nicht, ob nicht eines Tages ein Brand zum Ausbruch kommt. Haben Sie nicht unter dem Weltkrieg genug gelitten? Ich will den Teufel nicht an die Wand malen, aber – wenn es noch einmal dazu käme?«

Ich wusste nichts Rechtes von dem, was in Europa vorging.

Vielleicht hatte der Arzt recht. Dann war es wirklich gut, dass wir hier waren. Und, offen gestanden, uns fehlte hier auch nichts. Wir sollten wirklich glücklich und zufrieden sein. Und wir waren es ja auch. Nur immer diese dumme Angst …

»Wir werden Nachricht nach Panama geben«, versprach der Arzt, »und den ungefähren Termin der Geburt nennen. Dann wird sicher eine Jacht, die gerade in der Nähe ist, bei Ihnen anlegen. Ich verspreche Ihnen, dass die Meldung noch heute Abend hinausgeht.«

Die Worte des Arztes hatten eine wunderbare Wirkung. Mir war viel leichter ums Herz. Ich konnte sogar wieder singend durchs Haus gehen.

Auf einmal hatte ich über Mangel an Abwechslung nicht mehr zu klagen. Unsere Besucher gaben sich beinahe die Klinke in die Hand. Und es waren alles nette Gäste, die wir gern bei uns aufnahmen. Ich hatte fast doppelt so viel zu tun, wenn wir Gäste im Haus hatten, aber es machte mir Freude. Ich kam überhaupt nicht mehr dazu, mich von innen zu begucken. Und dabei war bis zu dem großen Ereignis gar nicht mehr viel Zeit. Das neue Jahr hatte schon angefangen. In den ersten Apriltagen musste es so weit sein.

Dann würde Floreana wieder einen Einwohner mehr haben, fünf statt vier. Unangenehme Zwischenfälle gab es überhaupt nicht mehr. Wir konnten so friedlich leben, wie wir es uns gewünscht hatten. Bis auf einmal irgendwo im Busch ein Schuss fiel. Wir sahen uns an.

Da fiel der nächste Schuss. Ganz in der Nähe. Heinz nahm sein Gewehr, um den Ruhestörer zu suchen.

Aber es war kein Ruhestörer. Es war Besuch, ganz besonders lieber Besuch, der sein Kommen mit den beiden Schüssen anzeigen wollte. Es waren Captain Irving Johnson und Mrs. Electa Johnson von der Jacht »Yankee«.

Sie waren schon einmal bei uns gewesen. Und drei Jahre zuvor war es ihnen nicht möglich gewesen, zu uns vorzudringen, als sie Ritter besucht hatten.

Die »Yankee« machte ihre zweite Rundreise um die Welt, und Floreana gehörte schon zum festen Programm. An Bord waren vierundzwanzig Personen. Keine reichen Weltenbummler, sondern junge Leute, die sich die Welt richtig ansehen wollten. Diese Reise dauerte achtzehn Monate, und die Gäste mussten auf der Jacht arbeiten. Das war eine ausgezeichnete Schule für junge Leute, die sich seemännische Kenntnisse aneignen wollten. Die ganze Schiffsbesatzung kam zu uns herauf. Als sie nach drei Tagen wieder Abschied nahm, versprach Frau Johnson: »In drei Jahren sind wir wieder bei Ihnen. Wir kommen genau am selben Tag.«

In drei Jahren … In der Heimat schickt man am Mittwoch eine Postkarte und kündigt seinen Besuch fürs Wochenende an. Bei uns dauert es Monate oder Jahre.

Der Arzt des polnischen Schulschiffes hat Wort gehalten. In Panama, in der Kanalzone, ja sogar in Deutschland wusste man von dem bevorstehenden Ereignis. Gut zwei Wochen noch, dann würde Floreana einen Einwohner mehr haben. Den zweiten Eingeborenen.

Am 17. März kam die Motorjacht »Nourmahal« mit Mr. Vincent Astor. Er hatte gehört, wie es um mich stand, und er schickte seinen deutschen Chefingenieur und den Arzt herauf.

»Na, dann wollen wir mal sehen, ob alles in Ordnung ist.« Der Arzt untersuchte mich. »In vierzehn Tagen wird alles vorbei sein. Und es wird gut gehen. Keine Angst! Im Übrigen treiben wir uns zwei Wochen bei den Inseln herum und gucken noch einmal bei Ihnen vorbei. Zufrieden?«

Und ob ich zufrieden war! Es ist doch ein beruhigendes Gefühl, einen Arzt in der Nähe zu wissen.

Pünktlich nach vierzehn Tagen kam Mr. Astor mit seiner Jacht zurück.

»No baby?«, fragte er, als er mich sah.

»No baby.«

Mr. Astor tröstete mich: »Die Jacht ›Meta Nelson‹ ist in der Nähe. Sie wird in den nächsten Tagen hierherkommen. Der Arzt hat mir versprochen, dass er nach Ihnen sehen wird.«

Es war ein richtiges Glücksgefühl für mich zu wissen, dass sich Menschen, die ich überhaupt nicht kannte, Sorgen um mich machten.

Bevor der Arzt von der »Meta Nelson« kam, kreuzten andere Besucher auf: drei Herren mit Tropenhelm, Rucksäcke auf dem Rücken. Rucksackwanderer auf Floreana …?

Ich hatte ausnahmsweise einmal gar keine Lust, Gäste zu empfangen und zu bewirten. Ich hatte mit mir selbst reichlich zu tun. Mit mir und dem Baby, das immer noch nicht erscheinen wollte.

»Du kannst doch die Gäste nicht unbewirtet weiterziehen lassen«, sagte Heinz.

Oh, was weiß ein Mann, wie einer Frau in diesem Zustand zumute ist! Ich wollte keine Gäste haben. Ich wollte für mich allein sein. Und es fiel mir wirklich schwer, auch noch für die Besucher zu sorgen. Aber – natürlich hatte Heinz recht: Man kann nicht ...

Sie durften also kommen. Der Führer der Gruppe stellte sich als Captain Charles Hubbard vor.

»Oh, Mrs. Wittmer, wir haben eine Menge Zeit«, begann Hubbard die erste Unterhaltung, die aus Deutsch und Englisch zusammengemischt war. »Wir wollen fischen und jagen, und dann wollen wir die Insel ein bisschen studieren.«

Die Gäste blieben nicht lange. Sie gingen zu ihrem Boot zurück. Am nächsten Tag kam Charles Hubbard allein und ging mit meinem Mann auf die Jagd. Dann kam er pünktlich jeden Tag um ein Uhr mittags zu uns.

Ein sonderbarer Gast ... Irgendetwas war nicht so ganz durchsichtig.

Ich fragte ihn, als wir beim Kaffee saßen, ganz offen danach:

»Ich bin neugierig, Mister Hubbard. Sagen Sie mal, was wollen Sie eigentlich auf der Insel studieren? Die Pflanzen oder die Tiere oder die Steine – oder was?«

Erst lachte Hubbard und wollte gar nicht so recht mit der Sprache heraus. Aber dann sagte er die Wahrheit:

»Nein, Pflanzen und Tiere will ich nicht studieren. Sondern die Menschen.«

»Menschen?« Mir ging ganz langsam ein Licht auf.

»Ja, Sie.« Er lächelte wieder, und diesmal bat sein Lächeln um Verzeihung. »Sie und Ihr Leben hier auf der Insel. Ich habe das in diesen Tagen schon getan, ohne dass Sie beide etwas davon gewusst haben. Aber ich glaube, es wäre doch eine Verletzung des Gastrechts, wenn ich es weiter ohne Ihr Wissen tun würde.«

Wir waren sprachlos. Hubbard konnte mit seinem Geständnis fortfahren.

»Ich komme von der amerikanischen Zeitschrift *Liberty* und habe den Auftrag, einmal an Ort und Stelle nachzuforschen, was an dieser ganzen Geschichte eigentlich falsch und was richtig ist.«

An dieser Geschichte ... Da kamen sie und rührten diese leidige Sache wieder auf: Dr. Ritter, Dore Strauch, die Baronin ... Wir hatten geglaubt, das wäre nun ein für allemal vergessen.

»In den Vereinigten Staaten«, erzählte Hubbard weiter, »ist ein Buch herausgekommen, das Frau Dore geschrieben hat: *Satan came to Eden* ... Dieses Buch ist voller Widersprüche, sodass die Redaktion beschloss, der Sache einmal auf den Grund zu gehen, damit endlich die Wahrheit ans Licht kommt.«

»Lieber Gott, ausgerechnet jetzt, Mister Hubbard.«

Hubbard nickte verständnisvoll. »Ich weiß ... Aber ich mache Ihnen einen Vorschlag: Morgen früh komme ich zeitig zu Ihnen herauf, und wenn dann noch kein Baby da ist, dann können wir uns ja über die Geschichte unterhalten.«

Ich sagte nicht Ja, aber auch nicht direkt Nein. Und so kam denn Mister Hubbard jeden Morgen in der Frühe nach »Asilo de la Paz« herauf, um den großen Bericht über Dr. Ritter und die Kaiserin von Floreana in allen Einzelheiten zu besprechen.

Und an jedem Morgen begrüßte er mich mit derselben Frage: »Good morning! No baby?« Jeden Morgen musste ich ihm dieselbe Antort geben: »No baby.« Dann gingen wir an unsere Arbeit. Mit Deutsch, Englisch und zwischendurch auch Französisch und mit einigen Wörterbüchern verständigten wir uns recht und schlecht und ziemlich mühsam. Hubbard schrieb und fragte, ich antwortete und saß dabei in einem Sessel, Kissen im Rücken, die Füße hochgelegt. Mir war miserabel. Ich war körperlich auf dem Nullpunkt, sodass ich nicht mal mehr kochen konnte.

Heinz vertauschte den Busch und die Pflanzung mit der Küche und versorgte uns bei unserer Arbeit mit Mengen von Kaffee.

Auch das ging vorüber. Aber das erwartete Ereignis trat immer noch nicht ein. Obwohl alle erreichbaren Ärzte sich bei mir ein Stelldichein gaben. Die Jacht von Mr. Astor kam zurück. Der Arzt schüttelte sein weises Haupt, als er »no baby« vorfand.

»Der 15. April ist aber der letzte Termin«, tröstete er mich. »Paciencia! Paciencia!« Geduld, Geduld.

Ein paar Tage später kam die angekündigte große Segeljacht »Meta Nelson«. Der Schiffsarzt kam sofort zu mir herauf. Was sagte er, nachdem er mich beguckt hatte? »Nur ein wenig Geduld! Es ist bald so weit.«

Ich geduldete mich. Und bekam so viel Besuch auf einmal, dass wir zweiundzwanzig Personen im Haus waren. Der Eigentümer der Jacht, Mr. Bentley, brachte seine Frau und alle seine Gäste mit herauf.

Aber, sehr rücksichtsvoll gegen mich, hatte er auch den Schiffskoch mitgenommen. Ich brauchte zur Bewirtung meiner Gäste nichts zu tun. Ich brauchte nur Töpfe, Pfannen, Geschirr und Wasser zu stellen.

Damit das Haus nun auch wirklich so vollgestopft war, dass man sich beim besten Willen nicht mehr umdrehen konnte, kam auch noch Mister Hubbard. Die meisten saßen draußen auf der Steinmauer und fühlten sich sehr wohl. Ich übrigens auch. Es gefiel mir ausgezeichnet. Zuerst, als ich die vielen genau genommen ungebetenen Gäste hatte kommen sehen, war ich böse gewesen: Wie kann man so taktlos sein, mich in meinem Zustand mit einem solchen Menschenauflauf zu belästigen! Aber als wir nach diesem Tag Abschied voneinander nahmen, leistete ich meinen Gästen im Stillen Abbitte. In ihrem Kreise, bei den angeregten Gesprächen mit Mrs. Bentley, hatte ich mich richtig wohlgefühlt.

An diesem Abend schwor ich mir: Wer immer zu uns kommt, ob arm oder reich, ob weiß oder schwarz, er soll unser Haus nicht verlassen, ohne dass ich ihn bewirtet habe! Ich glaube, ich habe diesen heimlichen Schwur in all den langen Jahren gehalten. Und ich habe damit, ohne dass ich es beabsichtigt hätte, Hunderte von Freunden gewonnen, Menschen, die vollkommen unbekannt zu uns hereingeschneit kamen, verließen als Freunde unser Haus. Mancher von ihnen hat sich später für uns eingesetzt, vor allem während des Krieges.

12. April 1937: no baby. Es war unerträglich heiß. Man konnte kaum atmen.

13. April: Mister Hubbard kam wieder am Morgen: »No baby?«

»No baby.« Zuerst hatte dieses »No baby« wie ein nettes Scherzwort geklungen. Jetzt konnte ich es nicht mehr hören. Wie lange würde das noch weitergehen mit diesem ewigen

»No baby? – No baby.«

14. April. Captain Hubbard begrüßte mich wieder mit seiner altgewohnten Frage. Aber diesmal gab ich ihm keine Antwort mehr. Er sah ja selbst. Wir waren mit unserer Arbeit fertig. Er hatte mir in diesen Tagen das Leben sehr sauer gemacht mit seiner dauernden Fragerei. Aber ich war doch froh, dass wir einen anständigen Bericht zusammengebracht hatten, der mir, was nicht ganz unwichtig war, ein hübsches rundes Sümmchen einbringen sollte.

Was hatte ich auf diesen Captain Hubbard, der sich bei uns eingeschlichen hatte, weil er angeblich die Insel studieren wollte – was hatte ich anfänglich für einen Zorn gehabt! Als wir dann aber beim Abschiedsessen zusammensaßen, war uns allen ein bisschen traurig ums Herz. Wir hatten uns im Laufe der Tage immer besser verstanden. Wir waren miteinander gute Freunde geworden. Als er am letzten Abend, fertig zur Abfahrt, schon auf der Treppe stand, fragte er:

»Was soll es denn eigentlich werden, Greta, ein Junge oder ein Mädchen?«

»Ein Mädchen natürlich, Charlie«, antwortete ich mit dem Brustton der Überzeugung. »Jungens hab ich schon genug im Haus. Jetzt brauche ich Verstärkung.«

Ich sah ihm lange nach, als er den Weg hinunter zur Küste ging.

Damals ahnte ich noch nicht, was für ein treuer und ehrlicher Freund er uns bleiben und wie er auch während der langen Kriegsjahre zu uns stehen würde, als er Major der amerikanischen Luftwaffe war. Leider fand Charles Hubbard 1950 mit acht Kameraden, als Chef einer Wetterstation in der Arktis, den Fliegertod.

Floreanita

1937

Der April ist auf Floreana der heißeste Monat. In diesem Jahre 1937 meinte er es besonders gut. Eine drückende Glut herrschte, nirgends war etwas Grünes zu sehen. Alles vertrocknete und verdorrte. Wenn es regnet, ist dieser Monat mit seiner feuchten Schwüle eine einzige Qual. Wenn es aber überhaupt nicht regnet, ist der April unerträglich. Und in diesem Jahr gab es nicht den leisesten Regenschauer. Tagsüber hörte man nicht einen Ton von dem wilden Viehzeug im Busch. Sie lagen irgendwo im Schatten der Algarobobäume und dösten. Erst wenn es dunkel wurde, erwachte im Busch das Leben. Dann drang das Quietschen, Grunzen und Brummen und Blöken bis in unser Haus.

»Paciencia!«, hatten die beiden Ärzte gesagt. Ich war wirklich ein Muster an Geduld. Oder – ich war schon viel zu schwach, um die Kraft für Ungeduld aufzubringen. Ich wartete und wartete. Bis zum 17. April. An diesem Tage waren die Schmerzen so stark, dass ich wusste, jetzt geht dieses endlose, dieses zermürbende Warten zu Ende.

Wir bereiteten den Empfang des neuen Einwohners von Floreana vor. Wir kochten Wasser ab, wir legten alles zurecht, was ich brauchen – oder hoffentlich nicht brauchen würde. Die Nacht verging, eine endlose Nacht. Sie verging bis zur Hälfte.

Mit dem Glockenschlag zwölf hörte ich einen Schrei. Mechanisch fasste ich nach einer der Windeln, die ich im Bett neben mir griffbereit aufgestapelt hatte, wickelte das Kind darin ein und legte es neben mich. Unfähig, auch nur einen einzigen

Laut von mir zu geben, fiel ich vor Erschöpfung in die Kissen zurück.

Nach wenigen Minuten warf mich ein Schüttelfrost hin und her. Heinz machte wortlos die notwendigen Handreichungen. Er tat das ruhig und geschickt. Aber als er sah, wie es mich schüttelte, bekam er einen Schrecken.

Wie viele Ärzte waren in der letzten Zeit hier gewesen! Sie waren alle zu früh gekommen. Jetzt, wo ich einen gebraucht hätte, war natürlich keiner da. Wir waren ganz auf uns selbst angewiesen. Auf unser bisschen Verstand und auf die richtige Eingebung des Augenblicks. Heinz tat das, was ihm der Augenblick eingab. Er braute unser Allheilmittel in allen Lebenslagen: Kaffee aus eigener Ernte. Der Kaffee war unglaublich stark; er war nach dem Rezept »Viel hilft viel« zubereitet worden. Aber ich klapperte derart mit den Zähnen, dass Heinz alle Mühe hatte, mir wenigstens ein paar Schlucke einzuflößen, und dazu einen Schluck Whisky.

»Mir ist so eisig kalt …« Mehr konnte ich nicht sagen. Ich war zu schwach. Ich hatte Angst, meine Zähne, die wild aufeinanderschlugen, könnten mir beim Sprechen die Zunge zerreißen. Heinz holte aus dem ganzen Haus alle Decken und Federbetten zusammen und legte sie auf mein Bett. Ich fror trotzdem wie im eisigen Winter. Dabei herrschte im Zimmer eine Temperatur von fünfunddreißig Grad.

Neben mir wimmerte das Kind. Seine Stimme schien mir so weit entfernt, dass ich gar nicht richtig begriff, woher dieses Wimmern kam.

Nach einer Stunde war mir noch nicht um einen Grad wärmer. Erst als Heinz mir einen Beutel mit heißem Wasser auf die Füße legte, fühlte ich eine leichte, wohltuende Wärme. Ich fiel in einen bleiernen Schlaf und vergaß alles um mich herum. Sogar mein Kind, das ich eben zur Welt gebracht hatte.

Die beiden Jungen, Harry und Rolf, waren nicht im Haus. Wir hatten sie auf einen ausgedehnten Spaziergang geschickt. Plötzlich wurde die Schlafzimmertür aufgerissen. Rolf stürzte herein.

»Mutti, Mutti, sieh mal hier, was ich dir mitgebracht habe!« Beim letzten Wort blieb er stecken. Staunend sah er auf das Bett, in dem ich unter Decken verschwand.

»Bist du krank?« Er huschte dicht an mein Bett. »Oder ist das Schwesterchen endlich gekommen?« Für Rolf stand es bombenfest, dass er nur ein Schwesterchen bekommen würde. Ein Bruder stand überhaupt nicht zur Debatte. »Kann ich das Schwesterchen sehen?«

Halt deinen kleinen Schnabel und raus mit dir!, wollte ich sagen. Aber ich brachte es nicht übers Herz. »Ich muss das Schwesterchen erst einmal baden, dann muss ich es anziehen und dann … Aber jetzt geht ihr erst einmal und esst etwas. Ihr habt doch sicher Hunger.«

Sein Löwenhunger ließ ihn vorübergehend das neue Schwesterchen vergessen. Während die beiden aßen, brachte Heinz Badewasser. Ich badete die Kleine. Meine Hände zitterten, aber ich schaffte es.

»Dein Herzenswunsch ist in Erfüllung gegangen«, sagte Heinz. »Ein Mädchen …«

Ich nickte. Dann sah ich sie mir erst einmal richtig an. Sie sah stramm aus, die Kleine. »Siebenundfünfzig Zentimeter lang.«

Heinz hatte sie inzwischen sogar gemessen. Sie hatte dunkelbraune Augen und hellblonde Härchen.

Ungerufen kam Rolf wieder ins Zimmer. Ich zeigte ihm das Schwesterchen und dachte, er würde in begeistertes Freudengeheul ausbrechen. Aber er verzog den Mund. »Was? Das soll das Schwesterchen sein?«

»Natürlich ist sie das.«

Rolf zog tief die Luft ein. »Ah! Die ist aber schrecklich klein. Die kann doch keine Machete halten.« Er sah mich missbilligend an. »Können wir die nicht umtauschen und was Größeres kaufen?«

»Ja«, sagte ich, »sie ist ein bisschen klein. Aber ist sie nicht ein nettes liebes Ding? Es dauert gar nicht lange, dann ist sie so groß wie du und kann auch eine Machete schwingen. Du bist doch auch einmal so klein gewesen.«

Rolf wollte sich auf nichts einlassen. Was ich ihm sagte, machte nicht den geringsten Eindruck auf ihn. Erst als ich erklärte, bei Gelegenheit würde ich vielleicht ein größeres Schwesterchen dazukaufen, gab er sich einigermaßen zufrieden:

»Zwei Schwesterchen kann ich auch ganz gut in meiner Farm gebrauchen.«

Fünf Tage lag ich im Bett. Die Geburt, die Ängste, die ich in den letzten Wochen ausgestanden hatte, und der ewige Trubel mit dem vielen Besuch machten sich jetzt erst richtig bemerkbar. Ich war vollkommen erschöpft. Und dazu machte mir das Kind Sorgen. Die Kleine erbrach alles, was sie zu sich genommen hatte.

Am sechsten Tage nach der Geburt kam ich mir sehr stark vor. Ich stand auf, aber bald musste ich mich wieder hinlegen. Sie saßen alle um mein Bett herum, Heinz, Harry und Rolf. Wir überlegten gemeinsam, wie wir unser Kind nennen sollten. Jeder von uns sollte fünf Namen sagen, und davon wollten wir den schönsten aussuchen. So kamen wir auf den Namen Floreanita. So heißt unser Kind Ingeborg Floreanita. Wir nennen sie einfach Inge. Für unsere einheimischen Spanisch sprechenden Freunde wurde und blieb sie Floreanita.

Meine Kräfte kehrten langsam zurück. Aber Inge war nicht in Ordnung. Als es nach Wochen noch nicht besser geworden war, bekam ich langsam Angst. In dieser Zeit ließ sich kein Schiff sehen. Kein Arzt fand den Weg zu uns herauf. Nie hatte ich sehnlicher auf einen Arzt gewartet als in diesen Wochen. »Wir müssen eine Nachricht nach draußen geben«, schlug ich vor. Heinz war natürlich sofort einverstanden.

»Ich werde einen Zettel außen an der Posttonne befestigen, damit ihn keiner übersieht. Vielleicht kommt in diesen Tagen eine Jacht vorbei, die einen Arzt an Bord hat. Morgen früh gehe ich los.«

Der Weg zur Posttonne dauert vier Stunden; vier Stunden hin und wieder vier Stunden zurück. Darüber vergeht ein ganzer Tag. Heinz nahm am Morgen ein kräftiges Frühstück zu sich, während ich die Nachricht auf einen Zettel schrieb. Dann wickelte ich Reißbrettstifte ein, mit denen der Zettel außen an der Posttonne, jedem sofort sichtbar, angeheftet werden sollte. Ich packte alles zusammen in die Hemdtasche, steckte vorsichtshalber noch eine Sicherheitsnadel durch Tasche und Zettel, damit er nur ja nicht verloren ging.

»Also, dann bis gegen Abend.« Heinz machte sich auf den langen Weg, und Lump begleitete ihn.

Gegen fünf Uhr am Nachmittag nahm ich Klein-Inge, gut eingewickelt, auf den Arm und ging Heinz entgegen. Er musste jeden Augenblick zurückkommen. Ich brauchte nicht lange zu gehen, als Lump mit weit heraushängender Zunge angelaufen kam und mich schwanzwedelnd begrüßte. Da kam auch schon Heinz aus den Büschen. Er machte, trotz des beschwerlichen Tagesmarsches, ein sehr vergnügtes Gesicht.

Ich sah, dass er unter dem Arm ein kleines Päckchen trug.

»Schön, dass du mir ein Stück entgegengekommen bist!« Er blieb einen Augenblick stehen und verschnaufte.

»Wie kommen die Heiden an die Hemden?«, fragte ich und deutete dabei auf das unerwartete Päckchen.

»Eine kleine Segeljacht ist vorbeigekommen und hat die Post für uns in die Tonne gelegt. Sie nehmen an, dass wir sie eines Tages schon finden werden, haben sie dazugeschrieben.« Eines Tages – das ist gut. Ich habe mich noch immer nicht an die Galápagos-Zeitrechnung gewöhnt, bei der man nicht, wie zu Hause, nach Stunden und Minuten rechnet, sondern nach Wochen und Monaten. Aber das werde ich auch noch lernen. Paciencia! Paciencia!

Heinz hat einen Bärenhunger. Und ich störe ihn zuerst auch nicht mit neugierigen Fragen beim Essen. Dann muss ich ihn doch fragen:

»Hast du den Zettel auch gut an der Tonne angebracht?«

»Zettel?« Heinz blieb der Bissen im Munde stecken. »Was denn für einen Zettel?« »Der Zettel. Du lieber Himmel …« Langsam dämmerte es ihm. »Der Zettel wird wahrscheinlich noch da sein, wo du ihn heute früh hingesteckt hast.«

Natürlich war er noch da. In der Hemdtasche. Die Sicherheitsnadel, mit der ich ihn festgesteckt hatte, damit er ja nicht verloren ging, war auch noch da. Heinz machte ein solch schuldbewusstes Gesicht, dass es aussah, als wolle er im Augenblick aufstehen und noch einmal die acht Stunden bis zur Posttonne und zurück laufen. Aber das war keinem Menschen zuzumuten. Acht Stunden umsonst … Ein ganzer Tag … Zu Hause sagt man: »Geh mal schnell zum Briefkasten an der Ecke!« Aber bei uns? – Pacienca! Pacienca!

Vielleicht kommt morgen oder übermorgen eine Jacht. Mañana – auch das muss ich lernen!

Die Natur schien aus den Fugen geraten zu sein. Es war nun schon Ende Mai und immer noch kein Tropfen Regen gefallen.

Und dabei stehen wir mitten in der Regenzeit. Die ganze Insel, Stein und Busch und Baum – alles schien dieselbe Farbe zu tragen. Alles war völlig versengt. Die Augen schmerzten. Wohin man sah, kaum etwas Grünes. Die Sonne ist noch sengend heiß. Aber jetzt muss die Garúa-Zeit beginnen, die kalte Jahreszeit – was man hier auf Floreana so kalt nennt … Immerhin merkten wir, dass der große Umschwung in der Natur bevorstand: Die Nächte wurden schon empfindlich kühl. Man muss sich im Schlaf gut zudecken, um nicht zu frieren. Morgens liegt dicker Tau am Boden. Das ausgedörrte Gras begann sich zu erholen. In den letzten Tagen hatte das trostlose Bild sich etwas gebessert: Hier und da sahen wir schon wieder einen grünen Schimmer.

Es war der letzte Tag im Mai, als wir beim Frühstück saßen. Plötzlich bellte Lump, ohrenbetäubend laut, ganz anders als sonst.

»Besuch? So früh am Morgen?« Ich sah meinen Mann erstaunt an. »Die müssen im Busch geschlafen haben, wenn sie schon um sieben Uhr hier oben sind.«

»Vielleicht ist es ein Arzt …« Ich ließ Heinz gar nicht zu Ende sprechen, sondern sprang auf und lief hinaus. Am Gartentor sah ich vier Menschen stehen. Lump kläffte sie immer noch wütend an: einen älteren Mann, eine jüngere Frau, ein Mädchen und einen Jungen. Waren es Einheimische vom Festland oder vielleicht von einer der anderen Inseln?

Während ich ihnen zum Gartentor entgegenging, sah ich sie mir genauer an. Der Mann sehr groß, gelblich-weiß im Gesicht und spindeldürr, was ihn noch größer erscheinen ließ. Er trug einen schneeweißen Anzug, ganz neu aufgebügelt, ohne ein Fältchen, ohne ein Stäubchen. Seine braunen Halbschuhe waren spiegelblank geputzt; auf dem braunen Glanz war auch nicht eine Spur von Feuchtigkeit zu sehen. Und dabei war das Gras vom Tau klatschnass.

Der schneeweiß Gebügelte ließ mir keine Zeit zu weiteren Betrachtungen über seine märchenhafte Eleganz. Er verbeugte sich vor mir fast bis zur Erde und stellte sich vor: »Señor Ezequiel Zavala.«

Seiner Hautfarbe nach hätte er fast ein Chinese sein können. Sein Blick hatte, wie ich sehr schnell feststellte, etwas Wechselndes, Unruhiges. Er war von einer ausgesuchten Höflichkeit, aber irgendwie war ich mir über ihn nicht im Klaren. Ist es seine ungewöhnliche Länge, sind es seine lebhaften Bewegungen, seine Augen?

Die Frau, die nicht von seiner Seite weicht und aufpasst, dass Señor Ezequiel sich nur ja nicht schmutzig macht, ist klein. Vielleicht nicht einmal einsfünfzig groß. Sie hat eine rundliche Figur, dunkelbraune Haare und ein hübsch geschnittenes Gesicht. Ihre Augen sind schwarz, das pechschwarze Haar ist strähnig. Im Munde fehlen ihr zwei Vorderzähne, aber ihr Lachen ist sympathisch und warm. Señor Ezequiel stellt mir seine Frau als »Maruja« vor. Maruja ist auch »elegante«, aber doch nicht so sehr wie Don Ezequiel. Doch das ist natürlich, denn er ist der Herr im Haus, und diese Stellung muss auch im äußeren Bild betont werden.

Das junge Mädchen war die Tochter Marta aus Zavalas erster Ehe, wie er mir gleich sagte. Sie war ungefähr sechzehn

Jahre alt, nicht braun, nicht weiß, sondern so ein Mittelding von weicher, leicht getönter Gesichtsfarbe. Für ihr Alter war sie groß und schon gut entwickelt. Ihre Züge waren nicht so fein wie bei Maruja, aber sie machte trotzdem einen recht netten Eindruck, wenn ihre Unterhaltung an diesem ersten Tag sich auch nur auf »sí« und »no« beschränkte.

Mit einer herablassenden Geste stellte Señor Ezequiel schließlich noch den kleinen Indiojungen vor: »Das ist José, unser Compañero de trabajo.« Der Arbeitskollege des Señors also. Aber er betonte ausdrücklich das Wort »trabajo« und legte auf die Bezeichnung »Compañero« offensichtlich weniger Wert.

Ich reichte auch José die Hand. Das missfiel Señor Ezequiel. José aber grinste über sein ganzes Gesicht ob dieser ungewöhnlichen Ehrung. Sein Mund wurde so breit, dass von dem übrigen Gesicht nicht mehr viel zu sehen war, außer einem Paar pechschwarzer Augen.

Ich lud meine frühen Gäste ins Haus ein, und hier ging die Vorstellerei noch einmal von vorn los. Don Ezequiel titulierte Heinz nur mit »Mister«. Das war ohne Zweifel ein Ausdruck besonderer Vornehmheit und ein Zeichen dafür, dass Zavala auch ein Wort der englischen Sprache beherrschte.

Wir rückten am Frühstückstisch zusammen, um unseren Gästen auch noch Platz zu lassen.

Aber als Don Ezequiel bemerkte, dass ich dem kleinen José auch ein Gedeck auflegen wollte, protestierte er energisch. Nein, dieser junge Mann sei nur Compañero de trabajo, und es käme überhaupt nicht infrage, dass er mit Mister an ein und demselben Tische säße. Diese Sitten waren bei mir neu und nicht ganz verständlich, aber ich fügte mich den Wünschen meines Gastes und deckte für José an einem kleinen Nebentisch.

So war nun alles in bester Ordnung. Was nicht in Ordnung war, war unsere Verständigung. Nach der ersten feierlichen Begrüßung, bei der noch in einigermaßen gemessenem Tempo gesprochen wurde, begannen die beiden Zavalas wie ein Wasserfall Spanisch zu reden. So weit reichten meine spanischen Sprachkenntnisse damals noch nicht, und so schnell kam auch mein Wörterbuch nicht mit. Wir kauderwelschten wild durcheinander, und was Worte nicht vermochten, das erreichten wir notdürftig mit den Händen. Ich bildete mir ein, alles zu verstehen. Wir taten überhaupt alle so, als verstünden wir uns prächtig, aber was das Ehepaar Zavala mit Anhang eigentlich hierher auf die Insel führte, davon hatten wir nach einer halben Stunde hitzig geführter Gespräche noch nicht den Schimmer einer Ahnung.

Zuerst hatte ich gedacht, irgendein Inselboot hätte an der Black Beach angelegt, und diese vier wollten uns nur kurz einen Besuch machen. Endlich dämmerte mir aus dem spanischen Wortschwall, dass ihr Kommen einen ganz anderen Grund hatte: Familie Zavala wollte hier wohnen. Don Ezequiel zückte einige Papiere aus seiner Brusttasche und bat den Mister zu lesen. Dem Mister kam das alles zu spanisch vor, und Spanisch war nie sein Fall.

»Wenn wir das lesen«, sagte ich aushilfsweise, »dann brauchen wir einen ganzen Tag dazu. Erklären Sie es doch bitte lieber mit Worten, Señor Ezequiel.«

Ich meinte natürlich weniger mit Worten als vielmehr mit den Händen. Und das klappte ganz gut. Was wir so von Don Ezequiel erfuhren, was wir aus seinen Worten und seinen nicht minder lebhaften Gesten herauslasen, das waren recht wunderliche Geschichten.

Señor Comandante Puente war wieder Jefe territorial,

Gouverneur der Galápagos-Inseln, geworden. Er hatte es für richtig befunden, dass neben den Gringos, den Ausländern, jetzt auch Einheimische auf Floreana wohnen sollten. Er hatte mit Zavala darüber gesprochen, der schon seit fünfzehn Jahren auf Isabela lebte und dort eine kleine Kaffeeplantage hatte. Comandante Puente war zu Ohren gekommen, dass es auf der Insel eine »Unmenge von Rindern« geben sollte, und da gedachte Puente seinem Vaterland einen Dienst zu erweisen, wenn er Zavala nach Floreana schickte, damit er die viel zu vielen Rinder abschieße, das Fleisch trockne, die Häute einsalze und dann beides nach San Cristóbal sende, der Residenz des Comandante. Was dann weiter mit dem Fleisch und den Häuten geschehen sollte, wusste Don Ezequiel nicht.

Zum Lohn für geleistete – oder zunächst einmal zu leistende – Dienste fürs Vaterland trug der Comandante den Señor Zavala in die Zahlrolle der Soldaten ein. Das würde Zavala einen Sold von monatlich hundert Sucres und einen Lebensmittelzuschuss aus der Staatskasse sichern. Als Nebengeschenk sollte der Kolonist und Soldat Zavala auch noch die Siedlung von Dr. Ritter erhalten.

Comandante Puente schenkte großzügig, da, wo es nicht aus seiner Tasche ging. Aber Zavala wollte von diesem Geschenk keinen Gebrauch machen. Er war, neben seinem Amt als Rinderfänger, auch noch Hafenkapitän von Floreana, und da wollte er lieber in der Nähe der Küste wohnen, um den »Schiffsverkehr besser kontrollieren zu können«.

Nun würde manches besser werden, kündigte er an. »In Zukunft«, sagte er, ganz sich seiner neuen doppelten Würde bewusst, »werden viele Schiffe nach Floreana kommen, denn das Fleisch und die Häute müssen ja abgeholt werden.«

Das leuchtete uns natürlich ein. Aber wir konnten doch

nicht umhin, ganz leise Zweifel an dieser rosaroten Zukunft zu hegen. Doch das sagten wir ihm nicht. Nicht nur wegen der Sprachschwierigkeiten.

Als sich der Hafenkapitän und Rinderschütze mit seinem Clan verabschiedet hatte, unkte ich: »Unsere herrliche, ungetrübte Zeit auf Floreana wird nun vorbei sein ...«

Drei Jahre lang waren wir die einzigen Bewohner der Insel gewesen. Wir hatten in guter Nachbarschaft mit den wilden Rindern, den Eseln und den Schweinen gelebt. Drei Jahre lang hatte Floreana Frieden gehabt. Und nun hatten Comandante Puente und sein Freund Zavala das Todesurteil über unsere Rinder gefällt – nur um ihren Geldhunger zu stillen. Denn dass der Staat von den Rinderhäuten je etwas zu sehen bekommen würde, daran konnten wir beim besten Willen nicht glauben. Er hatte nur in Zukunft einen Soldaten mehr zu ernähren. Und was für einen Soldaten!

»Abwarten!«, schlug Heinz vor. »Meistens kommt es anders, als diese Leute denken.«

Vertreibung aus dem Paradies?

Unsere nächste Arbeit stand fest: Spanisch lernen!

Wenn man sich in die Gedankenwelt dieser Menschen, die nun unsere neuen Nachbarn geworden waren, ein wenig eingewöhnen will, dann muss man auf jeden Fall erst einmal ihre Sprache verstehen. Und damit haperte es auch bei mir noch ganz gewaltig. Spanisch stand deshalb von jetzt an auf jedem Tagesprogramm. Wenn ich irgendeine ruhige halbe Stunde hatte, dann wurde Spanisch geübt. Wenn ich Klein-Inge stillte, dann redete ich mit ihr Spanisch. Mein spanischer Sprachschatz vergrößerte sich von Tag zu Tag. Als Frau Maruja das nächste Mal atemlos zu uns kam, staunte sie, dass ich schon viel besser sprach und sie besser verstand als bei ihrem ersten Besuch.

»Eine herrliche Jacht ist vorübergefahren!«, meldete sie, völlig außer Atem. Aber wie dumm, die Jacht war zur Postoffice Bay weitergefahren, und Don Ezequiel habe sich auf den langen Weg gemacht, um in Ausübung seines Amtes als Hafenkapitän die Schiffspapiere zu kontrollieren. Wir sahen und hörten nichts von der herrlichen Jacht, bis zum nächsten Tage. Da kam ihr Besitzer, Dr. Jay Holcomb mit seiner Frau und seinen beiden Kindern. Und das Schönste: Dr. Holcomb war Arzt. Endlich der lang ersehnte Arzt! Paciencia! Paciencia! Die Leute hier haben recht: Man muss Geduld haben; eines Tages wird es schon so weit sein …

Dr. Holcomb untersuchte Klein-Inge. Er konnte mich beruhigen: »In zwei, drei Wochen wird sich die Geschichte gegeben haben. Dann wird das Erbrechen aufhören.« Mir fiel ein Stein vom Herzen. Aber als ich dem Arzt von meinem Fieber und dem furchtbaren Schüttelfrost unmittelbar nach der Geburt erzählte, wurde er sehr ernst: »Sogar in der Zivilisation gehen solche Geburten oft nicht gut aus. Sie müssen beide unter einem besonders guten Stern gestanden haben …«

Mitten in unser Gespräch platzte Frau Holcomb: »Um Gottes willen, ich hätte ja beinahe die Hauptsache vergessen!« Sie kramte einen Brief aus ihrer Tasche und legte ihn auf den Tisch. »Er ist vom Inselkommandanten Puente. Er hat mir sehr ans Herz gelegt, ich soll nur ja nicht vergessen, den Brief abzugeben.«

Was kann uns der Inselkommandant schon Wichtiges schreiben … Ich wollte den Brief achtlos beiseite schieben, um ihn erst zu lesen, wenn unsere Gäste wieder gegangen waren, als ich mir den Briefumschlag etwas näher ansah.

Da stand merkwürdigerweise nicht unser Name, der ja schon damals weit und breit bekannt war. Sondern da stand, etwas ungewöhnlich:

»An den deutschen Citizen auf Floreana.«

Ich riss den Briefumschlag auf. Der Inhalt des Briefes war nicht spanisch, sondern englisch geschrieben. Er lautete:

Sie werden ersucht, die Insel bei der nächsten Gelegenheit zu verlassen. Es steht Ihnen frei, Ihren Wohnort nach San Cristóbal, Isabela oder nach dem Kontinent zu verlegen. Auch steht es Ihnen frei, nach Deutschland zurückzukehren.

Command. Puente

Zuerst mussten alle über die vom Kommandanten liebenswürdig erteilte Erlaubnis, nach Deutschland zurückkehren zu dürfen, schallend lachen. Dann meinten wir, der Mann wäre nicht ganz richtig im Kopf. Und schließlich begannen wir leise zu ahnen, was hinter diesem Schreiben eigentlich steckte. Warum ist Señor Zavala nach fünfzehnjährigem Aufenthalt auf Isabela plötzlich nach Floreana verzogen? Sollte das nicht einen ganz bestimmten Grund haben? Natürlich hatte es einen Grund, und den konnten wir uns auch denken.

»Damit er hier unbeobachtet sein Geschäftchen machen kann«, meinte Heinz. Und er kombinierte, genauso richtig, weiter: »Auf Isabela haben ihm zu viele Menschen auf die Finger gucken können, auf Floreana sind wir die einzigen Zuschauer. Und die will Herr Puente hinausschmeißen, damit er mit seinem Freund Zavala seine Geschäfte in Rinderhäuten ganz unter Ausschluss der Öffentlichkeit betreiben kann.«

Frau Holcomb fiel noch eine andere Erklärung für das Vorgehen des Inselkommandanten ein: »Genau so einen Brief hat Puente uns für eine amerikanische Familie Conway auf der Insel Santiago mitgegeben.«

Wir wussten, dass die Conways erst seit drei Monaten auf dieser Galápagos-Insel waren. Sie waren die einzigen Menschen dort, denn Santiago ist niemals besiedelt worden. Nur als vor hundert Jahren Charles Darwin auf einer Forschungsreise zu den Galápagos-Inseln auch nach Floreana kam, um wissenschaftliches Material für sein Hauptwerk *Entstehung der Arten* zu sammeln, da wohnten auf Santiago ein paar Menschen. Sie beschränkten sich darauf, Schildkröten zu fangen – und wahrscheinlich schön langsam auszurotten.

»Ich habe eine ganz andere Ahnung«, fuhr Frau Holcomb fort. »Ich meine, diese beiden Briefe haben einen ganz anderen Zweck: Ihnen einen Schrecken einzujagen. Mit Geld wird das wohl zu erledigen sein. Darauf wird es Herrn Puente ankommen.«

Sie mochte recht haben. Beide Meinungen hatten viel für sich. Aber Geld … Geld war gerade das, was wir am wenigsten besaßen. Was braucht man im Paradies schon Geld – auch wenn es manchmal nicht so paradiesisch zugeht? Wie jetzt zum Beispiel, wo so etwas wie eine Vertreibung aus unserem Paradies bevorstand.

Wir beschlossen, zunächst einmal einen freundlichen Brief an Comandante Puente zu schreiben. In seinem Schreiben war kein Grund für seine Anordnung angegeben. Im Übrigen waren wir uns keiner Schuld bewusst. Also fragten wir erst einmal höflich an, was ihn zu dieser Maßnahme bewogen habe. Auch vergaßen wir nicht zu erwähnen, dass unsere beiden auf Floreana geborenen Kinder Rolf und Inge die ecuadorianische Staatsangehörigkeit besaßen.

»Für den Fall«, schrieben wir am Schluss ein bisschen frech und höhnisch, »dass Eure Exzellenz bereit sind, uns die großzügig angebotene Rückreise nach Deutschland zu bezahlen, wären wir bereit, die Insel zu verlassen, allerdings nur nach einer angemessenen Abfindung für die Arbeit, die wir auf Floreana geleistet haben.«

Ich schrieb auch gleich an den deutschen Gesandten in Quito und legte ihm eine Durchschrift meines Briefes an Puente bei. Außerdem ging ein Schreiben an das Auswärtige Amt in Berlin, mit der dringenden Bitte, sich doch auf diplomatischem Wege unserer Angelegenheit anzunehmen. Wir hatten auf jeden Fall nicht die Absicht, uns von unserer Insel, von unserem Grund und Boden, aus unserem Haus so einfach verjagen zu lassen, wo alles, alles, was da stand und wuchs, mit unseren eigenen Händen geschaffen war. Ohne jede fremde Unterstützung. Schon gar nicht mit Unterstützung des »Jefe territorial«, des Insel-Kommandanten Puente.

Heinz und Harry waren, als das Schreiben von Puente eintraf, gerade dabei, noch ein weiteres Stück Busch urbar zu machen. Sie stellten jetzt die Arbeit ein. Solange jedenfalls bis diese elende Geschichte erledigt war. Bis wir wussten, ob wir bleiben durften. Dürfen ... Aber wann würden wir eine Antwort auf unseren Brief bekommen? Er blieb ewig lange liegen. Kein Schiff kam vorbei, das ihn zu Herrn Puente nach San Cristóbal hätte mitnehmen können.

Wir hatten die Hoffnung längst aufgegeben, dass noch jemals ein Schiff kommen würde. Da kam José, der Compañero de trabajo des Hafenkapitäns und Rinderjägers Ezequiel Zavala (soweit wir informiert waren, hatte er mit seinem Handwerk aber noch nicht begonnen).

Es war schon nach Sonnenuntergang. Eine ungewöhnliche Zeit für einen Besuch. Wenn die Sonne untergegangen ist, dann wird es hier sehr schnell dunkel. Dämmerung, wie wir sie kennen, gibt es am Äquator nicht.

»Ein Schiff!«, ruft José schon von weitem. Die Zavalas scheinen über die Ankunft eines Schiffes genauso aufgeregt zu sein wie ich in dieser Zeit. Oder war die Ankunft eines Schiffes für Herrn Zavala deshalb eine solche Sensation, weil er dann, einmal im Vierteljahr vielleicht, ein paar Stunden etwas zu tun hatte? Ich weiß nicht. Und das interessiert mich jetzt auch nicht. Uns interessiert das Schiff.

»Was für ein Schiff?«, frage ich José.

»Ein Schiff mit ganz weißen Segeln. Ein deutsches Schiff, hat Don Zavala gesagt, mit einer Bandera alemana – einer deutschen Flagge. Und alles ganz weiß gestrichen. Ein Schiff – oh, viel feiner als alle anderen Jachten.«

Der arme José, der in seinem kurzen Leben noch nicht allzu viel Gutes gesehen hat, kann sich gar nicht genug damit tun, immer wieder wortreich zu beschreiben, was für ein feines Schiff das ist. Und die Segel, sooo weiß. Das ist allerdings eine kleine Sensation hier, denn die Segel der Schiffe, die zwischen den Galápagos herumfahren, sind im Allgemeinen »dunkelweiß«.

»Alle Deutschen werden morgen zu Ihnen heraufkommen«, berichtete José weiter, nachdem er sich von der Begeisterung über die weißen Segel ein bisschen erholt hatte. »Doña Maruja hat gesagt, die Señora Margarita müsste das wissen, dass die Deutschen kommen.«

Wir waren immer noch skeptisch. Wie sollte sich ein deutsches Schiff zu uns verirren? Bisher war noch keines dagewesen. In fünf Inseljahren noch kein einziges deutsches Schiff.

Ich wäre am liebsten sofort zur Küste gerannt. Aber inzwischen war es stockdunkle Nacht geworden. Außerdem gab mir José einen zarten, aber unmissverständlichen Wink, dass er heute noch nicht zu Mittag gegessen hatte. Also musste ich erst einmal den armen Kerl füttern. Und dann musste ich ihm eine Schlafstatt schaffen, denn hinunterlaufen konnte er bei dieser Finsternis nicht mehr.

An Schlaf war in dieser Nacht nicht mehr zu denken. Schon vor Sonnenaufgang war ich wieder auf den Beinen, um Vorbereitungen für den festlichen Empfang der ersten Deutschen zu treffen. Auf dem Herd schmorte ein festlicher Braten. Je weiter der Vormittag fortschritt, umso mehr steckte meine Nervosität Lump an. Er kroch in allen Ecken herum und schniefte und winselte, als ob ein Gewitter in der Luft hinge.

Plötzlich hob er die Nase, stellte seine Ohren auf, lauschte einen Augenblick, und dann sauste er laut und fröhlich bellend aus dem Haus zum Gartentor. Wir hörten noch nichts.

Dann sahen wir ihn kommen: einen großen breitschultrigen Herrn in Marineblau. Die Schultern ein wenig hochgezogen, die blaue Mütze nach hinten geschoben.

Er stand am Gartentor vor uns. Wir brauchten einander nicht vorzustellen. Er wusste, wer wir waren, und wir brauchten auch nicht zu raten, wer er war:

Felix Graf Luckner.

»Go 'n Tach!«, rief er uns fröhlich entgegen, und seine zusammengekniffenen Augen lachten. Er polterte weiter: »Da muss ich oller Seebär erst so hoch in die Berge raufklettern, um die köllschen Rabauken zu besuchen. Aber schön habt ihr's hier. Das muss euch der Neid lassen.« Wir schüttelten uns die Hände. Ich bin bestimmt nicht zimperlich, aber diesen Händedruck spüre ich heute noch.

»Wenn wir etwas geahnt hätten, wären wir natürlich zu Ihnen heruntergekommen«, sagte Heinz. »Meine Frau wollte noch gestern Nacht zu Ihnen herunterlaufen. Wir hatten etwas von einem deutschen Schiff gehört ...«

Luckner fiel mit seinem breiten, gemütlichen Lachen ein.

»Ja, so sind die Frauen. Ich hab meine übrigens auch mitgebracht. Sie wird etwas später kommen. Sie reitet auf einem Esel.«

»Wie kommen Sie zu einem Esel?«, fragte ich neugierig. »Haben Sie einen mitgebracht?«

»Nee. Den hat uns unten an der Küste eine freundliche Indiofrau geliehen. Nun hat meine Frau das Vergnügen, sich tragen zu lassen. Wenn's auch ein bisschen länger dauert als zu Fuß.«

Sie kamen. Die Gräfin Luckner auf dem Esel, den Maruja am Zügel führte. Graf Luckner machte uns bekannt. Und als er Heinz seiner Frau vorstellte, sagte er: »Hier, sieh dir mal diesen Kerl an! Da steckt noch Muck drin, was?«

Über Mangel an Muck hatte Luckner auch nicht gerade zu klagen. Neben seiner Bärenfigur wirkte seine Frau klein und zierlich. Fröhlich plaudernd und immer wieder lachend gingen wir mit unseren Gästen ins Haus: Graf und Gräfin Luckner, der erste Maschinist und der Bootsmann der »Seeteufel« und Maruja, die von unseren lustigen Gesprächen kein einziges Wort verstand, aber trotzdem immer mitlachte – wenn sie auch nicht wusste, worüber.

Mein Festessen fand großen und ehrlichen Beifall. Aber der nächste Programmpunkt stellte meine Kochkunst völlig in den Schatten. Jetzt zeigte Graf Luckner seine Kunst, die schon in aller Welt berühmt war, als ich zum ersten Mal schüchtern am heimischen Küchenherd stand. Er stellte ein paar seiner Tricks vor. Er gab Maruja das eine Ende eines Stockes in die Hand, das andere musste ich festhalten. Dann ließ er sich meinen Ring geben und – Hokuspokus! – der Ring steckte auf der Stange. Er war ebenso unversehrt wie das Holz, und wir staunten.

Maruja aber geriet über diesen Trick völlig aus dem Häuschen. Sie riss die Augen weit auf und schlug die Hände über dem Kopf zusammen:

»Dios mio«, sagte sie ein über das andere Mal. »Dios mio, qué cosa maravillosa!« Mein Gott, mein Gott, was für eine wunderbare Sache!

Aber bei Luckners nächstem Trick fielen ihr die Augen beinahe aus dem Kopf: Er ließ sich den Katalog eines amerikanischen Versandhauses geben und zerriss ihn ohne Anstrengung in zwei Teile. Dabei war dieser Katalog von Sears Roebuck vier Finger dick. Kein Wunder, dass sich Maruja vor lauter ungläubigem Staunen überhaupt nicht mehr zu fassen wusste: Ihr dünner Señor Ezequiel konnte solche Kraftleistungen natürlich nicht vorweisen. Und kein Wunder deshalb auch, dass sie noch nach mehr als zwanzig Jahren allen Menschen, mit denen sie zusammenkam, von diesen Taten des Grafen Luckner begeistert und immer noch mit fast ehrfürchtigem Staunen erzählte.

Bei einem Berg »Pannkauken« unterhielt Luckner uns mit seinen Schnurren, bis Maruja zum Aufbruch mahnte. Sie musste zu ihrem Eheherrn zurückkehren. Außerdem hatte sie Angst, dass der Esel bei Dunkelheit den Weg nicht wiederfinden würde. Wir machten also das »Reitpferd« für die Gräfin Luckner fertig. Aber da fiel mir gerade noch dic Geschichte mit dem Brief des Comandante ein. Die musste ich Luckner erst noch schnell erzählen.

Als der Graf den Brief und unsere Antwort las, wollte er sich halbtot lachen. Das war etwas für einen Mann wie den Grafen Luckner.

»Das werden wir bald haben«, sagte er. »Lassen Sie sich bloß keine grauen Haare wachsen, die Sache wird ausgehen wie das Hornberger Schießen. Und Sie« – dabei schlug er Heinz mit seiner weltberühmten Pranke auf die Schulter, dass ich fürchtete, mein armer Mann würde wie ein morscher Kleiderschrank zusammenbrechen – »Sie, Herr Wittmer, kommen mit runter. Wir machen uns noch einen gemütlichen Abend.«

Diesen ausgedehnten Abend ertrug Heinz, wie ich später feststellen musste, nicht ganz so gut wie den Schlag auf die Schulter.

So zogen sie also los, nachdem sie sich verabschiedet hatten. Besonders herzlich von Klein-Inge, die der erklärte Liebling der Gräfin geworden war, nicht nur weil sie denselben Vornamen hatte wie sie selbst. An der Spitze ritt die Gräfin, Maruja ging neben dem Esel, dann folgten die beiden Besatzungsmitglieder der »Seeteufel«. Den Schluss bildeten Graf Luckner und Heinz.

»Vergessen Sie die Sache mit dem Puente nicht!«, rief ich dem Grafen noch nach. Er drehte sich noch einmal um und lachte zum letzten Mal sein breites, dröhnendes Lachen:

»Worauf Sie sich verlassen können. Gleich morgen geht vom Schiff aus eine Meldung an den zuständigen Minister ab.«

Das war ein Wort! Ich war wieder beruhigt.

Heinz ging einer der längsten Nächte seines Lebens entgegen.

»Auf Wiedersehen!«, dröhnte es noch einmal durch den Busch.

»Tschüüüss! Tschüüüss!« Dann waren sie endgültig verschwunden.

Vier Wochen lang drehten sich fast alle unsere Gespräche um Graf und Gräfin Luckner. Alles schien schöner und besser zu sein, obwohl es jetzt fast ununterbrochen regnete, als Ausgleich für die vergangenen dürren Monate. Sogar die Messer schienen auf einmal besser zu schneiden ... Es war ein herrlicher Monat – trotz des Regens. Wir waren glücklich und zufrieden, aber ...

Wir sitzen beim Abendessen. Es ist Mitte September. Stockfinstere Nacht draußen. Der Regen klatschte gegen die Fensscheiben. Auf einmal hören wir die Hunde bellen. Die Hunde hören nicht mehr auf zu kläffen. Es klingt böse, wütend.

Wir haben jetzt nicht nur unseren Lump. Wir haben wieder ein paar Hunde. Lump ist der Stammvater einer neuen Hundegeneration von Floreana geworden. Er hatte sich mit einer Wildhündin angefreundet – obwohl er sonst ein geschworener Feind dieser verwilderten Hunde war. Einige von seinen Hundekindern leben jetzt bei uns. Sie haben kaum mehr das Wilde ihrer Mutter an sich. Sie haben sich an das Haus und an den Menschen gewöhnt. Lump hat sie dazu erzogen, manierliche Haustiere zu sein, und er führt ein strenges Regiment.

Aber sie sind doch schärfer als er selbst. Manchmal kommt ihr wildes Blut wieder zum Durchbruch. Sie sind treu und anhänglich. Sie sind gute Wächter. Manchmal zu gute. Mancher Besucher, der zum ersten Mal zu uns kam und ihnen fremd war, musste vor ihrem wilden Kläffen und ihren drohenden, scharfen Zähnen auf einen Baum flüchten, bis wir ihn erlösten. Eines von diesen halbwilden Hundekindern nannte ich aus alter Anhänglichkeit an meine Heimatstadt Köln »Tünnes«, ein anderes »Schäl«. Und einen Tünnes und Schäl gab es auch später in jeder der nachwachsenden Hundegenerationen.

Jetzt, an diesem kalten und regnerischen Septembertag, schlagen sie draußen an und bellen unaufhörlich.

Schließlich gehe ich hinaus in die Finsternis. Da steht vor mir, triefend vor Nässe und völlig verfroren, der junge José, der Compañero de trabajo des Señor Ezequiel.

»Was machst du denn hier in dieser Finsternis?«, frage ich ihn, nichts allzu Gutes ahnend. José ist genauso aufgeregt wie vor einem Monat, als er die Meldung von dem großen Schiff mit den ganz weißen Segeln, der »Seeteufel«, brachte.

Dieses Mal meldete er kein deutsches Schiff.

»›El Calderón‹ ist da. Das Regierungsschiff von Ecuador. Señor Comandante Puente ist an Bord, el Governador del Archipiélago de Galápagos.« Er hatte seinen Vers wahrscheinlich auswendig gelernt und brachte ihn heraus, ohne zu stocken.

Puente, der Inselchef ... Die Nachricht war schlimmer als der Regen.

»Na, und ... Was ist jetzt?« Ich ließ den armen José erst einmal ins Haus.

»Der Comandante hat mich heraufgeschickt«, sagte José und wischte sich Regenbäche aus seinem Gesicht, »die Señores Alemanes sollen sofort zur Küste kommen. Der Comandante muss sie dringend sprechen, hat er gesagt.«

In dieser stockfinsteren Nacht, bei diesem Regen? Nein. Wir waren uns einig, dass wir jetzt nicht zur Küste gehen würden. Das konnte kein Mensch von uns verlangen, nicht einmal der Inselchef.

»Comandante Puente wird sehr böse werden«, meinte José, als wir ihm sagten, wir dächten nicht daran. Er fürchtete wahrscheinlich für sich selbst. »Wir werden morgen früh, gleich bei Tagesanbruch, losgehen«, beschloss Heinz endgültig. »Und dann werden wir immer noch zeitig genug kommen.«

José sah uns aus seinen schwarzen Augen missbilligend an. »Muy malo, muy malo!«, beurteilte er den Fall. Sehr schlecht, sehr schlecht ...

Als ich ihm eine ordentliche Portion vorsetzte, war er mit sich und der Welt und offensichtlich auch mit uns zufrieden. Er stopfte in sich hinein, was Platz hatte, und eine halbe Stunde später schlief er fest.

Bei Tagesanbruch waren wir schon auf dem Weg zur Küste. Wir wollten sehr zeitig unten sein, denn den Comandante kann man natürlich nicht ewig warten lassen. Er ist eine Persönlichkeit. Aber auf halbem Wege, ungefähr bei der Ritter-Siedlung, sahen wir das Regierungsschiff schon abdampfen.

Wir gingen trotzdem bis zur Küste weiter. Vielleicht hatte die »Calderón« Post für uns gebracht. Vielleicht hatte der gestrenge Herr Puente eine Nachricht für uns hinterlassen.

Das Erste, was wir an der Küste vorfanden, war eine ganze Menge Menschen, die ziemlich aufgeregt durcheinanderliefen. Die musste die »Calderón« ausgebootet haben.

Als Don Ezequiel und Maruja uns kommen sahen, liefen sie uns entgegen und berichteten wortreich die neuesten Nachrichten von Floreana. Don Ezequiel war ganz Würde. Er glänzte vor Stolz, dass es ihm vergönnt gewesen war, seinen hohen Herrn unter seinem Strohdach – dessen Zuckerrohrstroh aus unserem Garten stammte – zu beherbergen.

»Señor Comandante Puento war sehr ungehalten, dass Sie seinen Befehl, noch in der Nacht zur Küste zu kommen, nicht sofort ausgeführt haben«, tadelte er. »Aber er wird bald wieder nach Floreana zurückkommen, und dann wird die Angelegenheit erledigt, die er Ihnen schriftlich mitgeteilt hat.«

Was es mit der Menschenmenge an der Küste auf sich hatte, erfuhren wir auch: Puente hatte, wahrscheinlich zu unserem Vergnügen oder um für eine nette Abwechslung zu sorgen, einen Strafgefangenen mit Frau und acht Kindern hier auf der Insel abgesetzt. Capitán Goyorico hatte in Guayaquil eine Bombe gebastelt. Das Ding war explodiert und hatte dabei einen Menschen getötet. Seine Strafe sollte der Capitán nun auf Floreana absitzen. Die große Familie durfte ihm dabei Gesellschaft leisten. Leider hatte man vergessen, dem Sträfling auch nur das Geringste an Lebensmitteln mitzugeben. Aber unser Inselchef war ja der Meinung, auf Floreana gäbe es Rinder und Schweine, Obst und Gemüse in Hülle und Fülle. Man brauchte nur mit den Händen danach zu greifen. Im Übrigen war das von Señor Puente gar nicht in böser Absicht geschehen, denn damals war es in großen Teilen Südamerikas üblich, dass Gefangene sich selbst ernähren mussten, oder ihre Familie musste für die Verpflegung sorgen. Puente war in diesem Falle sogar noch großzügig gewesen: Er hatte dem Hafenkapitän Zavala ein Militärgewehr und Patronen dagelassen, damit er für den Sträfling das nötige Fleisch zusammenschießen konnte.

Man brauchte kein Prophet zu sein, um voraussagen zu können, wie lange es ungefähr dauern würde, bis der Hafenkapitän und der Sträfling den ersten Streit miteinander haben würden …

Abseits von der großen Familie des Sträflings sahen wir noch zwei andere Menschen. Sie trugen Gepäckstücke und Kisten von der Bucht zu einer höher gelegenen Stelle hinter der Küste hinauf.

»Americanos«, erklärte Don Ezequiel. »Sie wollen hier siedeln. Sie waren auf der Insel Santiago, aber da ist es schlecht zum Siedeln, weil es so wenig Wasser gibt. Comandante Puente hat sie deshalb hierhergebracht.«

Aha, aha! Uns fiel Frau Holcomb ein – und wir begriffen: Das war die ausländische Familie, die von Puente den gleichen Brief bekommen hatte wie wir. Einen Brief mit dem Befehl, die Insel zu verlassen. Wir lernten sie dann gleich selbst kennen, diese Americanos. Sie stellten sich vor als Mr. und Mrs. Conway. Vom ersten Augenblick an waren sie uns sympathisch.

Mr. Conway war einige Jahre jünger als Heinz und hatte im Weltkrieg in Frankreich gekämpft, auf der anderen Seite. Die beiden wurden gleich gut Freund. Mr. Conway war groß und kräftig. Sein Gesicht offen. Ein paar lustige Augen sahen uns an. In einem glichen die beiden Männer sich genau: Auch Mr. Conways Mund hielt ununterbrochen die unvermeidliche

Pfeife, die während der Unterhaltung, diesem Kauderwelsch aus Englisch und Deutsch, Spanisch und Französisch, immer wieder ausging und ebenso oft wieder in Brand gesetzt wurde.

Mrs. Conway war ein ganz anderer Typ als ich: groß, mittelschlank, mit breiten Backenknochen und hellblondem, ein wenig strähnigem Haar; sie hatte hellbraune Augen, eine hübsche Nase und blendend weiße Zähne, die sie nach amerikanischer Art immer zeigte, wenn sie lächelte.

Was waren wir plötzlich für eine internationale Insel geworden! Welches Sprachgewirr klang jetzt durch den stillen Busch!

Zavala und Coyorico sprachen Spanisch, die Conways Englisch und Französisch, wir Deutsch und Josés Muttersprache war das Quechua, die alte Sprache der Indios von Ecuador und Peru.

Das war ein erlebnisreicher Tag. Ein bisschen viel auf einmal. Aber erst mal abwarten, wie sich die Dinge weiter entwickeln werden. Ich hatte jedenfalls nicht die Absicht, angesichts der Ankunft eines Sträflings und seiner so reich mit Kindern gesegneten Familie gleich zu verzweifeln. Im Übrigen hatten wir zuerst einmal eine andere Beschäftigung, die uns von allen besorgten Gedanken ablenkte: Das Regierungsschiff hatte uns einen ganzen Sack Post mitgebracht, Briefe, Karten, Päckchen und, als geistiges Futter, Zeitungen.

Es war die erste Post seit fünf Monaten. Es gab so viel zu lesen, dass die Nacht dazu nicht ausreichte. Wir legten einen Feiertag ein und taten nichts anderes als Briefe und Zeitungen lesen.

Am nächsten Tag kamen dann die Conways zu ihrem ersten Besuch zu uns. Wir freuten uns auf unsere Gäste, und sie freuten sich auf uns. Es war für den Anfang eine kleine Erleichterung für sie, dass wir da waren. Wir waren ja schließlich vom alten »Insel-Adel«. Wir waren die Ersten, die hier richtig und planmäßig gesiedelt hatten, die wussten, wie man auf Floreana lebt, die die Insel und alle ihre Eigenarten kannten. Und wir gaben von unseren Erfahrungen gern an andere weiter.

Wir plauderten angeregt und halfen, wo es uns an Worten fehlte, wieder mit Händen und Füßen nach.

Und kamen dann schließlich auch auf das Thema »Comandante Puente«. Puente hatte die Conways kurzerhand von der Insel Santiago mitgenommen, ohne sich auf lange Friedensverhandlungen einzulassen. Na, ob uns das auch noch blühte? Oder ob unser Schreiben an ihn und an das Auswärtige Amt in Berlin und die wahrscheinlich recht handfeste Intervention des Grafen Luckner bei der Regierung in Quito dieses drohende Schicksal noch abwenden könnte? Abwarten! Paciencia! So schnell geht die Post nicht.

»Puente hat uns einfach hierher verpflanzt, weil es auf Santiago angeblich kein Wasser gibt«, sagte Frances Conway. »Da sind wir nun und müssen sehen, wie wir weiterkommen. Helfen tut uns natürlich kein Mensch.«

Wir konnten ihnen wenigstens so weit helfen, als Heinz ihnen einen guten Platz zeigte, an dem sie siedeln konnten. Eine Stelle, die man die »Alte Hazienda« nannte, weil dort eine Menge Fruchtbäume standen, die von früheren Siedlern stammten.

Dass man dauernd vom Essen reden muss! Bei diesem ersten Besuch der Conways kamen wir immer wieder auf dieses banale Thema zurück. Aber so banal ist es hier eben nicht. In einer Gegend, wo die Ernährung niemals ganz gesichert ist, wo die Natur einem mit Wolkenbrüchen oder monatelanger Dürre einen dicken Strich durch die Rechnung machen kann, ist das Kapitel »Essen« eben doch interessant und wichtig. Es wächst einem, vielleicht außer Apfelsinen, nichts in den Mund. Alles muss erst mühsam angepflanzt werden, und dann hat man ein halbes Jahr lang seine Sorgen, ob man auch ernten kann.

Ainslie und Frances Conway waren vom ersten Tag an die Ruhe selbst. Sie nahmen die Dinge, wie sie waren. Sie packten an, genauso, wie wir es vor mehr als fünf Jahren getan hatten.

Aber Capitán Goyorico und die lieben Seinen waren die Unruhe selbst. Der Sträfling war nicht weniger zänkisch und habgierig als der Hafenkapitän Zavala. Für uns war es nur noch eine Frage von Tagen, wann der Zwiespalt zwischen ihnen offen zum Ausbruch kommen würde. Aber gerade in diesen Tagen hatten wir mal wieder unsere eigenen Sorgen: Harry ging es zusehends schlechter. Er fühlte sich schon lange nicht gut. Sein Augenlicht nahm, trotz aller Ruhe und aller Pflege, immer mehr ab. Er klagte über Bleischwere in den Gliedern. Zuerst hatte ich eine Grippe vermutet. Möglich, dass die große Familie des Sträflings Goyorica Bakterien eingeschleppt hatte, die bisher auf der Insel unbekannt waren. Wir hatten jedenfalls noch nie die Bekanntschaft mit ihnen gemacht.

Dann bekam Harry starkes Kopfweh. Er war so krank, dass er in den nächsten Wochen immer nur für ein paar Stunden aufstehen und sich im Wohnzimmer aufhalten konnte. Das Fieber stieg bis auf 41,5 Grad. Harry war nicht einmal mehr fähig, das Essen selbst zum Munde zu führen. Ich musste ihn füttern. Ich musste ihn pflegen. Das kostete mich manche Stunde am Tag und auch in der Nacht.

Und dabei steht die Ernte vor der Tür. Wir rechnen mit fast achtzig Zentnern Kartoffeln. Das Kartoffelkraut ist fast zwei

Meter hoch und muss erst mit der Machete abgehauen werden, damit man überhaupt an die Knollen herankommen kann.

Dazu gießt es in Strömen, gerade das »richtige« Wetter für die Kartoffelernte. Nach kurzer Zeit sind wir jedes Mal bis auf die Haut nass und frieren trotz aller Bewegung.

Dieser ewige Regen bringt das ganze Leben durcheinander. Man kann ja nicht einfach schön im Haus sitzen bleiben und abwarten, bis er vorüber ist. Man muss hinaus, sonst bleibt alles stehen. Man kann nicht einfach vom warmen und trockenen Zimmer aus den Kohlenhändler anrufen und ein paar Zentner Kohlen bestellen.

Wir müssen uns unser Feuerholz selbst holen. Und bei diesem Regen ist es so nass, dass wir im ganzen Haus vor lauter Qualm fast umkommen. Jedes Mal muss es erst einige Stunden im Backofen getrocknet werden. Aber so groß war unser Backofen nicht; das Holz war schneller verbraucht als getrocknet.

In dieser Zeit stand ich jeden Morgen um fünf Uhr auf, nachdem ich manchmal die ganze Nacht an Harrys Krankenbett zugebracht hatte. Die beiden kleinen Kinder konnten die Wache und Pflege noch nicht übernehmen. Rolf war knapp fünf Jahre alt und Inge erst acht Monate. Sie brauchten selbst noch viel Pflege.

Wenn nur einmal ein Schiff gekommen wäre! Ein Schiff und ein Arzt!

Aber die Monate vergingen wieder, und an der Küste ließ sich nichts sehen.

Nikolaus, Kaspar, Melchior, Balthasar

1937/38

Der Nikolaustag kam. Ich hatte mit den Kindern schon Weihnachtslieder eingeübt. An diesem Tag sangen wir alle zusammen: »Nikolaus, komm in unser Haus!« Rolf sang so herzzerreißend falsch, dass einem die Ohren wehtun konnten. Er traf keinen einzigen Ton richtig. Er sang wirklich nicht schön, dafür aber mit Inbrunst und sehr laut. So laut, dass wir gar nicht hörten, wie draußen die Hunde anschlugen, wie unruhig sie bellten. Wir hörten erst das laute energische Klopfen an der Tür. Unser Gesang brach mitten im Ton ab, und Rolf rief begeistert: »Das ist der Nikolaus!«

Es war nicht der Nikolaus. Es waren zwei Offiziere und einige Matrosen von dem amerikanischen Zerstörer »Charleston«, der zusammen mit dem Zerstörer »Babbitt« in der Postoffice Bay vor Anker lag.

Es war doch der Nikolaus. Denn einer der Offiziere sagte: »Morgen werden alle Offiziere und ein Teil der Mannschaft heraufkommen, und die Ärzte werden auch kommen.«

Ärzte – das war wie ein Geschenk. Endlich, endlich ein Arzt für Harry! In meiner übergroßen Freude schüttete ich meinen ganzen Vorrat an Weihnachtsgebäck, das ich mit so viel Mühe in meiner knappen Zeit gebacken hatte, auf eine Platte und setzte sie den Gästen vor.

Am anderen Morgen kamen sie dann. Der Weg zum Haus hinauf war schwarz von Menschen. Ich verrechnete mich ein paar Mal beim Zählen. Aber es waren mehr als sechzig Personen.

»Good morning! Here comes Santa Claus«, begrüßten uns die Ersten. Sie hatten alle Rucksäcke auf dem Rücken, voller Geschenke für uns. Das Schlafzimmer füllte sich mehr und mehr damit. Es war bald kein Zimmer mehr, sondern ein kleines Warenlager. Wie das auf Floreana so ist: entweder gar nichts oder alles auf einmal.

Ich konnte diese Menschenmenge sogar bewirten. Ein Schnitzel für jeden, das ging natürlich beim besten Willen nicht. Aber ich hatte eine riesige Schüssel mit Kartoffelsalat vorbereitet, mit Tomaten, Gurken, roten Rüben, gekochten Eiern und Scheiben von Schweinebraten gemischt. Wir hatten noch in der Nacht angefangen, einen halben Sack Kartoffeln zu kochen und abzuziehen.

Berge von Ananasscheiben füllten den Tisch. Der Kaffee floss eimerweise, und auf der Veranda hingen drei Stauden mit reifen Bananen!

Unsere Gäste brauchten nur zuzugreifen. Und sie taten es mit gutem Appetit.

Tatsächlich waren drei Ärzte mitgekommen: Dr. Mueller, der Chefarzt von Panama, und die beiden Schiffsärzte von der »Charleston« und der »Babbitt«.

Unbemerkt von den anderen nahmen sie bei Harry eine gründliche Untersuchung vor. Dr. Mueller interessierte sich vor allem für Harrys Herz. An den ernsten besorgten Gesichtern der Ärzte sah ich, dass sie mit Harrys Zustand gar nicht zufrieden waren. Als die Untersuchung beendet war, nahm Dr. Mueller mich beiseite.

»Zeigen Sie mir doch mal Ihre Quelle«, bat er unverfänglich, damit die anderen nichts merken sollten. Wir gingen hinaus, zur Quelle, und als wir außer Hörweite waren, begann Dr. Mueller zu sprechen:

»Ich kann Ihnen nichts Angenehmes sagen. Harrys Zustand ist wirklich sehr ernst. Es ist ein rheumatisches Fieber, und sein Herz ist sehr stark angegriffen. Ich weiß nicht, wie weit dieses Leiden überhaupt wieder geheilt werden kann. Wenn er wieder auf die Beine kommt, dann wird auf jeden Fall immer ein Herzfehler zurückbleiben. Und der kleinste Schock, die geringste Aufregung würden dann die schlimmsten Folgen haben. Die allerschlimmsten … Man hat, auch in den Vereinigten Staaten, bis heute noch kein wirksames Heilmittel und keine erfolgreiche Heilmethode gegen dieses Fieber gefunden. Ich kann Ihnen also nicht allzu viel Hoffnung machen. Sicher kann er sich wieder erholen. Er wird dann, entsprechend seinen schwachen Kräften, auch ein wenig arbeiten können. Aber die Anfälle werden sich wahrscheinlich wiederholen.«

Das war hart. Auf jeden Fall aber war diese Wahrheit besser als die ewige Ungewissheit über Harrys Zustand.

Schon am frühen Nachmittag war ich von all der Arbeit, die die Bewirtung der vielen Gäste mit sich gebracht hatte, und wahrscheinlich auch nach dem Gespräch mit dem Arzt zum Umfallen müde. Aber ich hielt noch durch, bis unsere Gäste gingen. Heinz musste noch mit bis zur Postoffice Bay hinuntergehen, um sich von Dr. Mueller die Medizin für Harry geben zu lassen. Armer Mann! Nach diesem anstrengenden Tag noch ein Marsch von mindestens sechs Stunden!

»Sagen Sie Ihrem Mann nicht die ganze Wahrheit auf einmal«, riet Dr. Mueller beim Abschied. »Bringen Sie es ihm schonend bei. Allzu viel Aufregung kann auch er nicht ertragen.«

Ich hatte dem Arzt von dem nervösen Herzleiden erzählt, das Heinz vom Weltkrieg her hatte.

Als ich ihm dann am nächsten Tag das, was der Arzt gesagt hatte, vorsichtig und tropfenweise beibrachte, wurde er aschgrau im Gesicht. Er nahm es sehr schwer. Tagelang ging er schweigsam und in sich gekehrt seiner Arbeit nach. Nicht einmal die guten Zigarren, die sich unter dem Berg der Geschenke befanden, schmeckten ihm. Und mir, die ich mir sonst auf mein Geschick und mein sicheres Gefühl in solchen Lebenslagen eine ganze Menge einbilde, wollte absolut nichts einfallen, das ihn hätte aufrütteln und aufrichten können.

Aber unterkriegen lasse ich mich nicht. Ich nahm mir vor, trotzdem den Weihnachtsbaum zu schmücken und richtige Weihnachten zu feiern, ganz besonders schön zu feiern – Harrys wegen. Seinetwegen durften wir den Kopf nicht hängen lassen. Ich weiß, was für eine schlechte Medizin das ist.

Mit Begeisterung und Feuereifer stürzte ich mich auf die Weihnachtsvorbereitungen, und als dann der Weihnachtsabend herankam, hatte ich tatsächlich Harry und auch Heinz mit meiner Betriebsamkeit und meinem Vorschuss auf das Fest angesteckt. Ich hatte sie so weit gebracht, dass sie sich auf das Weihnachtsfest freuten.

Gleich am Weihnachtsmorgen kam das erste Geschenk: Klein-Inge bescherte uns mit ihren acht Monaten ihre ersten Worte:

»Mama! Papa!« Sie sah uns dabei aus ihren klugen Augen an. Aber sie lachte kaum. Lachen war nicht ihre starke Seite.

Doch lachte sie, als am Vormittag Maruja mit ihrer Tochter erschien. Wenn sie Maruja sah, strahlte sie immer über das ganze Gesicht.

Sie wusste, dass Maruja sie den ganzen lieben Tag auf dem Arm herumschleppen würde. Und das war ihr größtes Vergnügen. Zu solch erheiterndem Zeitvertreib hatte ich leider nur sehr selten die nötige Muße. Aber trotzdem: Wenn ich zum Beispiel Pfannkuchen backte, dann nahm ich Inge auf den linken Arm, während ich mit der rechten Hand den Teig rührte, in die Pfanne füllte oder die Kuchen umdrehte. Wozu hat man schließlich zwei Arme? Der linke braucht ja nicht immer tatenlos herunterzuhängen …

Harry konnte, wenn auch nur vom Bett aus, mit uns feiern. Er fühlte sich nach der Medizin, die wir aus der Schiffsapotheke eines der beiden amerikanischen Zerstörer bekommen hatten, bedeutend besser. Er konnte sogar die Glieder wieder bewegen.

Maruja und Marta staunten unseren Weihnachtsbaum an. So etwas hatten sie noch nie in ihrem Leben gesehen. Bei der spanischen Bevölkerung in Ecuador ist diese Sitte unbekannt. Sie war jedenfalls bis dahin unbekannt und begann erst langsam Einzug zu halten.

»Qué lindo! Qué bonito!«, rief Maruja ein über das andere Mal verwundert und gerührt aus, als sie erlebte, wie wir Weihnachten feierten. In Ecuador kennt man diese stille, innige Art des Feierns nicht. Ich hatte es vor zwei Jahren selbst erlebt, als ich um die Weihnachtszeit in Ambato gewesen war. Da hatten sie laut und wild auf den Straßen vor den Kirchentüren getanzt. Diese Weihnachtstage in Ecuador – das war ungefähr so wie der Karneval in meiner rheinischen Heimat.

Was Maruja uns am Weihnachts-Kaffeetisch erzählte, klang weniger weihnachtlich: Der längst erwartete Krieg zwischen Ezequiel und dem Sträfling Goyorico war nun inzwischen tatsächlich ausgebrochen. Goyorico forderte für sich und seine Familie Früchte aus Zavalas Garten; von Fleisch allein könne er nicht leben. Und als Zavala ihm geraten hatte, doch einfach in den Busch zu gehen und sich selbst Früchte zu suchen, da hatte der Sträfling entrüstet abgelehnt.

Und auch über José den »Arbeitskollegen« ihres Herrn und

Gebieters, hatte sie zu klagen. Sie käme aus dem Ärger über den Jungen nicht hinaus.

»Er ist ein muchacho, so malcriado, so faul, und will überhaupt nichts arbeiten«, jammerte sie. So wortreich und so laut, dass wir wieder überhörten, wie Besuch kam.

Fünfzehn Menschen schneiten in unser Haus, in unser Weihnachtszimmer hinein. Sie waren mit dem Inselschiff »San Cristóbal« gekommen. So übermäßig begeistert waren wir über diese Menge von Gästen diesmal nicht. Wir wollten wenigstens zu Weihnachten ein wenig Ruhe haben. Aber, getreu meinem geheimen Schwur, bewirtete ich sie. Und dann hörten wir zur Belohnung die unerwartete Freudenbotschaft, dass sie gekommen waren, um den Sträfling Goyorico und seine Familie von der Insel abzuholen. Ein schöneres Weihnachtsgeschenk hätten sie uns nicht bringen können.

Da kam auch schon Besuch Nummer drei: Mrs. Frances Conway stolperte aufgeregt in unser Weihnachtszimmer. Wir sahen ihr an, dass sie irgendein merkwürdiges oder schreckliches Erlebnis gehabt haben musste. Aber sie sagte kein Wort. Sie überreichte uns erst einmal unsere Geschenke. Rolf kam dabei am besten weg. Er bekam ein Luftgewehr. Er strahlte und drückte es mit verzücktem Lächeln liebevoll an seine Brust. Jetzt fühlte er, der fünfjährige Knirps, sich ganz als Mann.

»Jetzt kann ich auch Bullen schießen wie Papa«, verkündete er stolz. Und er wäre am liebsten gleich in den Busch hinausgegangen, um mit dem Luftgewehr einen Bullen zu erlegen. Wir lachten und waren mit ihm glücklich. Aber für Frances Conway war das Wort »Bulle« das Stichwort:

»Auf dem Wege hierher bin ich einem Bullen begegnet«, begann sie zu erzählen. »Plötzlich stand er vor mir, wie aus dem Boden gewachsen, sah mich an und rührte sich nicht.

Stand völlig unbeweglich da, wie ein Denkmal seiner selbst. Und ich stand ihm gegenüber, genauso unbeweglich. Ich wusste nicht, was ich machen sollte. Wir haben uns eine Weile dumm angeglotzt, ich war im ersten Moment wie versteinert und konnte nicht mal weglaufen. Und der Bursche machte seinerseits keine Anstalten, aus dem Wege zu gehen und im Busch zu verschwinden, da, wo er hingehört.«

Gott sei Dank hatte sie den Schreck schon wieder überstanden. Irgendwie haben die beiden sich dann geeinigt. Einer muss also Platz gemacht haben. Aber Frances Conway kam nicht mehr dazu zu erzählen, wie das vor sich gegangen war.

Heinz fragte plötzlich sehr gespannt: »Wie hat denn der Bulle ausgesehen, Mrs. Conway?«

»Vor allem war er ziemlich groß. Sehr groß sogar für seine Verhältnisse.« Sie dachte nach: »Ich glaube, er war weiß, mit schwarzen Flecken. So genau ...«

Wir unterbrachen sie mit unserem Lachen und riefen wie aus einem Munde: »Das war Kaspar!«

Kaspar hat nämlich eine beinahe lustige Geschichte. Heinz gab sie gleich zum Besten: »Das ist jetzt fast ein Jahr her. Es war Dreikönigstag. Ich kam von der Küste und hatte gerade das Bullenrevier erreicht. Ich war so ein bisschen in Gedanken und ahnte nichts Böses, als ich plötzlich durch ein vielstimmiges Rindergebrüll aufgescheucht wurde. Es war ganz in der Nähe. Ich schlich mich vorsichtig heran, und da sah ich, wie drei große ausgewachsene Bullen dauernd im Kreis herumstampften. Es sah so aus, als wenn sie etwas erzählten. Dann brüllten sie manchmal laut los, was sich wie ein dröhnendes Gelächter in der Bullensprache anhörte. Da gerade Dreikönigstag war, taufte ich die drei komischen Gestalten Kaspar, Balthasar und Melchior. Balthasar und Melchior gingen bald den Weg, den wohl alle Bullen auf Floreana einmal gehen werden: in den Kochtopf. Aber der alte Kaspar hat sich gehalten. Wir wurden Freunde. Wir haben ihm nichts getan. Wenn wir uns im Busch trafen, dann haben wir ihn immer freundlich gegrüßt, er hat ein bisschen gebrummt und ist dann weiter durch den Busch gezogen. Sogar die Hunde haben dem Alten nichts getan, sie haben ihn nicht einmal verbellt. Auch vor Zavala ist er bis jetzt sicher gewesen. So ein großer Bulle macht natürlich mehr Arbeit als ein kleines Tier, und das Fleisch ist nicht so zart. Also ließ auch Zavala ihn verständlicherweise in Ruhe. In der Trockenzeit ist Kaspar übrigens, als ob er zur Familie gehörte, an den Zaun gekommen und hat das Wasser aus den Eimern gesoffen, die wir für die Esel dorthin gestellt hatten.«

Frances Conway fiel ein Stein von der Seele, als sie diese Geschichte gehört hatte, die Geschichte des alten, friedlichen und beinahe freundlichen Bullen, vor dem sie heute so erschrocken war.

Sie begegnete ihm nach diesem Tage noch oft, genau wie wir. Und jedes Mal, wenn sie ihn plötzlich vor sich sah, rief sie ihn fröhlich an: »Hallo, Kaspar!« Dann hob er sein schweres Bullenhaupt, sah sie einen Augenblick aus seinen großen gläsernen Augen an, brummte einen flüchtigen Gruß und trottete weiter in den Busch.

Drei Wochen trafen wir ihn immer wieder, unseren Alten.

Als er dann aber eines Nachts in unseren Garten einbrach und die Hälfte aller Kohlpflanzen auffraß, da musste nun leider auch er den Weg seiner Freunde gehen.

Das ist nun einmal so etwas wie ein Naturgesetz auf Floreana: Kohlköpfe sind auf unserer Insel viel mehr wert als ein Bulle. Es hat keinen Sinn, mit menschlicher Sentimentalität an dieser rauen Tatsache vorbeizugehen.

Wir meinten, es wäre so langsam an der Zeit, dass mal wieder ein Schiff käme und uns ein bisschen Post brächte. Seit dem September, als die Conways kamen, hatten wir keinen Brief mehr bekommen. Der Briefträger wird immer fauler … Oder: Das Postauto hat eine Panne …

Wir trösteten uns immer wieder mit solchen dummen und hundertmal gesagten Witzen über die ewige und manchmal etwas zermürbende Warterei hinweg.

Und jetzt war Januar. Mitte Januar 1938. Schon wieder ein Jahr vergangen! Vor zwei Wochen haben wir Rolfs fünften Geburtstag gefeiert. Und an diesem Tage konnte Harry zum ersten Mal ein wenig aufstehen. Er saß mit uns am Tisch, als wir zum Geburtstagskaffee beieinandersaßen. Drei Monate hat er im Bett gelegen. Er ist auch jetzt noch weit davon entfernt, gesund zu sein. Aber er ist aufgestanden. Das ist doch ein kleiner Lichtblick.

Rolf ist mit seinen fünf Jahren schon ein großer, kräftiger Junge geworden. Er hilft sogar schon bei der Arbeit mit, macht Holz klein, versorgt die Küken und beschäftigt Klein-Inge. Die beiden hängen mit zärtlicher Liebe aneinander.

Ja, jetzt könnte endlich wieder einmal ein Schiff kommen. Ein Schiff voll Post. Und es kam, Ende Januar, und brachte drei Säcke mit Briefen und Zeitungen aus allen Ländern der Erde.

Darunter auch einen Brief aus Quito, der Hauptstadt Ecuadors. Einen Brief, dem man schon von außen ansah, dass er sehr amtlich und darum vielleicht auch sehr wichtig war. Den öffneten wir zuerst. Und wie wichtig war dieser Inhalt!

Die Deutsche Gesandtschaft in Quito teilte uns mit:

»… Wir haben bei der hiesigen Regierung in Ihrer Angelegenheit vorgesprochen. Sie hat uns erklärt, dass Sie in dem von Ihnen eingezäunten und bearbeiteten Terrain so lange wohnen können, wie Sie auf Floreana bleiben wollen ...«

Das wäre also geschafft! Wir dürfen bleiben! Wir werden nicht von der Insel heruntergejagt, wie Herr Puente es gern haben möchte! Wer das in Quito geschafft hat, das wissen wir nicht. Ob unsere Eingabe gewirkt hat oder ob Graf Luckner mit der Macht seiner imponierenden Persönlichkeit das erreicht hat?

Von ihm war übrigens auch ein Gruß in einem der drei Postsäcke. Ein Gruß aus Australien. Er war schon wieder um die halbe Welt gesegelt. Und wir saßen noch auf Floreana. Nun würden wir unangefochten auch weiter hier sitzen können. Solange wir wollen ... Wir hatten allen Grund, wieder einmal recht glücklich zu sein.

Ganz unten in einem Postsack fanden wir noch einen Brief, der unser Glück an diesem Tage beinahe ins Unerträgliche steigerte. Hier stand nur eine kurze Nachricht, aber sie schmeckte uns wie Honig:

Señor Puente, der Jefe territorial, der Insel-Kommandant des Galápagos-Archipels, war abgesetzt. Er hatte sein Reich, in dem er als ziemlich unumschränkter Herrscher regiert hatte, schon verlassen. Sein Nachfolger war bereits unterwegs.

Heinz goss sich noch einen Schnaps ein, als er das gelesen hatte. Einen selbstgebrannten Schnaps natürlich. Wir machen doch alles selbst, auch Schnaps. Aber vorläufig nur kleine Mengen. Nur für solche Festtage wie diesen ...

Señor Ezequiel Zavala war nun seinen Herrn und Gönner los. Wer weiß, wie die Dinge sich für ihn entwickeln würden ... Aber im Augenblick hatte er ganz andere Sorgen. José, der »Arbeitskollege«, machte ihm das Leben sauer. Ihm und uns auch.

Jeden Monat riss er für ein paar Tage aus Zavalas Herrschaft aus und trieb sich auf der Insel herum. Er wollte sein eigenes Leben, ein Leben ohne Arbeit, die ihm gar nicht schmeckte. Er wollte frei und ungebunden sein, wie seine Ahnen, als es noch keine fremden Herren gab.

Wenn er Hunger hatte, dann ging er in einen Garten und stahl sich zusammen, was ihm gerade unter die Finger kam. Außerdem war der Busch reich an Früchten, und für seine Nachtruhe war der Boden im Busch mindestens so weich wie das Lager auf Holzbrettern in Zavalas Schlafraum. Immer wieder fing Zavala den Burschen ein. Immer wieder sperrte er ihn ein. Aber das wurde von Mal zu Mal schwieriger. José wurde immer raffinierter. Diesmal war er schon zehn Tage verschwunden. Der Busch hatte ihn verschluckt. Das alte Blut schien diesmal restlos durchgebrochen zu sein. Ezequiel und Maruja konnten und konnten ihn nicht finden.

Wir stellten mit Staunen fest, dass jeden Morgen ein paar Papayas aus unserem Garten verschwunden waren. Das war kein unersetzlicher Verlust, aber es ärgerte uns, und es war uns rätselhaft. Wer holt sich denn Papayas? Die Hunde oder die Katze? Unsinn! Unsere Katze stahl zwar wie ein Rabe. Sie stibitzte einfach alles, was sie mit ihren langen Pfoten oder ihren spitzen Zähnen erwischen konnte, das Fleisch aus der Pfanne oder das Ei aus dem Nest.

Als sie noch klein war, hatte ich sie einmal im Busch eingefangen. Bis ich sie nach Hause gebracht hatte, war ich entsetzlich zerkratzt, aber ich wollte nun einmal eine Katze haben.

Katzen sind die geschworenen Feinde der Spatzen. Und die Spatzen – das sind hier die Finken, die wir einfach Spatzen nennen, weil sie uns an unsere Spatzen in Deutschland erinnern –, diese riesigen Scharen frechster Spatzen machen uns manchmal das Leben höllisch schwer. Sie stehlen die Samenkörner beim Säen fast schon aus der Hand. Wenn wir einmal unvorsichtigerweise einen Sack Zucker unbeobachtet draußen stehen lassen, dann fallen sie sofort darüber her. Im Nu ist der Sack durchlöchert. Sie stehlen den Zucker nicht etwa gemeinsam aus einem Loch. Nein, jeder pickt sich sein eigenes Loch. Das scheint bei den Galápagos-Spatzen Ehrensache zu sein. Nachher ist dann eine ganze Menge Zucker verschwunden, und der Sack ist vor Löchern hin und kostet einen ganzen langen Abend Stopfarbeit.

Die Katze hält uns die frechen Spatzen wenigstens etwas vom Leibe. Die Spatzen und auch die Tauben, die genauso gefräßig sind wie das Spatzenvolk. Deswegen wird sie geduldet, auch wenn sie sich gelegentlich mal ein Stück Braten aus der Pfanne holt, wenn sie gerade keinen Appetit auf Spatzen hat.

Sie heißt – oder richtiger gesagt, sie hieß ursprünglich – »Puchito«. In Ecuador ist es aber, wie uns die Einheimischen belehrten, gebräuchlich, dass nicht nur die Menschen, sondern auch die Katzen einen Nachnamen haben. Wir wollten sie nicht gern Puchito Wittmer nennen. So weit geht die Verwandtschaft mit diesem kleinen diebischen Wesen nun doch nicht. Wir gaben ihr also den Nachnamen »Ladrón«. Und seither heißt sie mit vollem Namen, wie es eben bei Katzen in dieser Gegend üblich ist, »Puchito Ladrón«. Ladrón heißt auf Deutsch: Spitzbube.

Puchito Ladrón holt sich keine Papayas von den Bäumen, das war klar. Es musste also jemand anders sein. Vielleicht ein Mensch?

Zavala kam mit seiner Tochter Marta und legte sich im Garten auf die Lauer. Er hatte die richtige Witterung. Und er wollte nun aufpassen, bis José kam und bei uns seine Mahlzeiten einkaufte. Zavala bestieg einen Apfelbaum. Marta versteckte sich im Zuckerrohrfeld. Die Zavalas kennen sich in den Lebensgewohnheiten von Burschen wie José eben besser aus. Sie taten genau das Richtige.

Es fing an zu dunkeln, als Don Ezequiel auf seinem luftigen Hochsitz ein lustiges Pfeifen hörte. José kam ganz gemütlich und offensichtlich durchaus mit den örtlichen Verhältnissen vertraut in den Garten. Er wusste genau, dass wir um diese Zeit im Haus beim Abendessen zu sitzen pflegten.

Er ging hierhin und dorthin, probierte die Ananas, ob sie für seinen verwöhnten Geschmack gerade die richtige Reife hätten, und pflückte die Früchte, die ihm gut genug dünkten. Er hatte es schon zu einem Sack gebracht. Darin ließ er seine Ernte verschwinden. Dann wandte er sich den Bananen zu, nahm die einzelnen Trauben genau in Augenschein, schob mit einem langen Stock die Blätter beiseite, um festzustellen, ob sich nicht seinen Blicken eine reife Traube verbarg, und erntete dann, was seinen Ansprüchen genügte. Unbedingt hatte er einen Kennerblick für die Früchte unseres Gartens.

Als Nächstes war der Papayabaum dran. Die Baummelonen waren gerade schön reif, und José begann seinen Sack zu füllen.

So lange hatte Don Ezequiel gewartet. Jetzt wusste er Bescheid. Er sprang katzenhaft schnell von seinem Apfelsinenbaum und war mit ein paar Schritten bei seinem Compañero de trabajo José. Der war so erschrocken, dass er Stange, Sack und Papayas hinwarf und davonrannte.

Aber Señor Zavala war mit seinen langen Beinen schneller. Er holte José ein, fesselte ihm die Hände auf den Rücken und brachte ihn stolz und siegesbewusst ins Haus.

»So viel Arbeit!« Zavala lobte sich ein über das andere Mal, was es ihn für Anstrengung gekostet hatte, den Burschen zu fangen. Und José weinte. Als ich ihm etwas zu essen geben wollte, lehnte Zavala das strikt ab. »Ni una bocada!« Nicht einen Mundvoll. Aber er, der Don Ezequiel, und Tochter Marta ließen sich das Abendessen gut schmecken. José durfte zusehen.

Beim Kaffee rauchte Zavala die gewohnte Zigarette: Tabak in Zeitungspapier eingewickelt. Dann wurden beide Esel gesattelt. Er ritt den ersten, gegen die abendliche Kälte mit einem dicken roten Wollponcho bekleidet. Marta setzte sich auf den zweiten. Am Sattelknopf war ein Riemen festgemacht, an dem José angebunden war.

An der Küste bekam er eine Tracht Prügel. Dann musste er mit seinen blutigen Striemen auf dem Rücken ein Bad im salzigen Meerwasser nehmen. Der Rest der Strafe bestand darin, dass er ohne Hose und Hemd umherlaufen musste. Damit sollte jeder weitere Ausreißversuch im Keime erstickt werden. Aber das half alles nichts. Ein paar Wochen später riss er wieder aus. Und diesmal für immer.

Ob es mehr an ihm oder an den unsanften Erziehungsmethoden seines Herrn – oder am Hunger gelegen hat …?

Ein Präsident, ein Kreuzer, ein Honigmond

1938

Mitten in unserem Garten liegt eine kleine Anhöhe. Man hat von da aus einen herrlichen Blick weit auf das Meer hinaus und auf die Pflanzung zu unseren Füßen. Oben auf der Spitze der Anhöhe steht eine hohe Fahnenstange, von der an Feiertagen die Flagge weht.

Ich war gerade an der Spitze des »Olymp« – es war ein paar Tage nach meinem 34. Geburtstag, im Juli 1938 –, als wir Fluggeräusche hörten. Ich ließ alles stehen und liegen und lief, so schnell ich konnte, die Anhöhe hinauf. Und dann sahen wir oben, wie zwei große Flugzeuge gerade auf uns zugeflogen kamen. Sie kreisten ein paar Mal über unseren Köpfen. Dann flogen sie in einem weiten Bogen davon, um gleich wieder zurückzukommen. Wieder kreisten sie über uns. Wir sahen, wie aus einer der beiden Maschinen etwas abgeworfen wurde. Aber wir waren viel zu aufgeregt, um festzustellen, wohin das Päckchen fiel. Wir haben gesucht und gesucht. Wir haben es nie gefunden.

Es war wie ein Spuk. Fünf Minuten später war es wieder still rings um unseren Olymp. Eben hatten wir das Fluggeräusch noch ganz leise von ferne gehört. Noch ein feines Vibrieren in der Luft, das wir kaum noch mit den Ohren wahrnahmen, sondern nur noch mit unseren überreizten Nerven, dann schien uns die Stille noch größer, noch drückender als zuvor.

Wir standen noch lange oben auf der Anhöhe und sahen in die Richtung, in der die beiden Maschinen abgeflogen waren. Was mag das gewesen sein, was die da abgeworfen haben?

Und überhaupt: »Was hatte denn dieser plötzliche Besuch zu bedeuten?«, fragte ich.

Heinz hatte so wenig eine Erklärung dafür wie ich.

»Etwas Gutes – oder etwas Schlechtes?«

Heinz konnte nur mit den Schultern zucken. Müßig nachzudenken oder nach einer Antwort zu suchen. Wir konnten ja doch keine finden. Wir waren den ganzen Abend über unruhig und konnten kaum einschlafen. Die Ungewissheit über den Zweck dieses Besuchs war bedrückend.

Früh am Morgen kam Sergio. Sergio war der Fischergehilfe von Don Zavala. Er war von einer der anderen Inseln herübergekommen. Zavala versprach sich vom Fischfang ein gutes Geschäft. Fischfang war seine neueste Idee. Und da er selbst kein Boot besaß, benutzte er unser kleines, das uns ein Freund inzwischen besorgt hatte. Er benutzte es heimlich und ohne gefragt zu haben. Aber was kann man schon gegen einen Hafenkapitän machen?

Sergio war völlig außer Atem, als er bei uns ankam. Er schwenkte ein paar Briefe in der Hand, aber er war nicht zu bewegen, die Neuigkeit, die man ihm vom Gesicht ablesen konnte, auszupacken. Ich sah, wie sein Blick lüstern zu dem Schweinebraten ging, der auf dem Tisch stand. Und ich begriff. Ich setzte ihm ein anständiges Frühstück vor.

»Was ist denn nun eigentlich los, Sergio?«

Ich war zum Platzen gespannt. Und Heinz und Harry auch. Irgendwie hing Sergios früher Besuch mit den beiden Flugzeugen von gestern zusammen. Das ahnten wir.

»Jetzt können Sie lesen.« Sergio hatte uns lange auf die Folter gespannt. Er hielt die Briefe immer noch in der Hand. Wahrscheinlich hatte er Angst, ich würde sie gleich lesen und ihn und das Frühstück darüber vergessen.

Jeder von uns riss einen Brief auf, und uns zitterten die Finger ein wenig dabei. Und ich musste mich sogar hinsetzen, so sehr war mir der Schreck in die Glieder gefahren, als ich die ersten Zeilen überflogen hatte.

Der eine Brief, den ich gerade unter den Fingern hatte, kam von – – – Präsident Franklin D. Roosevelt, dem Präsidenten der Vereinigten Staaten!

Pfff! – Ich schnaufte vor lauter Aufregung und befühlte meinen Kopf, um erst einmal festzustellen, ob ich überhaupt noch da war! Ob ich nicht träumte. Und dann zwang ich mich, das Schreiben so ruhig wie möglich zu lesen.

Ich bin gestern in Floreana gewesen, schrieb Präsident Roosevelt. *Nachdem ich zwei Flugzeuge zu Ihrer Farm gesandt hatte mit der Nachricht, dass der US-Kreuzer ›Houston‹ von der Postoffice Bay zur Black Beach gefahren sei, hatte ich gehofft, Sie in der Black Beach begrüßen zu können. Der Kreuzer hat zwei Stunden in der Black Beach gelegen. Nachdem niemand erschien, musste ich nach Isabela Taguscow weiterfahren. Ich hoffe aber, dass wir uns bei einer anderen Gelegenheit kennenlernen. Als Andenken an meinen Besuch habe ich in der Postoffice-Bucht zwei Kisten für Sie niederlegen lassen.*

Ich glaube, ihr Inhalt wird auf Floreana wohl gut zu gebrauchen sein. – F.D.R.

Ganz still saß ich auf meinem Stühlchen und musste erst einmal nach Luft schnappen. Das also war des Rätsels Lösung.

Das war der Sinn dieses gestrigen Flugzeugbesuches gewesen: eine Einladung an uns zum Präsidenten der Vereinigten Staaten! Und wir hatten nichts davon geahnt.

Wir sahen uns beide an, Heinz und ich. Wir waren tatsächlich nicht fähig, ein Wort zu sprechen. Heinz wusste inzwischen auch, was sich ereignet hatte. Er hatte den Anfang des Briefes gelesen. Wortlos gab er ihn mir herüber.

Der Brief kam von unserem Freund Waldo Schmitt, von Professor Schmitt, dem Kurator des Amerikanischen National-Museums in Washington.

Er schrieb:

Meine lieben Wittmers!

Als Freund des Präsidenten Roosevelt habe ich diesen auf seiner dritten Präsidentenreise begleitet. Wir haben unterwegs viel von Euch gesprochen, und der Präsident hat so gewünscht, Euch zu begrüßen. Als wir zur Postoffice fuhren, sahen wir an der Black Beach eine große Rauchwolke aufsteigen. Ich war sehr beunruhigt darüber und dachte, dass einem von Euch etwas passiert sei.

Von der Postoffice Bay sandten wir direkt ein Motorboot zur Black Beach. Ich selbst, der Arzt und einige Offiziere waren mitgefahren. Doch als wir an der Black Beach ankamen, fanden wir nichts weiter als einen großen Haufen Asche. Keine einzige Menschenseele, nur ein kleines Haus an der Küste, das verschlossen war. Das Ganze war ein Rätsel für mich. Wir fuhren zurück zur Postoffice Bay und sandten zwei Flugzeuge nach oben mit einer Nachricht an Euch. Mittlerweile fuhren wir mit dem Kreuzer zur Black Beach. Der Präsident, der Euch gern kennenlernen wollte, schickte mich mit einigen Offizieren an Land, um Euch auf den Kreuzer zu bringen. Ihr kamt nicht, dafür kamen Mr. und Mrs. Conway und ein junger ecuadorianischer Bursche. Von ihm erfuhren wir die Geschichte mit der Rauchwolke. Wir konn-

ten leider nicht länger warten und mussten bald abfahren. Es ist so schade, dass ich Euch nicht sprechen konnte, doch ich bin beruhigt, da ich weiß, dass niemand von Euch krank ist. Präsident Roosevelt hinterließ in der Postoffice Bay zwei Kisten für Euch. Der Präsident selbst suchte die Dinge aus, die er Euch zugedacht hat, und so bitte ich, dem Herrn Präsidenten persönlich zu schreiben und ihm zu danken. Vielleicht sehen wir uns bald wieder.

Bis dahin herzliche Grüße – Euer Waldo Schmitt.

Wir waren völlig sprachlos. So auf einmal war das einfach nicht zu begreifen. Der Präsident der Vereinigten Staaten kommt zu uns und wartet sogar noch zwei geschlagene Stunden auf uns. Und wir …

»Oh, wir Esel, was haben wir uns da entgehen lassen!« Ich weiß nicht, ob ich das laut gesagt oder nur im Stillen gedacht habe, aber irgendwo war das Wort »Esel« gefallen. Und sofort regte sich in uns schlechten Menschen wieder der Sinn fürs Materielle.

»Da müsste ja eigentlich einer zur Küste und die Kisten holen«, schlug ich schüchtern, aber natürlich sehr erwartungsvoll vor. Ich hätte es nicht vorzuschlagen brauchen. Heinz war schon auf dem Weg, um »Hannes«, den Esel, zu holen und für den Gang zur Küste bereit zu machen. Diesmal sprach keiner von den drei, vier Stunden, die man brauchte. Und diesmal ging sogar Rolf mit. Es war sein erster Gang zur Küste. Eine knappe Stunde von der Küste entfernt fanden sie ein paar zusammengebundene Stöcke, die zwischen Steinen versteckt waren. Daran wehten, wie kleine Fähnchen, drei weiße Blätter. Mit dickem Rotstift war auf dem einen Zettel geschrieben:

»Supplies in tank for the Wittmer-Family. Compliments of the President of the United States, U.S.S. Houston.«

Der Zettel mit seinen breiten großen Buchstaben war nicht zu übersehen. Darunter hing aber noch ein zweiter Zettel.

Ein Briefbogen mit dem Aufdruck im Kopf »UNITED STATES NATIONAL MUSEUM – Washington D. C.«. Darauf noch einmal etwas deutlicher:

»Mr. Wittmer! In the large tank downhill are some supplies that the President of the United States directed us to leave for you. Greetings Commander Callahan and party«

Darunter das bekannte Zeichen Professor Schmitts, die verschlungenen Anfangsbuchstaben W. S.

Und da Waldo Schmitt so eine schwache Ahnung hatte, mit meines Mannes Englischkenntnissen könnte es immer noch nicht so ganz gut bestellt sein, hatte er auch noch einen dritten Bogen des National-Museums mit den dicken roten Buchstaben beschrieben. Diesmal in etwas ungelenkem Deutsch:

»Es whar nicht moglich weiter zu kommen. Wir hatten nicht zeit genug. Es thut uns alle leid. Unten sind ein wenig Sachen die wir für Euch hinter gelassen haben. Für der President der Vereinigten Staaten – Ihr ergebener Waldo Schmitt.«

Gerührt über so viel Freundschaft und Fürsorge gingen die beiden mit ihrem Esel weiter, bis sie die beiden Kisten an der Küste entdeckten. Rolf schnupperte in der Luft und meinte, halb altklug, halb kindlich-lüstern: »Hier riecht's nach Schokolade.«

Es war eine ganze Menge mehr als Schokolade. Sie brachen die Kisten auf und verluden den Inhalt kunstgerecht auf den Esel Hannes. Und Hannes hatte auf dem Rückweg so viel zu schleppen, dass er den kleinen Rolf beim besten Willen nicht auch noch tragen konnte. Rolf musste den langen, langen und beschwerlichen Weg, vier Stunden lang, zurückgehen. Aber er hat nicht ein einziges Mal gejammert. Die Aussicht auf Schokolade und andere Genüsse, die die schwere Fracht versprach, ließ ihn das alles klaglos auf sich nehmen.

Es war schon spät am Abend, als die beiden und der Esel Hannes wieder zurückkamen. Rolf war so aufgeregt, dass er alles durcheinander hersagte, was er so beim Auspacken gesehen hatte. Der Tisch brach fast zusammen, als wir die Packtaschen ausleerten. Was lag und stand da nicht alles: Milch, Butter, Käse, Konserven, Mehl, Zucker, zwei Flaschen Whisky, zwei Flaschen Rheinwein (wie aufmerksam), Medizin, Watte, Gaze und eine ganze Kiste voll Schokolade. Rolf hatte also unten ganz richtig geschnuppert.

Und dann noch Kleinigkeiten – sogar ein paar Farbbänder für meine Schreibmaschine. Ich konnte nicht reden, ich konnte vor Freude immer wieder nur den Kopf schütteln. Und vor Staunen: Präsident Roosevelt muss sehr vertraut mit unseren Verhältnissen sein und sehr genau wissen, was man alles auf Floreana gebrauchen kann.

Und was hatte die große Rauchwolke zu bedeuten gehabt? Später erzählen es uns die Zavalas: Sie hatten den großen Kreuzer entdeckt und gedachten ihm durch ein großes Feuer von trockenen Zweigen die Landungsstelle an der Black Beach zu bezeichnen. Aber die kleine Bucht war für das große Schiff kein geeigneter Ankerplatz. Man hatte die größere Postoffice Bay vorgezogen und von dort eine Barkasse zu uns entsandt.

Die Insel Floreana, das Pünktchen im Stillen Ozean, das auf einem normalen Atlas nicht zu finden ist, hatte seine große Sensation gehabt. Der Präsident der Vereinigten Staaten hatte uns besucht – oder jedenfalls besuchen wollen.

Dass wir nicht die Hauptfiguren in dieser Sensation waren, dass der Präsident nicht ausschließlich unsretwegen gekommen war, sondern dass die »Präsidentenreise« einen ganz anderen, einen viel tieferen Grund gehabt hatte, daran dachten wir im Überschwang der Freude zunächst überhaupt nicht. Wie hätten wir auch darauf kommen können, dass diese Reise zu den Galápagos einen politischen, mehr noch – einen militärischen Hintergrund hatte? In Europa zogen sich am politischen Himmel schwere Wolken zusammen. Wir ahnten nichts davon. Andere mögen auch nichts davon gewusst haben. Aber Roosevelt wird sich wohl etwas mehr dabei gedacht haben. Und wie wichtig gerade die Galápagos-Inseln kurze Zeit später, als der Krieg dann wirklich ausgebrochen war, für die Verteidigung der Vereinigten Staaten wurden, das haben wir dann selbst erlebt.

Aber zunächst war nicht an den großen Krieg zu denken. Wir hatten unseren kleinen Krieg auf Floreana. Nicht wir, sondern der Inselchef Zavala. Es ereignete sich gerade, als ich meinen Dankesbrief an den Präsidenten schrieb. Und was sich da ereignete, diese Groteske von Floreana, das schrieb ich mit gleicher Post an Waldo Schmitt. Später erfuhren wir, dass Professor Schmitt, der bei Präsident Roosevelt ein- und ausging, ihm diesen Brief vorgelesen hat. Und dass der Präsident sich über seinen Inhalt vor Lachen ausgeschüttet hat.

Folgendes war auf Floreana geschehen – damit endlich wieder einmal ein bisschen Abwechslung in das friedliche Inseldasein kam:

Einige Tage nach dem Besuch des Kreuzers »Houston« kamen Don Zavala und Gattin Maruja zu uns zu Besuch. Aufgeregt, völlig aufgelöst. Maruja saß noch nicht richtig, als sie schon herausplatzte:

»Señora Margarita, sabe Usted la última novedad?« – Wissen Sie schon die letzte Neuigkeit?

»Nein, ich weiß von nichts. Aber Sie scheinen was zu wissen.«

Da nickte sie und schluckte. Und fing an zu erzählen. Es ging wie ein Wasserfall; ich konnte nicht so schnell mitbekommen, was sie redete.

Als sie ausgeredet hatte, erfuhr ich endlich nach vielen Fragen, nach langem Hin und Her, was denn die letzte Neuigkeit war. Es war wirklich ein tolles Stück. Das stille Floreana – das eigentlich das Paradies sein könnte, wenn die Natur und auch die Menschen sich entsprechend verhalten würden –, Floreana hatte schon wieder eine Sensation. Und was für eine:

Zavalas Tochter Marta war mit dem Fischereigehilfen Sergio in den Busch auf und davon gegangen und nicht wieder zurückgekommen. Das war, für Einheimische, an sich nichts besonders Aufregendes. Es war so etwas wie ein Hochzeitsbrauch auf den Inseln. Das geht so vor sich, dass der Bräutigam (wenn man diesen unseren Ausdruck dafür verwenden kann) sein Fräulein Braut aus dem elterlichen Haus entführt und die »luna de miel« im Busch verbringt. Ganz zweisam. Den »Honigmond«. Die Flitterwoche oder die Flitterwochen, je nachdem. Jedenfalls aber vor der offiziellen Hochzeit. Die beiden nehmen sich zu essen mit – was sie gerade erreichen können. Das Fräulein Braut wird natürlich nicht gewaltsam entführt, sondern durchaus mit ihrem Willen. Wenn die Lebensmittel zu Ende gegangen sind – selbst in der »luna de miel« muss man hin und wieder eine Kleinigkeit essen –, hängt man am Wege irgendwo an einem Baum, einem Busch leere Büchsen auf, um damit anzuzeigen, dass Nachschub dringend erwünscht ist. Die verständnisvollen Familienmitglieder gehen dann hin und legen an diese Stelle einigen Lebensmittelnachschub. Oder sie deponieren an jenem Baum oder Busch nur einen Zettel mit der Bitte an das Paar, zurückzukommen, damit die Hochzeit gefeiert werden kann. So ein Zettel ist billiger und kürzt das Verfahren – und auch die »luna de miel« – erheblich ab. Wenn die Eltern mit den Absichten der Jungen nicht einverstanden sind, dann gibt es weder Nachschub noch den bewussten Zettel. Und daraufhin gehen die Hochzeiter in den meisten Fällen wieder brav auseinander.

Dieser Brauch ist in den Bergen von Ecuador bis auf den heutigen Tag durchaus üblich, und es kommt in den besten Familien vor, dass plötzlich ein junges Mädchen ausreißt. Damit will sie durchsetzen, dass die werte Familie ihr Einverständnis zur Hochzeit gibt. So jedenfalls erzählte Maruja, immer noch schrecklich aufgeregt.

»Ich weiß wirklich nicht, warum Sie sich so aufregen, wenn das nun einmal Brauch ist«, sagte ich. Und Heinz kam schon, streckte ihr beide Hände entgegen, um ihr zum Schwiegersohn zu gratulieren.

Aber da kamen wir schön an.

»Und wenn das in Ecuador und auf den anderen Inseln Sitte ist«, rief Maruja aufgebracht, »auf Floreana ist es eben nicht Brauch. Bei mir nicht! Und außerdem: Wer ist denn dieser Sergio überhaupt? Er hat nichts! Kein Haus, keinen Garten, keinen Esel, keine Schweine und Hühner, keine Kleider, keine Schuhe und Strümpfe, keinen Topf, nicht einmal einen Teller!«

Das mochte alles stimmen. Aber ich sah die Geschichte doch mit etwas anderen Augen als die aufgeregte Maruja.

»Du lieber Himmel«, wandte ich besänftigend ein, »ist das alles denn so wichtig? Die beiden sind doch jung und können sich gemeinsam etwas schaffen. Wir haben uns doch auch alles selbst erarbeitet. Und außerdem ist Marta ja schließlich auch ein armes Mädchen.«

Das hätte ich vor dem hohen Inselchef nicht sagen dürfen. Die beiden tobten und waren nicht einmal durch den guten Whisky, den Präsident Roosevelt uns gestiftet hatte, zu besänftigen.

»Nein«, tobte Maruja weiter, »nein, nie wird dieser Sergio, dieser Hungerleider, meine Marta bekommen. Was sollen denn die Ausländer dazu sagen? Was wird Seine Exzellenz Präsident Roosevelt dazu sagen, wenn er hört, dass dieser Sergio alle diese Konserven, die er uns schenkte, mit in den Busch genommen und uns nichts davon gelassen hat? Oh, welche Schande!«

Langsam begann ich zu begreifen, was Maruja eigentlich so sehr in Wut gebracht hatte. Nicht die Tochter war es, der Maruja nachtrauerte, sondern die Konserven waren es, die Sergio mitgenommen hatte. Da allerdings konnte ich auch nicht helfen. Denn die Konserven waren nicht mehr da. Die waren inzwischen im Busch aufgegessen.

»Das ist doch kein so großes Verbrechen«, versuchte ich Maruja noch einmal zu beruhigen, »dass die zwei Liebenden die Konserven mitgenommen haben. Sie werden schon mal wieder neue Konserven kriegen. Die Hauptsache ist doch, dass die beiden sich gern haben.«

»Das interessiert mich überhaupt nicht«, mischte sich nun Don Zavala ein. »Ich werde meine Einwilligung zu dieser Hochzeit niemals geben.«

Da war nicht mehr zu raten und nicht mehr zu helfen. Ich konnte Maruja nicht einmal trösten. Sie zogen beleidigt ab.

Anschließend beteten sie bei den Conways denselben Vers herunter.

»Das ist doch eine ganz normale Angelegenheit«, meinte Mr. Conway dazu. Er nahm die Sache auch nicht tragisch. Aber Maruja nahm sie tragisch. »Auf Floreana ist das eben keine so normale Angelegenheit. Auf Floreana, das die Ausländer zur Schauinsel gemacht haben. Wo alles, was man tut, in die Zeitungen kommt.«

Damit hatte Maruja allerdings nicht ganz unrecht.

Wir dachten, die Geschichte mit Marta und Sergio würde sich sehr schnell in Wohlgefallen auflösen. Aber das tat sie nicht. Im Gegenteil, das dramatische Ende kam erst noch.

Zwei Tage, nachdem sie bei uns gewesen waren, hatte Zavala an einem Mangobaum die bewusste leere Konservenbüchse gefunden. Anstatt nun neue Lebensmittel dort niederzulegen, wie es eben einmal Brauch war, heftete er einen Zettel an den Baum mit der Bitte, das Paar möge nach Hause kommen. Ahnungslos waren die beiden seiner Aufforderung gefolgt. Hand in Hand kamen sie auf Martas elterliches Haus zu, glücklich, dass ihre Liebe nun doch über das harte Herz des Vaters gesiegt hatte.

Aber sie waren noch nicht am Hause angelangt, als Maruja und Zavala hervorstürzten. Ehe noch der Bräutigam ein einziges Wort hervorbringen konnte, riss Zavala seine Tochter an sich, und dann bearbeiteten beide, Zavala und Maruja, den Bräutigam so lange mit einem Knüppel, bis er grün und blau geschlagen war.

Servio floh noch in derselben Nacht zu den Conways. Sie sollten am anderen Tag zur Küste gehen und bei Vater Zavala ein gutes Wort für ihn einlegen. Das taten sie auch, hatten aber kein Glück damit. Im Gegenteil, Maruja geriet in immer größere Wut. Als sie einmal in ihrem Redeschwall nach Luft schnappte, wagte Sergio die schüchterne Bemerkung:

»Es ist doch so Brauch bei uns.«

»Aber bei mir nicht«, schrie die erboste Maruja. »Diese Insel wird von Millionären, Grafen und sogar Präsidenten besucht – was sollen diese Leute wohl denken, wenn sie erfahren, dass Don Zavala einen solchen barbarismo duldet?«

Don Zavala ließ sich auf keine weiteren Friedensverhandlungen ein. Er hatte genug. Er warf dem armen Sergio, der mit den Conways gekommen war, seine paar Habseligkeiten vor die Füße und befahl:

»Lassen Sie sich nie wieder vor meinem Hause sehen.«

Das war das Ende der mit so großen und schönen Hoffnungen begonnenen »luna de miel«.

Die Conways konnten den armen Burschen beim besten Willen nicht bei sich aufnehmen, weil sie überhaupt keinen Platz hatten. Was blieb uns da anderes übrig, als ihm bei uns Asyl zu gewähren, so lange bis ein Schiff kam, das ihn von der »Verwunschenen Insel« mitnahm? Sergio zog in die Seeräuberhöhle. Seinen Unterhalt arbeitete er im Garten ab. Und wir meinten, wir hätten wieder einmal das Richtige getan.

Aber Maruja war ganz anderer Ansicht. Sie erschien bei uns, immer noch wütend: »Es verstößt gegen die Sitte, dass ein Freund (damit meinte sie uns) den enemigo, den Feind des anderen Freundes, bei sich aufnimmt.«

»Was hätte Sergio denn sonst tun sollen, wenn wir ihn nicht aufgenommen hätten?«, fragte ich. »Schließlich kommt ja hier nicht jeden Tag ein Schiff vorbei, das wissen Sie doch selbst. Soll er wochen- oder monatelang an der Bucht stehen und warten, bis vielleicht ein Schiff kommt?«

Darauf blieb selbst die wortreiche Maruja mir die Antwort schuldig. Sie zog mit Zorn im Herzen ab. Und Sergio blieb, bis ein Schiff kam, das ihn mit nach San Cristóbal nahm.

Und was wurde aus Marta, der Don Zavala den armen Sergio nicht als Ehemann gegönnt hatte?

Ein Jahr später lief sie mit einem Soldaten davon, als ein Schiff von San Cristóbal in der Bucht lag. Don Zavala wurde kräftig unter Alkohol gesetzt, und als er am nächsten Tag spät erwachte, war Marta verschwunden. Und mit ihr das Boot. Davon machte Don Zavala merkwürdigerweise gar kein Aufhebens. Er hob gleichgültig die Schultern. »Así fue. Qué podemos hacer?«

Marta schwebte mit ihrem Soldaten in eine neue »luna de miel«. Aber nach sechs Wochen schob der Soldat sie ab und heiratete ganz offiziell ein anderes Mädchen.

Marta landete schließlich nach weiteren »lunas de miel« auf dem Kontinent. Und von da an ist kein Lebenszeichen mehr von ihr gekommen.

Floreana hatte schon wieder seine kleine Tragödie gehabt.

Anderswo, in dichter besiedelten Gegenden, fällt so ein kleiner Zwischenfall wahrscheinlich gar nicht auf. Aber hier auf der Insel mit ihren Dutzend Bewohnern ist selbst der kleinste Familienkrach ein Ereignis. Uns berührte das Ereignis dieses Mal nicht. Wir standen außerhalb dieser kleinen Tragödie. Wir waren dieses Mal nur Zuschauer, und wir schauten sogar aus erfreulich weiter Entfernung.

Wir ließen uns unser Leben nicht stören. Wir waren eine Familie ohne Krach und ohne Sensationen. Wir arbeiteten und freuten uns der Stille und des Friedens in unserem kleinen Reich. Wir waren glücklich und zufrieden. Was wir brauchten, das hatten wir. Auch wenn wir alles mit unseren eigenen Händen erarbeiten mussten. Selbst auf Floreana, unter der Sonne des Äquators, auf der kleinen Insel, die das Paradies sein könnte, fliegen einem die gebratenen Tauben eben nicht in den Mund. Man kann sich nicht faul auf den Rücken legen. Der Tag ist bis zum Rand mit Arbeit ausgefüllt.

Ich stehe morgens um halb sechs auf. Harry hat schon das Kaffeewasser aufgesetzt. Das Feuerholz muss aus dem Busch geholt, auf dem Rücken herangeschleppt und gehackt werden.

Nach der ersten Tasse Kaffee beginnt der Inseltag. Zuerst kommt das Hühnervolk an die Reihe. Von Januar bis Mai ist die beste Zeit für die Aufzucht der kleinen Küken. Da ist jeden Augenblick etwas anderes los: Nicht nur die kleinen, sondern auch die »Mütter«, die Glucken, bekämpfen einander in dieser Zeit derartig, dass man aufpassen muss, um größere Verluste zu vermeiden. Die Hennen picken so lange auf den Küken ihrer Schwestern herum, bis die Kleinen nicht mehr piepen können. Wenn man sie dann nicht sofort findet, gehen sie unweigerlich ein. Und selbst die Hennen laufen während dieser Zeit dauernd mit blutenden Kämmen herum.

Wenn das Hühnervolk versorgt ist, geht es in den Schweinestall. Die Borstentiere empfangen mich immer mit großem Gequieke, sobald sie auch nur einen Eimer klappern hören. Das Futter für die Schweine wird tags zuvor nach dem Mittagessen in einem großen, alten Benzinkanister auf einer aus Steinen gebauten Feuerstelle gekocht. Es sind meistens grüne Bananen, Yucca oder Otoiknollen mit Knochen und etwas Salz.

Heinz hat dann schon einen morgendlichen Rundgang mit den Hunden hinter sich. Dabei hat er festgestellt, was während der Nacht wieder von den wilden Rindern am Zaun eingerissen, was an den Pflanzen beschädigt ist. Das muss am Tage wieder ausgebessert und in Ordnung gebracht werden.

Unser Frühstück besteht meist aus selbstgebackenem Brot aus Weizen- und Maismehl. Das Weizenmehl müssen wir vom Festland kaufen. Auf unserer Insel gedeiht der Weizen zwar, aber die Finken sind mit der Ernte schon fertig, wenn wir gerade anfangen wollen.

Wenn uns das Weizenmehl ausgegangen ist – wenn wieder einmal monatelang kein Schiff vom Festland herübergekommen ist –, dann backe ich Brot aus grünen Bananen-»Chifles«. Die grünen Bananen werden in Scheiben geschnitten und in siedendem Fett braun gebacken. Sobald sie aus dem Fett kommen, werden sie mit etwas Salz bestreut. Sie schmecken nicht nur sehr gut, sondern sind auch sehr nahrhaft.

Manchmal gibt es auch nur Maiskuchen, wie kleine Pfannkuchen in der Pfanne gebacken. An Stelle von Butter essen wir Schweineschmalz, selbstgemachte Marmelade aus Guayaba oder Papaya mit Bananen und Ananas, außerdem Wurst und kaltes Fleisch.

Die Wurst muss ich natürlich auch erst selbst machen. Das Fleisch dazu muss erst im Busch geschossen, ausgenommen, nach Hause geschafft, dann zerlegt und verarbeitet werden. Und all das muss in spätestens vierundzwanzig Stunden erledigt sein. Denn das Klima erlaubt nicht, Fleisch länger in frischem Zustand aufzubewahren. Einen Kühlschrank haben wir natürlich nicht.

Das Fleisch wird zum größten Teil eingesalzen und nachher geräuchert. Dann hält es sich lange. Wenn wir ein wildes Rind erlegt haben, dann müssen wir möglichst viel davon verwerten, obwohl auf der Insel wirklich kein Mangel an Rindern besteht. Aber wir können ja nicht jede Woche einen Jagdtag einlegen. So viel Zeit haben wir nicht.

Wir brauchen eine Menge Salz, um das Fleisch zu konservieren. Und selbst das müssen wir hier erst gewinnen: aus den Salzlöchern des Salzsees. Fünf Stunden müssen wir laufen, bis wir zu unserem Salzladen, dem Salzsee, kommen. Ein elender steiniger Weg führt zu den Salzlöchern, die noch von den Norwegern stammen, als sie 1927 auf Floreana eine Fischerei und Konservenfabrik anlegen wollten.

Das waren unsere Vorgänger gewesen. Ihr Unternehmen war gescheitert wie so viele andere auf Floreana.

Die Salzlöcher müssen in jedem Jahr nach der Regenzeit gesäubert werden. Im Laufe der nächsten Monate verdunstet das salzhaltige Wasser in den Löchern unter der brennenden Sonne, und eine dicke Salzschicht bleibt zurück. Ende November oder Anfang Dezember ist das Salz »reif zum Ernten«. Dann müssen wir es den langen, beschwerlichen Weg zu unserer Siedlung herauftragen. Und diesen fünfstündigen Weg muss man ein paar Mal machen, weil man mehr als fünfzig Pfund auf einmal nicht auf dem Rücken heraufschleppen kann. Aber dann haben wir endlich wieder unseren Salzvorrat für die nächsten Monate, zum Kochen und zum Einsalzen des Fleisches.

Unseren Kaffee machen wir uns auch selbst. Er trinkt sich schneller, als er gepflanzt ist, als er wächst und geerntet wird. Wenn die kleinen Kaffeesträucher gepflanzt sind, dauert es volle fünf Jahre bis zur Ernte der ersten Kaffeebohne. Und auch hier ist wieder alles Handarbeit. Wenn die Schalen rot sind, werden die Bohnen gepflückt. In der Sonne werden sie einige Tage getrocknet, dabei täglich ein paar Mal umgewendet. Dann werden sie durch eine Maschine getrieben, damit die beiden trockenen Schalen abbrechen und die eigentlichen Kaffeebohnen aus der Schale herausgelöst werden. Dann werden die Schalen im Wind ausgeblasen, bis nur noch die blanken Bohnen übrig bleiben. Und jetzt erst kann man an das Rösten denken.

Sogar unseren Zucker müssen wir selbst gewinnen. Wir pflanzen auch Zuckerrohr. Die Pflanzen wachsen schnell. Alle vier Wochen müssen die Blätter, wenn sie anfangen, braun zu werden, entfernt werden, damit der Zucker schneller reift. Wenn das Zuckerrohr dann reif ist, wird es mit einer Machete dicht über dem Boden abgeschlagen und zur Zuckerpresse gebracht. Mehr als zehn, fünfzehn Stangen kann man nicht auf einmal tragen. Das saftige Zuckerrohr ist sehr schwer.

Die ganze Familie ist jedes Mal damit beschäftigt, das Rohr durch die Presse zu drehen. Wir haben keinen Motor. Unser Motor sind die Esel, die vor die Presse gespannt werden und die dann immer im Kreis herumlaufen müssen, ähnlich wie früher die Pferde bei Großvaters Dreschmaschine. Der ausgepresste Saft wird aufgefangen und dann in einem großen Behälter gekocht, bis das Zuckerwasser zu einem dicken Sirup geworden ist. Das kostet eine Menge Arbeit und übrigens auch eine Menge Holz.

Harry schiebt das Zuckerrohr ein, Rolf und Inge treiben die Esel an, und ich stehe an dem großen Kessel und achte darauf, dass der Saft nur ja nicht überkocht oder gar anbrennt. Man darf um Himmels willen nicht den richtigen Augenblick verpassen, sonst ist die ganze Arbeit umsonst gewesen: Nicht einen Augenblick zu früh und nicht einen Augenblick zu spät darf das Kochen unterbrochen werden. Wenn es auch nur um eine Kleinigkeit zu spät geschieht, dann ist die ganze Masse verbrannt. Im genau richtigen Augenblick muss man das glimmende Holz aus der Feuerung reißen, dann wird der ganze steife Sirup in einen anderen großen, kalten Kessel gegossen und mit einer Holzschaufel so lange geschlagen, bis sich die ganze Masse in festen Zucker verwandelt hat. Noch heiß wird dann alles in hölzerne Formen gepresst. Wenn der Zucker dann kalt geworden ist, werden die harten braunen Zucker-Briketts, von denen jedes ungefähr drei Pfund wiegt, in trockene Bananenblätter eingewickelt. So kann man sie, wenn sie gegen Feuchtigkeit geschützt sind, lange aufbewahren.

Fleisch, Kaffee, Zucker, Salz: Alles, was auf den Tisch kommt, stammt aus eigener Erzeugung. Manchmal kommt mir der Gedanke, wie selbstverständlich man das alles hinnimmt, wenn man in der Zivilisation lebt. Wie wenig Gedanken die Menschen sich machen, welch ein Unmaß an Arbeit, Kummer und Aufregungen es kostet, was man an Fehlschlägen und Missernten in Kauf nehmen muss, bis das wenige geschaffen ist, was nötig ist, um einen Frühstückstisch zu decken.

Nach dem Frühstück, das sich bis gegen neun Uhr hinzieht, gehen die Männer und Inge in den Garten, um zu arbeiten. Vormittags wird meistens neues Land gerodet. Einer schlägt die Bäume ab, einer die kleinen Sträucher, Heinz bearbeitet den Boden mit der Kreuzhacke. Dann müssen Stümpfe und Wurzeln gerodet werden, was eine sehr, sehr schwere Arbeit sein kann. Wir haben dafür nicht einmal ausreichendes Handwerkszeug. Manche Geräte müssen die Hände ersetzen.

Ich selbst bin den ganzen Vormittag im Haus. Saubermachen, Aufräumen, Waschen, Bügeln und natürlich Kochen – so sieht das Programm für diese drei Stunden aus, gar nicht anders eigentlich als bei jeder anderen Hausfrau. Punkt zwölf kommen die anderen zurück, baden im frischen Quellwasser, und dann wird gegessen.

Die Kinder müssen nach dem Essen ruhen, dann wird in der Pflanzung gearbeitet. Mais, Kartoffeln, Zuckerrohr, Ananas müssen gepflegt und sauber gehalten werden. Manchmal ersticken die Pflanzen im Unkraut. Und gleich nachdem man es ausgerissen hat, ist es wieder da. Hier gedeiht eben alles schnell und üppig, und Unkraut stellt Schnelligkeitsrekorde auf, von denen sich kein Kleingärtner in anderen Zonen eine Vorstellung machen kann. Den Nachmittag über arbeite ich in meinem Reich, dem Gemüsegarten und dem Geflügelhof, und der Kohl und die Hühner sorgen dafür, dass auch hier die Arbeit nie abreißt.

Beim Abendessen beginnt es schon zu dunkeln. Die Sonne geht hier, in der Nähe des Äquators, früh schlafen. Aber für uns ist der Tag noch nicht zu Ende. Es gibt immer noch etwas zu tun. Bohnen, Erbsen und Mais ausschälen etwa ... Und ich habe zu nähen und zu flicken. Im Busch wird viel zerrissen. Heinz liest den Kindern noch ein Märchen vor, dann gehen die beiden Kleineren ins Bett, und für uns beginnt die Lesestunde. Heinz liest immer ein oder zwei Kapitel aus einem unserer Bücher vor oder einen Ausschnitt aus einer Zeitschrift, die man uns geschickt hat – vor Jahr und Tag.

»Asilo de la Paz« liegt schon in tiefster Ruhe. Nur ab und zu hört man von draußen das »Iah!« eines Esels oder das Brummen eines wilden Rindes. Sonst ist es ganz still.

So sieht der Alltag auf der Insel aus. Eigentlich gar nichts besonders Aufregendes dabei. Ein Alltag wie überall auf der Erde, der Alltag einer kleinen Bauernfamilie. Und trotzdem ist alles anders. Weil man so ganz allein ist, so abgeschnitten von aller Welt. So einsam, wenn monatelang kein Schiff kommt. Aber wir leiden nicht unter dieser Abgeschlossenheit und Einsamkeit. Wir haben dieses Leben gesucht. Und wir sind glücklich dabei.

1938/39

Eben war Oktober. Und jetzt steht schon wieder Weihnachten vor der Tür. Wir führten lange Gespräche, Heinz und ich, was wir den Kindern schenken sollten.

»Das Schönste«, meinte ich, »was ich mir für Inge denken kann, ist eine Puppe.« Heinz lachte: »Na, dann geh mal eine kaufen!«

Natürlich, das ist leicht gesagt: eine Puppe. Mein Mann hatte auch diesmal wieder den rettenden Einfall:

»Wir werden wohl besser eine Puppe selbst machen. Was haben wir nicht schon alles fertig gekriegt! Meinst du, eine Puppe wird uns nicht gelingen?«

Ich konnte mir überhaupt nicht vorstellen, dass uns einmal etwas nicht gelingen würde. Heinz suchte den Busch ab, um ein Stück Holz zu finden, aus dem man einen Puppenkopf schnitzen konnte. In dem Lachoso-Holz fand er das geeignete Material. Abends, wenn die Kinder zu Bett gegangen waren, fing er mit seiner Arbeit an. Er brauchte viele mühevolle Stunden. Beim Schein der Petroleumlampe schnitzte er trotz seiner müden Augen aus dem rohen Holz einen wunderbaren Puppenkopf, mit hübsch gewellten Haaren. Das Gesicht bekam hellblaue Augen. Es war wirklich ein Meisterwerk geworden.

Aus Sägemehl machten wir dann einen zum Kopf passenden Körper. Ich nähte abends ein paar Puppenkleidchen, denn das Puppenkind sollte ja wirklich etwas Besonderes werden.

Heinz machte sogar noch ein Puppenbettchen und bemalte es mit rosa Farbe, die wir noch in irgendeinem Topf am

Rande abgekratzt hatten. Ich nähte Kissen und Deckchen für das Bett.

»Das wird die schönste Weihnachtsüberraschung werden«, prophezeite ich, unbändig stolz auf unser Werk. »Was wird Inge da für Augen machen!« Ich konnte das Weihnachtsfest kaum noch erwarten.

Für alle drei Kinder, Harry, Rolf und Inge, wollten wir die beliebten und unverwüstlichen Seelöwenhosen unter den Weihnachtsbaum legen. Heinz war schon lange vor Weihnachten zur Black Beach Bay hinuntergegangen und hatte bei der nahen Loboria, der Robbeninsel, ein paar junge Seelöwen geschossen. Abends kam der müde Wanderer mit den Fellen wieder zu Hause an.

Wir reinigten die Häute und legten sie in die schon bereitstehende Gerbbrühe. Alaun zum Gerben hatten wir natürlich nicht; wir halfen uns mit der Rinde des Guayabaumes. Wir hatten sie abgeschabt, getrocknet und dann grob gemahlen. Mit heißem Wasser überbrüht hatten wir sie einige Tage stehen lassen. In dieser selbstgemachten Brühe blieben die Häute so lange liegen, bis sie durch und durch gegerbt waren. Das dauerte einige Wochen, und dann war aus der rohen Haut richtiges Leder geworden. Es wurde mit Süßwasser gut ausgewaschen, im Schatten getrocknet und über ein Holz gezogen, bis es geschmeidig wurde. Es wurde so herrlich weich, dass ich die Hosen, nachdem Heinz sie zugeschnitten hatte, ohne große Mühe mit der Hand nähen konnte. Dabei brach zwar manchmal die Nadel ab, was bei uns eine ziemlich traurige Sache ist, aber die Hosen wurden noch rechtzeitig fertig zum Fest.

Am Heiligen Abend ruhte den ganzen Tag die Arbeit im Garten. Wir trafen die Vorbereitungen. Die Kinder sollten doch eine rechte Weihnacht nach unserer Sitte feiern!

Überall im Haus standen Blumen in den Vasen. Es roch weihnachtlich nach Gebäck und anderen Herrlichkeiten, und nur das hochsommerliche Wetter wollte nicht ganz in den weihnachtlichen Rahmen passen. Aber darüber sahen wir alle großzügig hinweg. Das konnte uns die Freude an Weihnachten nicht trüben. Rolf und Inge hatten ohnehin keine Vorstellung davon, wie es um die Weihnachtszeit in Europa aussieht, mit Kälte etwa oder Schnee. Ich habe einmal versucht, der kleinen Inge den Begriff »Schnee« zu erklären. Es ist mir nicht gelungen. Einem Kind der Tropen kann man eben nicht begreiflich machen, was Schnee ist.

Für den Festbraten hatte ein Schwein dran glauben müssen. Wir schmausten bis zum Sonnenuntergang einmal so richtig in aller Ruhe. Als es dann vollkommen dunkel geworden war, gingen wir zu unserem Olymp hinauf, um den großen Reisighaufen anzuzünden, den die beiden Kleinen aufgeschichtet hatten. Das Feuer loderte hoch und hell, wir alle sangen das Lied von der »Stillen, heiligen Nacht«.

Es war eine recht stille heilige Nacht. Vor uns brannte das helle Feuer. Zu unseren Füßen lag unsere Farm, das Werk unserer Arbeit und unserer Ausdauer. Zur Linken schimmerte das weite, unendliche Meer. Darüber, am dunklen Himmel, leuchteten hell und blank die Sterne.

Langsam gingen wir zurück ins Haus.

Die Kinder schliefen längst, als ich mit Heinz den Weihnachtsbaum zu schmücken begann. Heinz hatte ihn aus Deutschland mitgebracht und dicht beim Haus eingepflanzt. Er war angewachsen. Er war ein Stück lebendiger Heimat.

Heinz legte die Geschenke für die Kinder unter den Baum. Ganz früh schlich ich mich aus dem Haus hinaus, nahm die Süßigkeiten aus ihrem Versteck und legte auch sie unter den

Baum. Ich zündete die Kerzen an und läutete mit einer kleinen Glocke.

Da kamen die Kinder angestürmt.

Jetzt wird Inge außer sich vor Freude und Entzücken sein, dachte ich, wenn sie ihr herrliches Puppenkind sieht. Wir warteten aufgeregt auf diesen großen Augenblick. Aber nichts geschah. Inge sah sich das Puppenbett an, und dann machte sie ein ganz niedergeschlagenes Gesicht.

»Ja, Inge, freust du dich denn nicht?«, fragte ich enttäuscht.

Inge schüttelte den Kopf. Auch sie war enttäuscht. »Der Weihnachtsmann hätte mir lieber eine Machete bringen sollen. Oder eine Hacke oder einen Rechen«, sagte sie mit kindlicher Offenheit. »Damit kann ich in Rolfs Garten arbeiten. Aber mit einer Puppe kann man keine Bäume schlagen.«

Ja, das stimmte natürlich ... Mir war ein bisschen weh ums Herz, dass unser Kind sich nicht mit der Puppe anfreunden konnte, die wir mit so viel Mühe und Liebe geschaffen hatten. Nach dem Fest verschwand die Puppe in einem Schrank, und darin hat sie bis heute ihr trauriges und vergessenes Dasein gefristet.

Rolf war mit seinen Geschenken zum Teil zufrieden. Aber zum Teil war auch er enttäuscht – weil unter dem Weihnachtsbaum nicht das Kleinkalibergewehr lag, von dem er wochenlang geträumt hatte.

Am Nachmittag kamen unsere Nachbarn, die Conways, zu Besuch. Ich erzählte von unserem Reinfall mit dem wunderbaren Puppenkind. Aber sie konnten darüber nur lachen. Zu Inge sagte sie:

»Aber Inge, so ein liebes Puppenkind muss man doch liebhaben.«

Inge antwortete nicht. Sie sah die Tante Conway nur mit einem vielsagenden Blick von der Seite an und verschwand wortlos. Ein paar Minuten später kam sie wieder zurück. In der Hand hielt sie ein kleines Bastkörbchen, in dem einige Küken piepten, die gerade aus dem Ei geschlüpft waren.

»Ve«, sagte sie und warf einen liebevollen Blick auf die kleinen gelben Küken, »éste es lindo.« Dieses hier ist herrlich. Warum sie das gerade auf Spanisch sagte – wer weiß? Vielleicht weil es im Spanischen weicher, zärtlicher klingt?

»Sie ist eben ein richtiges Inselkind«, tröstete Frau Conway. »Sie wird es auch immer bleiben. Sie wird mit allem anderen spielen, aber nie mit toten Puppen.« Und Frau Conway behielt recht: Junge Hennen, Katzen, Küken, junge Esel und Schweinchen waren und blieben Inges liebste Spielkameraden.

Und Rolf? Das war auch ein richtiger Inseljunge. Wir hatten ihm seinen sehnlichsten Wunsch ja nicht erfüllt. Wir hatten ihm zu Weihnachten das heißersehnte Gewehr nicht geschenkt. Er hatte längst gemerkt, dass er mit seinem Luftgewehr keine Bullen schießen konnte.

»Mit sechs Jahren ist ein Junge noch zu klein für ein Gewehr«, sagte ich zu den Conways. Aber Mister Conway – und im Stillen auch Heinz – war anderer Ansicht.

»Für ein Großstadtkind mag das gelten. Aber für einen Jungen wie Rolf? Eine Gefahr, die man erkennt, ist keine Gefahr mehr.«

Eine Woche später hatte Rolf Geburtstag, am 2. Januar. Da gaben wir unserem Herzen einen Stoß: Rolf bekam sein Gewehr. Es lag auf dem Geburtstagstisch vor den sechs Kerzen. Sechs Jahre – sechs Kerzen. Sie waren alle etwas schief geraten. Ich hatte sie einfach nicht gerade aus der Form herausbekommen. Aber was ist auf einer Galápagos-Insel schon weiter wichtig! Gerade oder nicht – über solche Kleinigkeiten machen wir uns hier keine Sorgen. Wir sehen nur den schimmernden Lichtschein. Wir haben uns überhaupt angewöhnt, das Gute und Schöne immer und das Schlechte nach Möglichkeit überhaupt nicht zu sehen.

Rolf war überglücklich. Und am Nachmittag durfte er schon seine ersten Schießübungen machen. Nach jedem Schuss kam Inge ganz aufgeregt ins Haus gelaufen und erzählte mit strahlenden Augen, Rolf hätte wieder »Bum Paff« gemacht.

Wir sahen ihr die Begeisterung an den Augen und an den geröteten Wangen an. Sehr schnell wurde uns klar, dass wir bald wieder ein neues Gewehr zu kaufen haben würden. Ein Gewehr für Inge, das andere Inselkind. Das war wirklich ein aufregender Geburtstag. Und am aufregendsten wurde der Abend, als wir unerwartet Familienzuwachs bekamen. Bleich vor Aufregung kam Rolf ins Haus gerannt. Er konnte kaum sprechen, so sehr war er außer Atem.

»Mutti, Mutti«, rief er, »Harry hat sooo ein großes Kalb gefangen. Papa soll schnell mit mehr Stricken kommen!« Heinz lief mit Rolf und mit Stricken bewaffnet in den Busch. Da war tatsächlich das Kalb. Die Kuh, berichtete Harry, hatte es beim Anblick der Hunde im Stich gelassen. Harry hatte dem Kalb schnell einen Strick um den Hals gelegt, und die beiden Hunde halfen, das junge Tier zu bewachen, bis Heinz kam.

Gegen Abend war der Familienzuwachs da. Es war ein starkes, gut gebautes Kalb mit rotem Fell und weißer Blesse. Es benahm sich noch sehr wild, aber wir wollten auf jeden Fall versuchen, es zu zähmen. Jeden Tag kochte ich nun für unsere »Barbara« eine kräftige Suppe aus süßen Kamotten und Maismehl.

Am ersten Tag konnte nur Heinz den Eimer beim Füttern halten. Aber nach ein paar Tagen war Barbara schon so zahm und brav geworden und ließ sich von uns allen anfassen und kraulen. Nur mit dem Eimergriff brauchten wir zu klappern, dann kam Barbara schon angelaufen, um sich ihr Futter zu holen.

Drei Monate später fingen Heinz und Harry einen pechrabenschwarzen Bullen. Nun hatten wir ein Paar. Das sollte der Grundstein für unsere Rinderzucht werden. Dabei war Barbara noch so klein.

Drei Jahre würden wir wohl noch auf den Buttersegen warten müssen.

2. September 1939.

Ich bin gerade dabei, das Abendessen herzurichten, als Rolf und Inge in die Küche gestürzt kommen. »Wir waren oben auf dem Olymp«, sagt Inge aufgeregt, »und da haben wir gesehen, wie eine ganze Menge Männer von der Black Beach heraufkommen.«

»Männer?«, frage ich. »Was für Männer denn?«

»Ich weiß nicht«, plappert Inge weiter. »Aber viele, viele Männer.« Ich höre, wie die Hunde unruhig werden.

»Geht schnell in den Garten und sagt dem Papa Bescheid!«

Die beiden laufen davon. Wenige Minuten später sind die Besucher schon da. Heinz kommt mit ihnen. Sie haben ihn draußen getroffen. Es ist die Mannschaft des Fischerbootes »Paramount«: der Kapitän und alle Mann, bis auf eine Wache, die sie auf dem Schiff gelassen haben.

»Wir wollen nur etwas frisches Fleisch«, erklärt der Kapitän den unverhofften Besuch. »Aber wir wollen uns gar nicht lange aufhalten. Wir müssen wieder raus, weiter fischen. Der Fang ist gut.«

»Morgen früh gehe ich sofort auf die Jagd«, verspricht Heinz. Es ist immer eine willkommene kleine Einnahme, wenn wir einer Schiffsbesatzung etwas verkaufen können. Wir können dieses Mal außer Fleisch – wenn Heinz Jagdglück hat – auch Bananen und frisches Gemüse und Obst verkaufen. Sogar ein paar Hühner. Oder wir tauschen gegen Dinge, die wir dringend brauchen.

Die zehn Mann des Fischerbootes sind unsere Gäste bei einem bescheidenen Abendessen. Nach dem Essen sitzen wir noch lange am Kamin. Das Feuer brennt, denn es ist jetzt empfindlich kalt. Anfang September – das ist bei uns die kälteste Zeit. Die Gespräche fließen nicht so munter wie sonst, wenn wir Besuch haben. Die Männer machen einen gedrückten Eindruck.

»Ist was passiert?«, frage ich endlich. Dieses ewige Schweigen zwischen den Gesprächen, die sich so schleppend hinziehen, macht mich nervös.

»Uns nicht.« Der Kapitän zieht ein paar Mal nachdenklich an seiner Pfeife. »Aber bei euch zu Hause sieht es böse aus. Es wird bald Krieg geben.«

Wir wissen nicht viel von dem, was draußen in der Welt, was in Europa vorgeht. Manchmal brauchen die Briefe und die Zeitungen Monate, bis wir sie bekommen. Wir wollen nicht so recht an die düsteren Prophezeiungen des Kapitäns glauben. Aber im Inneren sind wir doch sehr unruhig. Wir können kaum einschlafen. Wir haben zum ersten Mal wieder dieses Wort gehört, das uns das Herz so schwer macht. Und zum ersten Mal ganz deutlich. Das Wort: Krieg.

Am nächsten Morgen haben wir alle tüchtig zu tun – und

keine Zeit, unseren trüben Gedanken nachzuhängen. Heinz geht mit ein paar Leuten von der Besatzung auf die Jagd. Und er hat gutes Jagdglück. Er kommt mit einem Rind zurück. Was die Leute von der Besatzung nicht mehr auf den Esel laden können, das tragen die kräftigen Fischer auf dem Buckel zur Küste. Gemüse und die Hühner bezahlt der Kapitän in Dollar; die Früchte und das Fleisch werden im Tausch gehandelt. Wir bekommen, was wir schon lange dringend brauchen: Seife, Milch und Arbeitshosen für Heinz und Harry. Und für die zwei jungen Schäferhunde kann ich vier Arbeitshemden eintauschen.

Die Männer vom Fischerboot »Paramount« sind schon lange wieder gegangen. Aber die Gespräche hängen noch in der Luft. Mir will und will das Wort nicht aus dem Kopf, das gestern Abend gefallen ist. Wenn es wirklich Krieg geben sollte, was wird dann aus uns werden?

Da fallen mir wieder die Worte unseres Inselkommandanten Alvear ein: »Floreana wird eine Militärstation bekommen«, hatte er vor einiger Zeit gesagt. »Ein Offizier und neun Mann Besatzung.« Die Station, entsinne ich mich, sollte schon im Juli eingerichtet werden. Aber bis heute war nichts geschehen. Comandante Alvear hatte seinerzeit nichts Näheres gesagt. Vielleicht hatte er damals selbst noch nichts gewusst. Wir hatten uns keine Gedanken gemacht. Der Comandante ist ein feiner gebildeter Mann. Seine Frau, von der er uns oft erzählt hat, stammt von deutschen Eltern ab. Sie ist in Ecuador geboren, aber europäisch erzogen. Und auch mit Comandante Alvear kann man sich wunderbar über europäische und sogar über deutsche Literatur und Musik unterhalten. Ich bin immer wieder erstaunt, von ihm zu hören, was er alles an Büchern gelesen hat. Er hat uns ein paar Mal besucht. Er ist mit mir durch den Gemüsegarten gegangen und hat immer wieder anerkennende Worte für unsere Arbeit und unsere Erfolge gefunden.

Und einmal hat er gesagt:

»Sie sind eigentlich wirklich zu beneiden. Sie leben glücklich hier. Sie haben alles, was man zum Leben braucht.«

Wir können uns keinen besseren Comandanten für die Galápagos vorstellen. Er hat hier auf den Inseln die erste Schule eingerichtet und sogar ein Krankenhaus geschaffen. Er war immer darauf bedacht, der Bevölkerung eine bessere Lebensform zu geben. Und um uns, die Ausländer, hat er sich nicht weniger fürsorglich gekümmert. Alle zwei bis drei Monate kam er mit einem Motorboot nach Floreana, um sich nach unserem Wohlbefinden zu erkundigen.

Drei Monate waren nach dem Besuch der Besatzung des Fischerbootes »Paramount« schon wieder vergangen. Drei Monate, nachdem ich jenes schreckliche Wort »Krieg« gehört hatte. Wir hatten die Kartoffelernte schon eingebracht, und wir konnten sehr zufrieden sein: Achtzig Sack – das war eine gute Ernte. Es war Ende November geworden.

Da kamen, ganz gegen ihre Gewohnheit, Maruja und Marta Zavala an einem Sonntagvormittag hastig zu uns heraufgelaufen. Ich sah schon von weitem an ihren aufgeregten Bewegungen, dass da irgendetwas nicht stimmen konnte. Mir graute schon wieder vor einem Familiendrama. Aber was Maruja zu berichten hatte, war tausendmal schlimmer.

Sie schluchzte zuerst nur und konnte kaum sprechen. Aber ich verstand immer wieder das eine Wort: »Guerra, guerra.«

»Guerra?« Sooft wir in den letzten Wochen an den Krieg gedacht und vom Krieg gesprochen hatten, es war immer der

Gedanke an etwas Fernes gewesen, das niemals in die Stille unserer einsamen Insel eindringen könnte. Um uns selbst hatten wir uns dabei keine Sorgen gemacht, nur um die Heimat und alle die Menschen, über die der Krieg mit seinen Schrecken herfallen würde.

Aber jetzt, als Maruja mit ihren angsterfüllten Augen und ihren aufgeregten Reden vor mir stand, war mit einem Mal alles ganz nahe gerückt. Als ob der Krieg schon bis zur Küste von Floreana gekommen wäre, als ob ich jeden Augenblick die ersten Schüsse hören würde. Und die ersten Schreie. »Guerra?«

»En Europa, Señora Margarita, en Europa.«

»En Europa …«, wiederholte ich ihre Worte, wie ein Echo. Krieg in Europa … In der Heimat … Mir war, als setze mein Herzschlag aus. Ich wusste nichts zu sagen.

Maruja schluchzte immer weiter. Sie war völlig aufgelöst. Und als ich sprechen konnte, als ich Maruja fragte, da war nichts Vernünftiges aus ihr herauszubekommen. Es dauerte lange, bis ich aus dem Durcheinander ihrer Worte heraushören konnte:

Die »Calderón« war da gewesen und hatte Post und auch die neuesten Nachrichten gebracht. Und mit dem Schiff waren auch die ecuadorianischen Soldaten gekommen, die hier auf der Insel die Militärstation einrichten sollten. Auch Zimmerleute waren mitgekommen, die in der Postoffice Bay eine Unterkunft für sie bauen sollten.

Maruja hatte Post für uns. Aber vor lauter Aufregung hatte sie sie mir noch nicht gegeben, und ich hatte das Paket übersehen. Heinz, der vom Garten her mein Gespräch mit Maruja gehört hatte, kam gelaufen. Er öffnete, ohne etwas zu sagen, das Paket und riss als Erstes die Zeitungen heraus. Sie waren von Ende September. Wir überflogen in aller Hast nur die ersten Seiten – und wussten, was sich inzwischen in Europa abgespielt hatte: Der Blitzkrieg gegen Polen war vorüber. Im Augenblick, lasen wir, herrsche Ruhe. Aber wir lasen nirgends, dass der Krieg vorüber sei.

Ich litt furchtbar unter diesen Nachrichten. Ich fühlte, wie es gesundheitlich mit mir bergab ging. Ich hatte dauernd quälendes Kopfweh. Heinz ging ruhig im Hause umher. Er tat draußen in der Pflanzung seine Arbeit, wie immer. Aber ich fühlte, dass seine Ruhe nicht echt war. Sie war krampfhaft gespielt.

Der Krieg blieb nicht in Europa. Er kam zwar nicht bis zur Küste von Floreana, aber wir bekamen ihn in seinen Auswirkungen zu spüren.

Mit der Stille auf unserer Insel war es vorbei. Auf den Galápagos war über Nacht alles auf den Kopf gestellt. Die Inseln, die bisher oft viele Monate lang kein einziges Schiff gesehen hatten, wurden plötzlich zum Lieblingsaufenthalt für amerikanische Kriegsschiffe. Ständig sahen wir Patrouillenboote vorüberfahren. Die Amerikaner bereiteten sich auf jede Möglichkeit vor, seitdem damit zu rechnen war, dass der Krieg nicht auf Europa beschränkt bleiben würde. Man munkelte sogar von amerikanischen Stützpunkten auf den Galápagos.

Gut tausend Kilometer von uns entfernt liegt der Panama-Kanal. Die Galápagos sind wie geschaffen dazu, die Einfahrt in den Kanal von der Westseite, vom Stillen Ozean her, zu schützen – den Kanal, der nicht nur eine ungeheure Bedeutung für das Wirtschaftsleben der Vereinigten Staaten hat, sondern der strategisch wahrscheinlich der wichtigste Punkt der USA ist. Und auch der empfindlichste.

Wir kannten die Bedeutung des Panama-Kanals aus vielen Erzählungen der Amerikaner, die uns hier besucht hatten. Und ein Blick auf die Landkarte ließ keinen Zweifel darüber: Im Ernstfall gehören der Kanal und die Galápagos zusammen.

Unsere Nachbarn, die Conways, waren ebenfalls völlig aus der Fassung geraten. Mr. Conway war Reserveoffizier. Er musste sich ständig zur Verfügung halten. Die Conways hörten auf, weiter Land zu roden. Sie beschränkten sich darauf, das zu erhalten und zu pflegen, was sie schon geleistet hatten. Und das war schon sehr, sehr viel. Sie hatten ganze Alleen von Obstbäumen angelegt. Wir konnten uns vorstellen, was für ein schöner und wertvoller Besitz das einmal werden würde, wenn alles gut gepflegt blieb.

Kein Privatkrieg auf Floreana

1940/41

Januar 1940.

Es sah nicht so aus, als würde der Krieg bald zu Ende gehen, wie wir im Stillen gehofft hatten. Immerhin: Wir hatten ihn noch nicht unmittelbar zu spüren bekommen. Bis zu diesem Tag im Januar 1940, als Heinz mir seinen Entschluss sagt:

»Sobald sich Gelegenheit bietet, werde ich nach San Cristóbal fahren und mich von dort aus beim Konsulat telegrafisch erkundigen, was ich tun soll.«

Ich meine vom Schlag getroffen zu werden, als ich das höre. Verstehe ich meinen Mann in diesem Augenblick? Kann ich ihn darin überhaupt verstehen? Männer denken in solchen Dingen anders als Frauen.

»Millionen Frauen geht es jetzt nicht anders als dir«, höre ich ihn sagen. Das soll ein Trost für mich sein. Aber es ist keiner, sosehr ich mir auch Mühe gebe, meinen Mann zu verstehen. Ich darf gar nicht daran denken, wie es einmal sein wird, wenn ich mit den Kindern hier allein bin. Die Kinder machen in dieser Zeit scheu einen Bogen um mich. Sie sind still geworden. Aber sie fragen nicht. So können nicht verstehen, warum ihre Mutter auf einmal nicht mehr mit ihnen singt. Warum sie keine Scherze mehr mit ihnen macht. Warum sie mit verschlossenem Gesicht und traurigen Augen herumläuft.

Es wird April 1940, bis Heinz eine Gelegenheit findet, nach San Cristóbal zu fahren. Comandante Alvear ist mit seinem Motorboot gekommen, um zu sehen, ob die Soldaten des kleinen Inselstützpunktes auch gut untergebracht sind. Er nimmt ihn mit nach San Cristóbal.

Seit Wochen hatte ich seine Sachen bereitgelegt. Immer wieder hatte ich gehofft, Heinz würde seinen Entschluss ändern. Und nun kommt der Abschied so ganz plötzlich.

»Seid recht brav und helft der Mutter, wo ihr könnt«, sagt Heinz zum Abschied zu den Kindern.

Ich kann von diesem Abschied nicht sprechen. Wir standen noch lange auf unserem Olymp und sahen unserem Papa nach, solange noch etwas zu sehen war. Bis das Motorboot in dem Dunst verschwand, der über dem Meer lag. Alle unsere Hunde mussten angebunden werden. Sie kläfften und jaulten. Und waren kaum zu halten, ihrem Herrn nachzurennen.

Dann war ich allein. Allein mit den Kindern. Ich verschloss meine Augen krampfhaft vor der Zukunft. Aber die Gedanken stürmten auf mich ein und ließen mir keine Ruhe:

Hier bin ich als Deutsche, auf einer einsamen, weltfernen Insel. Rolf und Inge, die auf der Insel geboren sind, gelten als ecuadorianische Staatsangehörige. Aber ich – ich? Wenn es zu einer Kriegserklärung Ecuadors kommen sollte – wie würde man sich da zu mir stellen? Und wie würden sich die Amerikaner mir gegenüber verhalten, falls es wirklich dazu kommen sollte, dass die Vereinigten Staaten hier auf Floreana einen Stützpunkt errichten würden?

Ich hatte so viel Arbeit, jetzt, wo Heinz nicht mehr da war, dass ich tagsüber keine Zeit mehr hatte, meinen Gedanken nachzuhängen. Die Arbeit vertrieb sie. Aber die Nachtstunden waren furchtbar. Da kamen die quälenden bohrenden Gedanken und ließen mich oft stundenlang nicht los: Was wird aus Heinz werden? Was wird aus mir werden? Werden sie mich eines Tages ausweisen? Davor hatte ich am meisten Angst –

alles das zu verlieren, was wir uns hier aufgebaut hatten. Aber das Leben geht weiter. Weil es weitergehen muss!

Wir haben ein Schwein geschlachtet. Wir brauchen Fleisch. Und ein Schwein weniger ist auch eine kleine Portion Arbeit weniger. Die beiden Jungen halfen mit beim Abstechen, beim Brühen, beim Ausnehmen. Es ging alles wie am Schnürchen, als wenn Papa dabei gewesen wäre. Die Kinder waren rührend zu mir. Sie halfen mir wirklich, wo sie konnten, so wie Heinz es ihnen beim Abschied so sehr ans Herz gelegt hatte. Sie kannten meinen schmerzlichen Kummer nicht; ich habe ihnen nie gesagt, was mich so sehr bedrückte. Aber instinktiv haben sie es wohl geahnt.

Auf einmal hält Rolf mit der Arbeit inne. Wischt sich mit dem Arm über die feuchte Stirn und sieht mich fragend an. Ich merke, wie ihn irgendein Gedanke bewegt, und bin ganz gespannt.

Da sagt er: »Weißt du, Mama, ich habe mir eben etwas überlegt. Soll Harry morgen früh nicht mal mit dem Esel zur Küste gehen und die Soldaten fragen, ob sie von uns Fleisch und Wurst kaufen wollen? Die brauchen doch bestimmt alle was, weil sie selbst nichts haben. Und dann würden wir Geld kriegen. Das brauchen wir doch, wenn wir von hier fort müssen.«

Die Kinder haben wohl doch gefühlt, was uns droht, was mich seit Wochen beschäftigt und quält: dass wir vielleicht von hier fort müssen. »Ja«, sage ich, »das ist ein guter Gedanke.« Aber vom Weggang sage ich kein Wort.

Harry reitet am nächsten Morgen zur Küste. Ich mache inzwischen mit Inge und Rolf Wurst: Leberwurst und Mettwurst nach unserem alten Rezept. Den Rest des Schweines salzen wir ein, damit wir lange Fleisch haben. Die beiden Kleinen helfen tüchtig mit, und als Harry von der Küste zurückkommt, ist die Arbeit getan.

»Morgen werden die Soldaten uns alle Wurst abkaufen«, verkündet Harry sachlich. Dass das so glatt gehen würde … Und dass nicht ich auf diese Idee gekommen bin, sondern ausgerechnet dieses Kind.

Sie kaufen uns tatsächlich alle Wurst ab. Es hätte sogar noch mehr sein können. Denn die kleine Garnison unten an der Küste ist inzwischen auf zwanzig Menschen angewachsen. Unsere Kunden waren mit der Wurst sehr zufrieden. Und wir waren mit dem Geld zufrieden, das wir eingenommen haben. Wir haben brüderlich geteilt. Die eine Hälfte kam in die Spardosen der Kinder, die andere Hälfte in die Familienkasse.

Anstatt weniger Arbeit haben wir jetzt noch etwas mehr. Aber das ist ganz gut so. Da denken wir nicht so viel ans Fortmüssen. Am nächsten Tag hat Inge eine neue Idee:

»Jetzt backen wir auch Galletas, Kekse, für die Soldaten. Ich helfe auch mit. Wenn Papa wiederkommt, dann haben wir viel Geld.«

Wir backten Galletas. Und seitdem haben wir nicht mehr aufgehört, Wurst zu machen und Galletas zu backen. Ich weiß nicht, wie viele Zentner Mehl ich inzwischen verbacken habe. Ich schätze, es werden an die fünfhundert Zentner sein, die ich mir vom Festland kommen ließ.

Wir wurden alles los. Die Leute kamen nun sogar zu uns herauf und kauften alles, was wir an Fleisch und Wurst hatten. Galletas konnten wir gar nicht genug backen. Unser Backofen glühte dauernd. Harry hatte alle Mühe, das nötige Holz heranzuschleppen. Am ersten Tage waren wir auf fünfzehn Pfund gekommen. Das Pfund verkauften wir für 2,50 Sucres, etwas mehr als sechzig Pfennig nach deutschem Geld.

Wir schlachteten das zweite Schwein, und gleich darauf das dritte. Und auch alle unsere Eier fanden reißenden Absatz. Wir hatten ein Geschäft.

Drei Wochen waren wir jetzt allein, seit jenem Abschied. Drei Wochen ohne meinen Mann.

Die Kinder waren draußen beim Ernten. Ich arbeitete gerade in der Küche. Da klopfte es laut an der Tür. Ich ging nachsehen. Wahrscheinlich würde ein Wurstkunde vor der Tür stehen. Aber ich fiel vor freudigem Schrecken fast um. In der Tür stand er. Da hing ich ihm vor Freude und Glück auch schon um den Hals.

Heinz stand vor mir, groß und braungebrannt, und lachte:

»Euch kann man ja hier stehlen. Wo sind denn die Kinder und die Hunde?«

Aber dann erzählt er seine Geschichte: »Ein Fischerboot, das aus den Vereinigten Staaten kam, hat mich an der Black Beach abgesetzt. Der deutsche Gesandte hat mir mitteilen lassen, zurzeit wäre keine Möglichkeit für meine Ausreise: Ich soll bis auf Abruf ruhig hier auf der Insel bleiben.«

»Gott sei Dank!« Ich war wie erlöst. Ich war einfach selig. Ich konnte sogar wieder lachen. Und in meiner unbeschreiblichen Freude vergaß ich, dass mein Mann hungrig sein könnte. Ich versteckte ihn im Schlafzimmer. Ich hatte meine Überraschung weg. Die Kinder sollten auch ihre Überraschung haben, wenn sie heimkamen.

Und die Überraschung gelang auf der ganzen Linie. Die Kinder strahlten. Und sie erzählten aufgeregt durcheinander, was sich inzwischen alles auf der Insel ereignet hatte. Bis Rolf sich Ruhe verschaffte und laut und eifrig rief:

»Papa, wir haben ein Geschäft!«

»Aber Rolf nicht allein«, berichtete Inge sofort. »Wir alle, Mama auch.«

Heinz staunte nicht schlecht über diesen plötzlich erwachten Geschäftsgeist. »Woher die Kinder das bloß haben«, lachte er kopfschüttelnd, »wahrscheinlich von der Mama.« Dann wurde er ernst: »Mit solchen Kindern ist man auf jeden Fall nie verlassen.« Er hatte schon auf dem Weg von der Küste von den Soldaten gehört, wie wir uns mit Fleisch und Wurst und Galletas die Herzen unserer neuen Inselbewohner im Sturm erobert hatten. »Schaden kann das nichts. Denn man kann nie wissen, was uns allen noch bevorsteht.«

Es stand uns noch eine Menge bevor.

Wir hatten keine Illusionen. Wir waren darauf gefasst, dass man uns eines Tages ausweisen würde. Aber vorläufig geschah nichts dergleichen. Eine andere deutsche Familie traf es bald: Wir erfuhren, dass Familie Angermeyer, die auf der Insel Santa Cruz siedelte, ausgewiesen worden war.

Auch unsere Nachbarn, die amerikanische Familie Conway, verließen die Insel. Frau Conway fuhr im Oktober 1941 in die Vereinigten Staaten zurück. Conway selbst kam zu einem amerikanischen Stützpunkt auf der Insel Baltra. Wieder einmal mussten wir schmerzlichen Abschied von guten Freunden nehmen. Vier Jahre lang hatten wir Freud und Leid miteinander geteilt – und jetzt verloren wir in den Conways die einzigen Menschen, mit denen überhaupt ein gutes und ernsthaftes Gespräch möglich gewesen war.

Die Schiffe, die jetzt in den Gewässern um Floreana kreuzten, waren nicht mehr die weißen Jachten amerikanischer Millionäre, die kamen, um auf ihren Weltreisen unserer schönen Insel einen Besuch abzustatten. Es waren Kriegsschiffe. Furchterregende Fahrzeuge aus Stahl und Eisen, die Geschütze drohend in die blaue Luft gereckt, als ob jeden Augenblick ihre Schüsse über das Meer zu uns herüberdonnern würden – so sahen wir sie von unserem Olymp aus.

Aber trotz dieses kriegerischen Bildes blieb noch alles ruhig. Der Krieg verschonte uns. Die Schiffe wollten nichts von uns.

In der Postoffice Bay wurde ein amerikanisches Kriegsschiff stationiert. Aber auch diese Maßnahme galt nicht uns. Der Kommandant und die Offiziere kamen sogar zu uns herauf und machten Besuch, wie in friedlichen Zeiten. Wir wurden gebeten, das Schiff mit frischen Lebensmitteln zu versorgen. Das taten wir natürlich gern. Wir hatten keine Veranlassung, den Amerikanern diese Bitte abzuschlagen. Bisher waren wir immer ausgezeichnet miteinander ausgekommen; wir haben nie über Mangel an Korrektheit bei Amerikanern zu klagen gehabt. Ganz im Gegenteil. Sie haben uns mit tausend Kleinigkeiten das Leben immer wieder ein bisschen leichter gemacht. Kleinigkeiten für sie – für uns waren es oft wichtige und wertvolle Dinge. Und – wenn wir es uns recht überlegten: Was ging uns hier, am Ende der Welt, der Krieg an? Wir begannen schon wieder ein wenig ruhiger zu werden, als wir die niederschmetternde Nachricht bekamen:

Deutschland hat den Vereinigten Staaten den Krieg erklärt.

Nun würde sich mit einem Schlag alles ändern. Nun waren wir Feinde geworden – die Amerikaner, die in den Galápagos-Gewässern kreuzten, und wir, die Deutschen. Wir lebten jetzt in ständiger Furcht, auch als Feinde behandelt zu werden. Das Wort »Fortmüssen« kehrte zwar nicht in unseren Gesprächen, wohl aber in unseren Gedanken ständig wieder.

Aber Floreana schien dazu bestimmt zu sein, eine kleine Insel des Friedens zu bleiben. Der Krieg machte einen Bogen um Floreana. Von dem Stützpunkt, den die Amerikaner bei uns bauen wollten, sprach man nicht mehr. Die Insel Baltra sollte dafür amerikanischer Luftstützpunkt werden.

Das war nicht nur ein Gerücht. Es wurde schnell Tatsache. Pausenlos kamen Schiffe aus den Vereinigten Staaten und brachten Unmengen an Material nach Baltra. Von den umliegenden Inseln der Galápagos-Gruppe, soweit sie besiedelt waren, wurden die Männer nach Baltra hinübergeholt, um am Bau des großen Stützpunktes mitzuarbeiten. Vom Festland, aus Ecuador, aus anderen Ländern des südamerikanischen Westens kamen sie zu Hunderten herübergeströmt.

Tag und Nacht wurde auf der Insel Baltra gearbeitet. Die Amerikaner bezahlten gut. Sie ließen einen wahren Dollarsegen auf die Insel herniederrieseln. Tausend Menschen arbeiteten auf Baltra.

In kürzester Zeit sollte hier ein riesiger Flugplatz entstehen, der größte Flugplatz von ganz Südamerika. An der Küste wurde eine Pier gebaut: Die größten Schiffe sollten unmittelbar bis an die Insel heranfahren können. Auf dem Land wuchsen zahllose kleine Häuser und eine Reihe größerer Gebäude fast über Nacht wie Pilze aus dem Boden – Unterkünfte für die Arbeiter und für die amerikanische Besatzung. Die kleinen Häuser werden aus Holz gebaut; das Kasino für Offiziere und für hohe Gäste wird ein großes, mit allem Komfort eingerichtetes Steinhaus.

Auf Baltra entsteht eine ganze Stadt: Kirche, Kino, Geschäfte, Straßen, ein eigenes Kraftwerk. Eine Wasserleitung, die das Wasser aus sechshundert Meter Höhe von den Bergen herunterbringt, wird auf San Cristóbal gebaut. Von dort wird es mit Schiffen nach Baltra gebracht.

Wir haben ganz in der Nähe eine der größten Baustellen der Erde. Kein Mensch hat je geahnt, dass die Galápagos-Inseln eines Tages von dem Lärm ununterbrochener Arbeit aus ihrer Ruhe herausgerissen werden könnten, dass Schwärme von Schiffen durch die stillen Gewässer fahren würden, dass das Dröhnen der Flugzeuge die Luft unter dem blauen Galápagos-Himmel erfüllen würde.

Die Menschen, die bisher in den Bergen von San Cristóbal ein friedliches, von aller Welt zurückgezogenes Leben als kleine Pflanzer geführt haben, verlassen ihre Pflanzung. Sie gehen nach Baltra. Sie suchen eine Arbeit, die hoch bezahlt wird. Sie jagen dem Dollar nach, der freigebig unter sie gestreut wird. Andere kommen aus Panama, aus Kolumbien, aus Costa Rica, aus Peru. Der Dollar lockt sie.

Wir leben noch unser altes, ruhiges, mit Arbeit angefülltes Leben auf Floreana. Der Lärm der Arbeit von Baltra dringt nicht bis zu uns. Nur gelegentlich Nachrichten von der Großbaustelle: Der Stützpunkt, wird uns erzählt, soll in erster Linie als »Klimaschleuse« dienen. Hier sollen die Besatzungen der Schiffe und der Flugzeuge, die auf den Kriegsschauplätzen in der Südsee und im fernen Osten eingesetzt werden sollen, an das heiße Klima gewöhnt werden. Baltra selbst ist nicht Kriegsschauplatz, es ist Zwischenstation.

Wir erschrecken noch nachträglich bei dem Gedanken, dass eigentlich Floreana und nicht Baltra als amerikanischer Stützpunkt vorgesehen war. Wie hätte unser Leben ausgesehen, wie hätte es sich gewandelt, wenn plötzlich Tausende von Menschen auf die Insel gekommen wären und an der Küste eine Stadt gebaut hätten?

Wir sind den Amerikanern so dankbar, dass sie sich für die Nachbarinsel entschieden haben – dass der Strom der Menschen vom Festland nicht zu uns gekommen ist. Amerikanische Schiffe bringen sie immer wieder vom Festland herüber.

Es sind, wie uns erzählt wird, wilde Gesellen dabei, die es nur darauf abgesehen haben, Geld zu verdienen. Es sind Abenteurer dabei, Menschen, die etwas erleben wollen. Sie kommen alle auf ihre Kosten. Die Amerikaner sind von einer unglaublichen Großzügigkeit. Nur schnell, schnell muss der Stützpunkt gebaut werden. Die Kosten spielen keine Rolle. Geld spielt im Kriege überhaupt keine Rolle. Sie zahlen den Arbeitern von der Insel und vom Festland märchenhaft hohe Löhne. An einem achtstündigen Arbeitstag bekommt jeder Arbeiter zwanzig Sucres. Die Überstunden werden höher bezahlt, und sonntags bekommen sie sogar den dreifachen Lohn. Drei bis vier Dollar ist ihr durchschnittlicher Tagesverdienst. Das ist für sie eine Summe, von der sie bisher kaum zu träumen gewagt haben.

Sie sind alle in festen Häusern, kleinen Holzhäusern, untergebracht. In jedem Haus gibt es fließendes Wasser, das die allermeisten bisher nur vom Hörensagen kannten. Jedes Haus hat einen Radioapparat und einen Kühlschrank. Eine Wäscherei und eine Bügelei halten ihre Sachen in Ordnung. Die Arbeitskleidung können sie für ganz wenig Geld in den Shops auf Baltra kaufen. Um die Inneneinrichtung ihrer Unterkünfte brauchen sie sich nicht zu kümmern. Das haben alles die Amerikaner herübergebracht. Die Häuser sind komplett eingerichtet. Die Arbeiter können sich in gemachte Betten legen. Ihre Unterkunft kostet sie nichts. Das Essen wird ihnen frei geliefert, sie brauchen nicht einen Cent dafür zu zahlen. Sie bekommen in jeder Woche einen Karton Zigaretten und an jedem Abend zwei Flaschen kühles Bier. Und alle zwei Monate haben sie vierzehn Tage Urlaub. Die Amerikaner fahren sie zum Festland und bringen sie mit ihren Schiffen wieder zurück.

Baltra könnte für diese Menschen das Paradies sein. Aber dieses neue Leben ist wie ein wildes Tier über sie hergefallen. Sie verlieren jeden Maßstab. Sie erliegen dem Rausch des Geldes, das ihnen für lange Zeit ein gutes, bescheidenes Auskommen geben könnte. Sie werfen den Dollar so schnell wieder hinaus, wie sie ihn bekommen haben. Sie wissen mit dem vielen Geld einfach nichts anzufangen.

»Menschen«, erzählte uns ein alter Bekannter, der einmal von Baltra zu uns herüberkam, »die bisher klein und bescheiden gelebt haben, die sich von den Früchten ernährt haben, die die Natur ihnen schenkte, essen plötzlich nur amerikanische Konserven. Sie können die amerikanischen Aufschriften nicht lesen, aber es ist ihnen vollkommen gleichgültig, was die Büchsen enthalten. Hauptsache sie enthalten etwas Amerikanisches. Darauf stürzen sie sich. Menschen, die früher glücklich waren, wenn sie nur eine leere Konservenbüchse geschenkt bekamen; sie diente ihnen zu hundert Dingen und wurde von ihnen wie ein Schatz gehütet. Bisher haben sie nur den Tabak geraucht, der auf ihrem eigenen Boden gewachsen ist; jetzt rauchen sie nur noch amerikanische Zigaretten.«

Auf Baltra hatte der Tanz um das Goldene Kalb begonnen. Menschen, die früher als kleine Bauern, als Pflanzer ein zufriedenes Leben geführt hatten, kamen plötzlich auf andere Gedanken. Sie erkannten die Chance dieser Zeit. Sie begannen Geschäfte zu machen, Geschäfte und Geschäftchen, die manchmal alles andere als moralisch waren.

Die Arbeiter auf Baltra hätten – für ihre Verhältnisse – reiche Leute werden können. Aber der Rausch des Goldes, des Dollars, brachte die meisten um den Verstand. Sie setzten das meiste Geld in »Puro«, in Zuckerrohrschnaps, um. Sie warfen mit Geld um sich, als ob dieser goldene Regen niemals wieder aufhören würde.

Ich habe später in Ecuador ein paar Menschen kennengelernt, die klüger gewesen waren. Sie hatten zwei Jahre lang auf Baltra gearbeitet. Sie hatten fast jeden Cent, den sie verdient hatten, auf die Bank von Quito überweisen lassen. Wozu brauchten sie auf Baltra Geld? Das Leben kostete sie ja so gut wie nichts. Als nach zwei Jahren der Stützpunkt auf Baltra fertig war, als sie wieder nach Ecuador hinüberfuhren, gingen sie zur Bank von Quito und holten sich einen Scheck ab. Und dafür kauften sie sich eine ansehnliche Besitzung.

Sie gehören heute zu den wohlhabenden Leuten von Ecuador.

1941.

Aber Floreana, unsere stille Insel, blieb auch nicht ganz vom Kriege unberührt. Wir bekamen nun doch – zwar nicht als Stützpunkt, von dem früher so oft gesprochen worden war – einen Flugplatz und eine kleine amerikanische Besatzung.

Der Flugplatz war mit dem auf Baltra nicht zu vergleichen. Es geschah eigentlich nichts weiter, als dass von einem flachen, ebenen, aber mit Steinen besäten Feld, einem dürren kahlen Landstreifen, die Steine weggeräumt werden mussten. Heinz hat sogar mitgeholfen, die Steine wegzutragen. Hätte er es nicht tun sollen? Er war immer ein guter Deutscher gewesen. Aber – was hatten uns die Amerikaner, uns persönlich getan? »Wenn ich es mir überlege – eigentlich nur Gutes«, sagte Heinz, als wir einmal darüber sprachen. »Sie lassen uns unsere Existenz, sie betrachten uns nicht als Feinde, obwohl wir Deutsche sind. Sollen wir auf Floreana einen sinnlosen Privatkrieg gegen sie führen? Der würde uns nicht das Geringste nützen. Und den Amerikanern nicht das Geringste schaden.«

Nein, wir machten keinen Privatkrieg. Und die Vereinigten Staaten von Amerika schienen auch nicht die Absicht zu haben, gegen uns Krieg zu führen. So gefährlich waren wir ihnen offenbar nicht. Wir waren bisher noch nicht von der Insel vertrieben. Wir wurden nicht interniert. Wir wurden nicht einmal bewacht. Sondern wir wurden dem Direktor des Roten Kreuzes unterstellt, der seinen Sitz auf Baltra hatte. Alle paar Wochen kam er selbst herüber oder schickte wenigstens einige Offiziere, einen Arzt, um sich von unserem Gesundheitszustand zu überzeugen. Er versorgte uns – in einer Zeit, als wir kaum Post von draußen, nie einen Brief aus Deutschland bekamen – sogar mit Zeitungen. Auch mit anderen Dingen, die wir nötig brauchten. Als Inge einmal unter schrecklichen Zahnschmerzen litt, kam eigens deswegen ein Flugzeug mit einem Arzt und einem Zahnarzt zu uns. Sie befreiten Inge von ihren Zahnschmerzen. Und sie blieben über Nacht als unsere Gäste bei uns.

Feinde? Nein – es waren Menschen.

Wir hatten wirklich nichts zu leiden. Trotz des Krieges. Trotz des kriegerischen Getriebes auf Baltra, so ganz in unserer Nähe. Aber würde das auch in Zukunft so bleiben? Die Lage konnte sich von einem auf den anderen Tag ändern. In Kriegszeiten ist alles unberechenbar.

Und dann glaubten wir eines Tages, der Augenblick sei gekommen, wo unser bisheriges Leben sein Ende finden würde. Unsere Nerven hatten in der letzten Zeit schon fürchterlich unter dem ungewissen Zustand zwischen Hoffen und Bangen gelitten. Und darunter litt auch unsere Arbeit. Es wollte nichts mehr recht vorangehen. Wozu auch? Wenn wir doch einmal alles verlassen müssten?

An diesem Tage kam Captain Brindall, der Chef des amerikanischen Arbeitskommandos, zu uns herauf. Er trug eine Mappe unter dem Arm und machte einen äußerst unangenehmen amtlichen Eindruck. Wir ahnten von vornherein nichts Gutes und wagten nicht zu fragen. Und Captain Brindall sagte auch nichts. Er stellte uns den Herrn in Zivil als Sekretär des amerikanischen Kriegsministeriums vor.

»Das ist das Ende«, dachten wir.

Mit klopfendem Herzen setzte ich den beiden Herren ein Frühstück vor. Sie nahmen Platz und ließen es sich sichtlich gut schmecken, als ob es nichts Wichtigeres gäbe als so ein Frühstück auf einer weltentlegenen Insel. Vielleicht hatten sie recht. Dann begann Captain Brindall endlich zu sprechen:

»Wir müssen mit Ihnen beiden reden.«

Wir konnten uns denken, was sie uns zu sagen hatten. Wir ließen die letzten Illusionen über unsere Zukunft fahren.

»Man hat in Washington beschlossen …«, fuhr der Captain langsam und jedes Wort betonend fort.

Er hatte an diesem Tag eine Art, uns auf die Folter zu spannen, dass ich vor innerer Erregung fast geplatzt wäre. Soll er doch sagen, was los ist, dass wir unsere Sachen packen sollen!

»… dass die Familie Wittmer auf Floreana bleiben darf.«

Diesen zweiten Teil seines nüchtern gesprochenen Satzes hörte ich wie aus einem Nebel heraus. »Bleiben darf …« Ich sprach die beiden inhaltsschweren Worte leise, mit zitternden Lippen, nach. Und dann musste ich an mich halten, um nicht in helle Freudentränen auszubrechen.

Captain Brindall tat so, als ob er von meiner Verfassung nichts bemerkte. Er fuhr genauso sachlich und nüchtern, wie er diese Freudenbotschaft verkündet hatte, fort: »Wir werden auf Floreana einen Stützpunkt errichten.«

Jetzt griff der Sekretär des Kriegsministeriums, der sich bisher vollkommen schweigsam verhalten hatte, in das Gespräch ein. Er war mit dem Flugzeug von Panama gekommen, weil die Angelegenheit sehr eilte: »das Unternehmen Floreana«.

»Wir brauchen Ihre Genehmigung zu verschiedenen Dingen«, begann er. Heinz und ich sahen uns einen Augenblick verblüfft an. Die Amerikaner bitten uns um unsere Genehmigung. Das klang so ganz und gar unwahrscheinlich. Hier? Im Jahre 1941?

Aber der Sekretär sprach schon weiter, ganz kühl und ruhig, als handle es sich um ein Geschäft und nicht um ein militärisches Unternehmen eines Landes, mit dem Deutschland im Krieg lag: »Auf der Insel wird ein kleines Rollfeld für Flugzeuge angelegt, ganz in Ihrer Nähe, an der Pampa larga. Das Wasser, das die Leute brauchen, die dort untergebracht werden, müsste mit einer Rohrleitung von Ihrer Quelle heruntergeleitet werden. Dazu, wie gesagt, brauchen wir Ihre Genehmigung. Außerdem wird eine Autostraße von der Black Beach bis zum Rollfeld gebaut. Auch da müssen wir Sie um Ihre Genehmigung bitten, dass wir die Straße an Ihrem Zaun vorbei führen dürfen.«

Ich wollte schon, geradezu überwältigt von dieser Großzügigkeit des US-Kriegsministeriums, sagen, natürlich hätten sie jede Genehmigung; sie brauchten überhaupt nicht zu fragen …

Aber der Sekretär winkte ab und fuhr fort: »Wir sind selbstverständlich bereit, Ihnen für diese Genehmigung einen bestimmten Betrag zu bezahlen, entweder in Geld oder in Naturalien, ganz wie Sie wollen. Sie werden außerdem die Möglichkeit haben, alle Erzeugnisse Ihrer Farm zu verkaufen, denn der Stützpunkt wird mit ungefähr fünf Offizieren und fünfundsiebzig Mann belegt werden. Dazu Arzt, Dentist und Funkstation. Das wäre es, was ich Ihnen mitzuteilen oder, wenn Sie wollen, Sie zu fragen hatte. Wir glauben sicher, dass Sie mit unserer Besatzung in gutem Einvernehmen leben werden.«

Damit war die Unterhaltung beendet. Gesprochen hatten nur die beiden Amerikaner. Sie hatten uns um unsere Genehmigung gebeten. Aber sie hatten nicht darauf gewartet, dass wir sie ihnen gaben. Es war eben nur eine Formsache gewesen, aber immerhin eine sehr höfliche, noble Geste. Und das wussten wir zu schätzen. Denn schließlich waren zu dieser Zeit die Amerikaner die Herren auf Floreana. Die Insel war ihnen von Ecuador zur Anlage eines militärischen Stützpunktes überlassen worden.

Nach diesem kurzen Gespräch kamen die Kinder herein und begrüßten Captain Brindall, der für sie schon ein guter alter Bekannter war. Er brachte ihnen bei jedem Besuch Süßigkeiten mit. Aber auch der Sekretär des Kriegsministeriums hatte für jeden ein Päckchen mitgebracht.

Er gab es ihnen: »Das ist für dich, Rolf. – Das ist für dich, Inge.«

»Thank you very much«, bedankte Rolf sich kurz und nett und klemmte das Päckchen hocherfreut unter den Arm. Inge aber sah den fremden Amerikaner nur mit großen Augen an und brachte kein Wort hervor. Schließlich drehte sie sich um und fragte Heinz: »Darf ich das Paket annehmen, Papa?«

»Natürlich darfst du.« Ein wenig verlegen lächelnd bedankte er sich für Inge bei dem Amerikaner. Aber der war wegen Inges etwas übertriebener Zurückhaltung durchaus nicht gekränkt. Er lachte frei heraus:

»Mister Wittmer, Ihre Kinder gefallen mir.«

Fünf Minuten lang war der Krieg vergessen gewesen, dann

kamen die Herren wieder auf die Sache zu sprechen. Dazu waren sie ja auch zu uns gekommen.

»Wir möchten jetzt zur Pampa larga gehen«, sagte Captain Brindall. »Begleiten Sie uns bitte, Mister Wittmer. Und Sie, Mrs. Wittmer, würden uns einen großen Gefallen tun, wenn Sie uns zu Mittag etwas zu essen geben könnten. Wir werden vier sein; zwei von unseren Ingenieuren werden noch mitkommen.«

Sie brauchten nicht weit zu gehen bis zu dem Platz, an dem das Rollfeld für die Flugzeuge angelegt werden sollte. Die Pampa lag nur eine Viertelstunde von unserem Haus entfernt, etwas tiefer als wir, auf ungefähr zweihundertfünfzig Meter Höhe. Es ist eine große ebene Fläche, grauer Tonboden, spärlich mit einem Unkraut bedeckt, das eine gewisse Ähnlichkeit mit unserem Klee hat. Die Fläche ist etwa einen Kilometer lang, mit schwarzen Basaltsteinen besät, von allen Seiten in dichten Busch eingebettet.

Sehr viel war hier nicht zu bauen. Von dem künftigen Rollfeld brauchten nur die Steine beseitigt zu werden. So wie der Boden war, eignete er sich ohne Schwierigkeiten zum Start und zur Landung für kleinere Maschinen. Und große Maschinen sollten hier gar nicht landen; es war nur an Beobachtungsflugzeuge gedacht, die regelmäßig Patrouillenflüge über der Insel und der näheren Umgebung unternehmen sollten.

Die Unterkünfte für die Besatzung würden in den dichten Busch gestellt werden – kleine Häuser, die man fix und fertig aus den Vereinigten Staaten herüberbringen würde. Das Einzige, was etwas mehr Arbeit machen dürfte, war die Straße von der Küste herauf. Sie sollte als eine fünf Meter breite Schneise aus dem Busch herausgehauen werden. Nun, dafür hatten sie ihre Maschinen.

Zum Mittagessen waren die Herren von der Pampa wieder zurück; mit ihnen kamen die beiden Ingenieure. Ich konnte sie auch bewirten. Lebensmittelknappheit herrschte auf Floreana sogar mitten im Kriege nicht. Der Saft von einem Sack Apfelsinen, den ich vorsorglich ausgepresst hatte, reichte kaum aus. Den Besuchern brannte von der ungewohnten Hitze die Zunge.

Beim Kaffee setzte ich mich dann auch zu der ernsten Männerrunde. Der Sekretär des Kriegsministeriums sah mich forschend an:

»Nun, Mrs. Wittmer, wie haben Sie sich entschlossen?«

Ich hatte keine Möglichkeit gehabt, mit Heinz auch nur ein einziges Wort unter vier Augen zu wechseln. Wir hatten überhaupt nichts beschlossen. Aber man erwartete von mir eine Antwort. Und ich sagte nichts weiter als: »Okay!«

Der Sekretär nickte befriedigt. »Und Sie, Mister Wittmer?«

Heinz sagte nicht einfach nur okay. Er sagte das, was er wirklich dachte: »Wenn meine Familie und mein Haus respektiert werden, dann bin ich natürlich mit allem einverstanden.«

Zwei Tage später sollten zweiundzwanzig Arbeiter kommen, um mit den Vorbereitungen für den Bau der geplanten Anlagen zu beginnen. Sie sollten in unserer Umzäunung in Zelten schlafen, und ich sollte sie verpflegen. Zweiundzwanzig Mann, zwei Ingenieure und Captain Brindall: ein Familienzuwachs von fünfundzwanzig Menschen.

Wir kamen wieder nicht dazu, Ja oder Nein zu sagen. Die Herren hatten es eilig. Sie verabschiedeten sich und gingen. Aber draußen vor dem Gartentor fiel dem Sekretär des Kriegsministeriums ein, dass er etwas vergessen hatte.

»Ein Brief für Sie!«, rief er zurück und schwenkte einen weißen Umschlag. Wir sahen die großen steilen Buchstaben unseres Freundes Professor Waldo Schmitt aus Washington. Heinz riss den Umschlag aufgeregt auf. Der große weiße Briefbogen enthielt nichts weiter als die wenigen Worte:

»Don't worry, you all will stay on Floreana. I am always your friend. W. S.« – Regt Euch nicht auf, Ihr werdet alle auf Floreana bleiben. Ich bin stets Euer Freund – Waldo Schmitt.

Das war alles. Aber was für eine wunderbare Nachricht war das!

Ihm hatten wir es zu verdanken, dass wir auf unserer Insel bleiben durften. Ihm und Präsident Roosevelt, der die Entscheidung über uns getroffen hatte.

Floreana – deine paradiesische Stille ist nicht mehr. Nun ist es laut auf unserer Insel geworden. Laut und unruhig. Schiffe, Flugzeuge und eine aus allen möglichen Ländern bunt zusammengewürfelte Schar von Arbeitern – das alles lässt uns kaum mehr zur Ruhe kommen. Wir trösten uns damit, dass es an vielen anderen Ecken der Welt noch viel unruhiger ist, dass ganze Länder in Flammen stehen. Wir haben noch keinen Schuss gehört. Wir haben noch nicht erlebt, wie die Bomben fallen. Wir haben wirklich keinen Grund zu klagen. Am wenigsten über unsere »Feinde«, die Amerikaner.

Immer häufiger kommen Besucher von Baltra zu uns. Amerikanische Offiziere, die einmal etwas anderes sehen wollen als den Flugplatz und den lauten Betrieb dieses riesigen Stützpunktes. Für sie ist Floreana immer noch das ruhigste Fleckchen der Erde weit und breit, und sie benutzen ihre freien Tage, um einmal der sagenhaften Insel Floreana und ihren Bewohnern einen Besuch abzustatten.

Vorher kommt immer ein Flugzeug herüber. Der Flieger ist schon oft bei uns gewesen. Wir kennen uns gut. Und er hat versprochen, jeden Besuch anzumelden. »Wenn ich dreimal über Ihr Haus fliege und beim dritten Mal wackele, dann ist das ein Zeichen dafür, dass wieder Herren unterwegs sind«, hatte er gesagt, und er hat sein Wort immer gehalten. Unser Nachrichtendienst klappte ausgezeichnet.

Auch der Inselkommandant von Baltra ist schon ein paar Mal bei uns gewesen. Wir verstehen uns ausgezeichnet. Wir haben ein stilles, nie ausgesprochenes Abkommen getroffen: In »Asilo de la Paz« wird nicht vom Krieg gesprochen. Nicht dafür, nicht dagegen. Nicht für die Amerikaner, nicht für die Deutschen. Überhaupt nicht. Wenn einmal ein Neuling, ein junger Offizier, der von Baltra herüberkommt, ahnungslos das Thema Krieg anschneidet, dann sage ich nur nett und freundlich: »Asilo de la Paz ... Wollen wir nicht lieber von etwas anderem reden? Haben Sie nicht genug Krieg auf Baltra?«

Sie alle, unsere taktvollen amerikanischen Freunde, wissen doch, wie schwer unsere Lage ist. Längst haben wir Hitler als den eigentlichen Friedensstörer erkannt. Aber unser Vaterland Deutschland? Das ist eine andere Frage. Wir leiden mit ihm. Für uns ist es nicht identisch mit den Scheußlichkeiten dieses unsinnigen, überflüssigen Krieges. Dann schweigt der junge Offizier etwas betreten. Und die anderen geben mir recht. Sie sind selbst froh, wenn einmal nicht vom Krieg gesprochen wird. Sie bringen uns Zeitungen mit, die sie uns wortlos geben. Wenn wir nach dem Besuch allein sind, lesen wir sie. Dann erfahren wir alles über den Krieg. Mehr als uns lieb ist.

Der Inselkommandant brachte einmal einen neuen Auftrag für uns mit. »Wir brauchen mehr Gemüse auf Baltra«, sagte er. »Wir bekommen es von Santa Cruz, das ist der Gemüsegarten der Galápagos-Inseln, aber dort wachsen merkwürdigerweise keine Tomaten. Und gerade Tomaten wollen wir haben. Könnten Sie nicht ...?«

Natürlich können wir. »Wir müssen entsprechend viele Tomaten pflanzen. Sie müssten sie dann abholen lassen, wenn sie reif sind.«

»Sure.« Wir wurden schnell über den Preis einig: fünf Dollar für hundert Pfund. Das war auch für uns eine feine Sache.

Wir gingen, angesichts des guten Geschäftes, das uns erwartete, mit Feuereifer daran, Tomaten aufzuziehen. Sie gediehen ganz prächtig. Weit und breit auf jedem freien Stückchen Boden standen Tomaten. Es dauerte nicht lange, bis sie blühten. Die Ernte versprach ein großer Erfolg zu werden. Für die tomatenhungrigen Soldaten und für unsere Familienkasse. Als die Tomaten die ersten gelben Bäckchen bekamen, erschien gerade die »Cisney«, ein Schiff von der »Luftbasis Baltra«.

»In drei Wochen können Sie mit dem Abholen der Tomaten beginnen«, sagte ich dem Offizier von der »Cisney«, den wir schon lange kannten.

»Wunderbar!« Damit war das Kapitel Tomaten erledigt. Der Offizier hatte von Wichtigerem zu erzählen. »Wissen Sie schon das Neueste? Washington hat angeordnet, dass auf Floreana kein Flugzeugstützpunkt errichtet wird. Unter uns gesagt: Wir verstehen das alle nicht. Der Stützpunkt soll jetzt auf Hood gebaut werden.«

Ausgerechnet auf Hood! Auf einer öden, steinigen Insel, wo man den Weg wahrscheinlich mühsam aus dem Felsen heraussprengen muss. Bei uns dagegen wäre alles so einfach. Der Weg ist schon da.

»Auf Hood gibt es überhaupt kein Wasser«, sage ich.

»Maybe.« Der Offizier zuckt die Schultern. »Ich habe es nicht angeordnet. Seien Sie doch froh!«

Das sind wir. Bald wird auf unserer Insel die Stille wieder

einkehren …

Inzwischen beginnen die Tomaten zu reifen. Niemand kommt, der sie abholt. Erst sind es ein paar Eimer. Ich verwende sie in allen möglichen Formen. Dann werden es ganze Schubkarren voll. Ich bitte alle ecuadorianischen Soldaten, die in der Black Beach stationiert sind, sich so viele Tomaten zu holen, wie sie nur mögen. Zavala und Maruja kommen und nehmen ganze Eselsladungen mit. Aber es werden nicht weniger, es werden täglich mehr. Die Schweine, die Igel, sogar die Kuh Barbara, die uns inzwischen mit dem lang ersehnten Kalb und damit auch mit der lang ersehnten Milch beschenkt hat, und natürlich auch wir Menschen müssen täglich Tomaten essen. Unsere Arbeit soll doch nicht ganz umsonst gewesen sein, wenn auch die erwarteten Dollars ausbleiben.

Der Tomatensegen denkt nicht daran aufzuhören. Und immer noch kommt kein Schiff. Wir bleiben auf unseren Tomaten sitzen. Es waren viele, viele Zentner Tomaten. Tomaten, nichts als Tomaten …

Neun Wochen später kommt das erste Schiff wieder von Baltra.

»Jetzt gibt es keine Tomaten mehr«, sage ich. »Die letzten sind gerade am Strauch verfault.«

»Tomaten? Was ist mit Tomaten?«

Kein Mensch weiß etwas von unseren Tomaten und von unserer Abmachung mit dem Inselkommandanten. Er war ganz plötzlich nach Panama versetzt worden und hatte vergessen, seinen Nachfolger von unserem Geschäft zu unterrichten.

Für die US-Navy gab es in dieser Zeit andere Probleme zu lösen als unsere Tomatenernte. Es war ein kleines Problem.

Und wir ließen es auf sich beruhen. Aber es dauerte lange, ehe wir wieder neue Tomatenstauden anpflanzten.

Feuer

1944/45

Rolf ist nun schon elf Jahre alt, Inge ist sieben. Sie haben noch keinen Tag eine Schule besucht. Hier gibt es keine Schule. Vor Jahren hatten wir schon einmal mit dem Gedanken gespielt, die Kinder zum Festland zu schicken, vielleicht sogar nach Deutschland. Aber daran ist natürlich jetzt im fünften Kriegsjahr überhaupt nicht zu denken.

Man kann sie doch nicht wild aufwachsen lassen! Ohne Lesen, Schreiben und Rechnen. Ohne ein wenig Geographie und Geschichte! Es genügt nicht, wenn sie Land roden und Kaffee und Bananen pflanzen und pflegen können, Hühner aufziehen und Rinder und Schweine schlachten und verarbeiten. Sie brauchen doch wenigstens ein gewisses Maß an Schulbildung.

Ich bin ihre Mutter. Ich muss es ihnen vermitteln. Das muss ich neben allem anderen auch noch schaffen. Ich spiele Lehrerin, ganz nebenbei, aber doch mit dem nötigen Ernst und Nachdruck. Ich habe keine Zeit, mich vormittags vier oder fünf Stunden mit ihnen auf die Schulbank zu setzen. Der Unterricht findet zu jeder Tageszeit statt, wenn sich gerade eine Gelegenheit ergibt. Bei einfachen Küchenarbeiten, bei denen ich nicht zu denken brauche; da kann ich mit ihnen rechnen oder ich kann ihnen ein Gedicht vorsprechen. Wenn es irgend geht, wird mittags zwischen zwei und vier gelesen und geschrieben, falls nichts dazwischenkommt. Oft genug kommt etwas dazwischen.

Wenn wir gar nichts zu tun haben, das heißt, wenn wir einmal mit dem Esel unterwegs sind, dann kann ich sie, vom Esel herunter, abfragen. Dann sagen sie ein inzwischen gelerntes Gedicht auf. »Schneeglöckchens Erwachen«, oder ein Weihnachtsgedicht oder irgendeine Geschichte, wie alle Schulkinder sie auswendig lernen müssen.

Für Geschichte und Geographie haben wir einen zweiten Lehrer: meinen Mann. In diesen Fächern ist er besser zu Hause als ich. Der Geschichts- und Geographieunterricht findet meistens abends beim Essen statt. Dann müssen sie, beim Scheine der Petroleumlampe, wie alle Schulkinder, ihre »Hausaufgaben« machen.

Nie habe ich geglaubt, dass die deutsche Sprache so schwer ist. Jetzt merke ich es, wo ich sie meinen Kindern mit Grammatik und allen Regeln beibringen muss. Zu Hause wird nur Deutsch gesprochen. Aber draußen, wo die Kinder nur mit Ecuadorianern zusammenkommen, sprechen sie Spanisch; und sie sprechen es gut. Wenn Amerikaner kommen, sprechen sie Englisch. Sie lernen drei Sprachen zur gleichen Zeit.

Rolf lernt leicht und mit Begeisterung. Und nebenbei, ohne dass ich ihn dazu besonders anhalte, eignet er sich allerhand allgemeines Wissen aus Zeitungen und Zeitschriften an. Über die neuesten Errungenschaften der Technik ist er auf diese Weise, trotz seiner elf Jahre, schon gut im Bilde. Inge hat keine Lust zu lernen. Sie hat einen richtigen westfälischen Dickschädel. Was sie nicht will, das will sie eben nicht.

»Es genügt doch, wenn ich gut kochen und Brot und alles andere backen und im Garten richtig arbeiten und schlachten kann.« Das ist ihre Meinung. Sie liebt den Garten, die Tiere, die Küche. Schulwissen ist nicht ihr Fall.

Unsere Kinder sind eben anders als andere Kinder. Sie sind in ganz anderen Verhältnissen, in einer ganz anderen Umgebung aufgewachsen. Sie haben vor allem einen ausgeprägten

Sinn für alles Praktische. Und das ist nicht nur bei Inge mit ihrem Garten und ihrer Küche der Fall.

Unser Freund Benjamin Chiriboga, ein Offizier eines der neuen ecuadorianischen Kriegsschiffe, hatte Rolf bei seinem Besuch ein Geschenk mitgebracht: ein kleines Flugzeug zum Zusammensetzen. Jeder andere Junge in Rolfs Alter hätte sich darüber gefreut. Er besah sich das Spielzeug, schüttelte den Kopf und meinte:

»Qué debo hacer yo con esto? Si Usted tiene, puede darme unos cartuchos para mi Mauser?« – Was soll ich damit anfangen? Wenn Sie das haben, geben Sie mir lieber ein paar Patronen für mein Mausergewehr!

Lump, der Schäferhund, unser alter treuer Freund, war ein Jahr älter als Rolf. Vor zwölf Jahren hatten wir ihn als kleines Hundebaby aus Köln mit nach Floreana genommen. Jetzt wurde er plötzlich krank. Heinz pflegte ihn, seinen guten Jagdkameraden, unseren zuverlässigen Wächter und «Babysitter«, so gut es ging. »Das einzig Gute, das ich ihm noch antun kann«, sagte Heinz seufzend, »ist – eine Kugel.« Es gab wohl wirklich keine andere Möglichkeit. Mittags, als Lump schlief, geschah es. Für ihn war es eine Erlösung, für uns ein trüber Tag.

Wir wussten nicht, was ihm gefehlt hatte. Vielleicht hatte er an einer ansteckenden Krankheit gelitten, und die anderen Hunde konnten sich auch jetzt noch infizieren. Wir beschlossen, ihn zu verbrennen, damit die Bakterien mit Sicherheit entfernt werden konnten. Die ganze Familie war traurig über den Verlust des treuen Tieres, an dem jeder so viele Jahre lang wie an einem guten Freund gehangen hatte, dass wir uns gar nicht überlegten, was wir da eigentlich taten.

Zuerst stieg aus dem brennenden Reisighaufen eine hohe schwarze Rauchfahne in die Luft. Dann loderte eine helle Flamme hoch und weithin sichtbar auf. Da überfiel mich ein Schreck: Wenn man den Qualm und die Flamme auf Baltra sehen sollte …! Und wenn man uns dieses Rauch- und Flammenzeichen vielleicht falsch auslegen sollte …?

Die Japaner! Die Unterseeboote! Und wir Deutschen hier an dieser wichtigen strategischen Stelle! Waldo Schmitts Vertrauen zu uns …

Zu retten war nichts mehr. Der Haufen brannte langsam zu Ende.

»Wenn jetzt ein Patrouillenflugzeug in der Nähe ist …«, sagte ich. Ich brauchte gar nicht weiterzusprechen. Heinz verstand sofort:

»Vielleicht haben wir Glück … Vielleicht ist das Feuer schon ausgebrannt, wenn ein Flugzeug kommt. Falls eins kommt.«

Es kam eins. Wir hörten von weitem schon das Motorengeräusch. Und die Flamme brannte immer noch munter weiter.

Es war ein Wasserflugzeug. Es kreiste ein paar Mal über uns – und über dem Feuer –, dann wackelte es. Das war das verabredete Zeichen: In spätestens zwei Stunden würden wir Besuch von der Insel haben. Was dann kommen würde – daran wagten wir nicht zu denken. Trotzdem richtete ich zunächst einmal den Kaffeetisch her. »So liebem Besuch musst du etwas ganz Besonderes bieten«, dachte ich sarkastisch und stellte zum Brot, zu Marmelade und gekochten Eiern herrlich reife goldgelbe Bananen und als Erfrischung für den langen, heißen Weg Ananassaft, frische Milch und selbstgemachte Butter auf den Tisch. Unsere Staatskuh Barbara beglückte uns neuerdings mit fünf Litern Milch täglich. Aber meine Knie schlotterten, als ich diesen Kaffeetisch deckte. Der Besuch ließ nicht lange auf sich warten. Vier Herren erschienen, unter ihnen der Chefkommandant von Baltra persönlich und unser Beschützer vom Roten Kreuz.

»Hallo!«

»Hallo!«

Die Begrüßung fiel nicht anders aus als sonst. Ich brachte Wasser, damit sie sich erfrischen konnten. Sie taten es wie immer.

»Wie geht es den Kindern?«, erkundigte sich der Kommandant.

»Danke, gut. Gott sei Dank ist alles in Ordnung.«

»Freut mich.« Höflich, liebenswürdig, wie immer. Und ich verging inzwischen fast vor Angst. »Darf ich Sie zum Kaffee bitten?«

Ich glaubte nicht mehr daran, dass sie die Einladung annehmen würden.

»Gern. Danke.« Die vier Herren nahmen Platz und ließen sich sichtlich gut schmecken, was ich aufgetragen hatte. Für Milch und Butter bekam ich Sonderbeifall. Ich saß dabei wie auf einem Vulkan, der jeden Augenblick in die Luft fliegen musste. Aber es flog nichts in die Luft. Wir unterhielten uns nett und harmlos. Wie immer.

Da ließ der Kommandant ein leises, aber unmissverständliches Räuspern hören. Und damit gingen wir dann zum nächsten, zum ungemütlichen Teil über.

»Sie hatten ein Feuer auf der Insel, Mister Wittmer?«, fragte der Comandante höflich, aber nicht mehr ganz so freundlich. Vier Augenpaare waren ein wenig zusammengekniffen und beobachteten Heinz scharf.

»Ja«, sagte er. »Wir hatten nicht daran gedacht … Aber es war keine schlechte Absicht etwa …«

»Wir waren geneigt, dieses Feuer anders auszulegen, Mister Wittmer. Nicht ganz so harmlos.« Der Kommandant trommelte mit den Fingerspitzen ungeduldig auf den Tisch. Seine Stimme klang auf einmal sehr kühl.

»Es war wirklich harmlos«, mischte ich mich ein. Und dann erzählte ich zitternd und schluchzend, und die Tränen liefen mir nur so über die Wangen, von unserem treuen Lump. Von seinem Tod. Von der ansteckenden Krankheit, die er vielleicht gehabt hätte. »Wir mussten ihn verbrennen. Wenn wir ihn vergraben hätten, Sir, die Tiere scharren doch alles wieder aus …«

Der Kommandant und die anderen Herren hörten mir schweigend zu. Sie tauschten fragende Blicke. Ich war längst fertig mit meiner Geschichte und der Kommandant schwieg noch immer. Die nächsten Sekunden würden über mein Schicksal entscheiden. Ein Wort von ihm … wir würden bleiben oder davonziehen.

»Okay.«

Ich lachte plötzlich unter Tränen. Ich lachte wie verrückt.

Die ganze Nervenanspannung dieser letzten beiden Stunden löste sich in einem Augenblick in einem dummen, aber glücklichen Lachen. Und der Kommandant lächelte leise. Ich wusste, dass er, wie wir, ein großer Hundeliebhaber war. Vielleicht hatte Lumps tragisches Ende ihn gerührt. »Wir werden selbstverständlich in Zukunft nie wieder so leichtsinnig sein«, sagte Heinz. Der Kommandant nickte. Und dann sprachen wir kein Wort mehr von dem Feuer.

»Ich werde in der nächsten Woche noch einmal herüberkommen«, versprach der Direktor vom Roten Kreuz, »um nach Ihrem Gesundheitszustand und nach Ihren Zähnen zu sehen.«

Während der Kommandant sich mit den Kindern unterhielt und, als sei nichts gewesen, ihnen ein Päckchen Schokolade schenkte, nahm einer der Offiziere meinen Mann beiseite.

»Wissen Sie eigentlich so richtig, was Sie angestellt haben, Mister Wittmer? Und wie das hätte ausgehen können?«

»So ungefähr«, sagte Heinz.

»Ich will es Ihnen aber ganz genau sagen: Man könnte zum Beispiel auf den Gedanken kommen, der Rauch und das Feuer seien ein verabredetes Zeichen für ein deutsches U-Boot gewesen. Sie werden uns nicht verübeln, dass wir auch auf solche Gedanken kommen. Es ist Krieg, Mister Wittmer. Und wir bewachen hier keine Eierkisten. Und Sie sind Deutscher.«

»Ja«, sagte Heinz ruhig, und er überließ es dem anderen, dieses Ja so oder so auszulegen. Er verstand ihn wohl besser als ich.

»Ich wollte Ihnen nur sagen, wie so eine Sache ausgehen kann, Mister Wittmer. Angenommen, heute oder morgen würde zum Beispiel in der Kanalzone, in der Nähe des Panama-Kanals, ein deutsches U-Boot gesichtet werden. Meinen Sie, dass dann noch ein Mensch Ihnen die Geschichte mit dem toten Hund glauben würde?«

»Da wir Krieg haben, zweifle ich sehr daran«, antwortete Heinz.

»Sehen Sie, so habe ich es auch gemeint.«

Wir trennten uns in alter Freundschaft. Gott sei Dank kam am nächsten und übernächsten Tag kein deutsches U-Boot in die Nähe der Kanalzone. Aber ich war nach diesem Erlebnis zwei Tage krank.

Und wir wurden nun auch nervöser. Bei jeder Kleinigkeit erschreckten wir uns halb zu Tode. Als nachts einmal ein Flugzeug über unser Haus flog, schrie ich laut im Bett auf. Die Nerven gingen mit mir durch.

Es dauerte lange, bis ich mich von dieser Aufregung wieder erholte. Und dann kam der Tag, an dem ich zum ersten Mal in meinem Leben die Nerven ganz verlor.

Als wir an diesem Tage aufstanden, klagten wir alle über Kopfschmerzen. Die Glieder waren uns schwer, ein Gefühl der Benommenheit steigerte sich bisweilen bis zum Schwindel.

Mein erster Gedanke war: Wir müssen uns allesamt vergiftet haben. Wir müssen am Tage vorher etwas gegessen haben, das nicht in Ordnung war. Ich versuchte nachzudenken, aber ich konnte mich einfach nicht konzentrieren. Immer wieder wurden meine Gedanken abgelenkt; ich sah im Geiste ganz deutlich vor mir, was sich zehn Jahre vorher hier abgespielt hatte: Dr. Ritters langsames, qualvolles Sterben.

Das Wort »Fleischvergiftung« verfolgte mich quälend.

»Hast du die Hunde schon gesehen?« Heinz kam von draußen wieder ins Haus zurück. Nein, ich hatte die Hunde an diesem Morgen noch nicht gesehen. »Sie schleichen so unruhig umher«, sagte Heinz besorgt. »Sie haben nicht gebellt, als ich kam, sondern nur gewinselt.«

Wir gingen zusammen aus dem Haus. Draußen kamen uns die Hunde entgegen, mehr gekrochen als gelaufen. Sie ließen den Schwanz hängen und sahen uns an, als ob sie ein schlechtes Gewissen hätten.

»Ich habe so Angst«, sagte ich leise, »dass wir alle vergiftet sind. Wir und auch die Hunde …«

Mir war so schwindlig, dass ich mich an Heinz' Arm festhalten musste. Wir sprachen beide nicht mehr. Wir gingen schweigend ein Stück bergauf. Über dem Busch lag ein feiner grauer Dunst. Es hatte schon seit Wochen nicht mehr geregnet, obwohl die Regenzeit noch längst nicht vorüber war.

»Ob es vielleicht nur an diesem eigenartigen Wetter liegt?«, fragte Heinz. »Kein Regen – und trotzdem dieser Dunst ...«

Es roch so merkwürdig, wie nach Schwefel – ein Geruch, den wir auf der Insel noch niemals bemerkt hatten. Und dazu herrschte eine bedrückende Stille. Aus dem Busch drang kein Laut zu uns. Kein Vogel flog vorbei, kein Vogellaut war zu hören. Und als wir zum Haus zurückgingen, sahen wir, wie die Hühner geduckt und unbeweglich unter den Büschen saßen.

Dann hörten wir es donnern, ganz weit in der Ferne ein dumpfes, langgezogenes Donnergrollen. Unwillkürlich sahen wir zum Himmel auf, aber der war ganz wolkenlos. Nur der Dunst über uns ließ ihn ein wenig grau erscheinen.

Es donnerte wieder. Ganz entfernt, dumpf rollend. Ein Gewitter ohne Regen? Donner ohne Blitz?

Es blieb den ganzen Tag so. Die Schwäche in den Gliedern, das Benommensein ließen nicht nach. Aber wir glaubten nicht mehr an eine Vergiftung. Unser Magen war in Ordnung; wir konnten sogar essen und hatten keine Beschwerden.

Manchmal verstärkte sich das Rollen des Donners, dann wurde es wieder schwächer. Manchmal hatten wir das Gefühl, als ob wir dieses dumpfe Rollen nicht nur mit den Ohren, sondern mit dem ganzen Körper wahrnahmen. Als ob bei jedem Donner sich die Luft und auch der Boden bewegte. Aber das war vielleicht nur Einbildung. Unsere Nerven waren überreizt.

Am späten Nachmittag zerriss plötzlich ein dröhnender Knall die Luft, so stark, dass wir fühlten, wie ein Zittern durch das Haus ging. Jetzt schlichen die Hunde plötzlich nicht mehr unruhig umher, jetzt kläfften sie wild und rannten von einer Ecke in die andere, als ob jemand hinter ihnen her sei.

Wir konnten kaum noch arbeiten. Die Kinder blieben ängstlich im Haus und sahen uns fragend an. Aber wir konnten ihnen selbst keine Antwort geben. War das eine Seeschlacht, die da irgendwo in der Nähe tobte? Waren vielleicht die riesigen Benzintanks auf Baltra, in denen Millionen Liter Treibstoff lagerten, in die Luft geflogen? Hatte ein japanisches oder deutsches U-Boot sie etwa in Brand geschossen und zur Explosion gebracht?

Als die Kinder im Bett waren, ging ich noch einmal vor das Haus. Mir war, als ob ich leise Schritte gehört hätte. Doch es kam niemand. Ich hatte mich getäuscht. Aber dann sah ich plötzlich etwas, was mir den Atem verschlug: eine riesige Feuersäule, die im Nordwesten in den dunklen Himmel loderte. Hunderte von Metern hoch, kilometerbreit für meine Augen, trotz der großen Entfernung.

Plötzlich stand Heinz neben mir. Er hatte vom Fenster aus den Feuerschein gesehen. »Das ist Isabela«, sagte er, und er deutete auf die riesige Flamme. »Da ist ein Vulkan ausgebrochen, vielleicht der Cerro Azul.« Wir starrten in das Flammenmeer. Die Insel Isabela ist ungefähr fünfunddreißig Seemeilen von Floreana entfernt – bei klarer Luft können wir sie von unserem Haus aus sehen, aber an diesem Tag hatten wir sie nicht ausmachen können; der Dunst verdeckte sie. Wir sahen auch ohne Glas, wie mit diesem Flammenmeer dunkle Aschenwolken mit in die Höhe gerissen wurden.

Der ganze Himmel über Isabela war blutrot. Von Zeit zu Zeit stieg die Flamme zu doppelter Höhe, und dabei erschütterte immer wieder eine krachende Explosion die Luft. In dieser Nacht fanden wir kaum Schlaf. Tausend bange Fragen beschäftigten uns. Kann der Aschenregen bis zu uns kommen? Das war meine größte Sorge.

Heinz glaubte nicht daran. Fünfunddreißig Meilen, das sind ungefähr fünfundsechzig Kilometer – nein, so weit würde die Asche auch vom Winde nicht herübergetrieben werden. Ich war nicht ganz überzeugt. Ich hatte Angst. Das war vielleicht die erste Stunde in meinem ganzen Leben, in der mir bewusst wurde, dass dem Menschen Grenzen gesetzt sind, dass es Dinge gibt, über die er keine Macht gewinnen kann.

Am anderen Morgen war die Luft ganz mit Schwefel erfüllt. Auf den Pflanzen, auf den Büschen und Bäumen lag ein feiner, grauer Staub. Also weht der Wind die Asche doch bis zu uns herüber … Ich konnte meine Angst nicht loswerden. Und dazu kam die Sorge: »Wenn bei uns auf Floreana einer der Vulkane ausbrechen sollte …«

»Die sind längst erloschen«, beruhigte mich mein Mann. »In den Kratern hat sich seit Jahrhunderten nichts mehr gerührt.«

Er konnte mich nicht überzeugen. Die Angst steckte nun einmal in mir. Ich sah im Geist, wie plötzlich einer unserer Vulkanberge aufbrach, wie eine Feuersäule zum Himmel schoss, wie Stein und Asche die ganze Insel bedeckten, wie sich ein glühender Lavastrom vom Berg herunter auf uns zu wälzte, wie es kein Entrinnen mehr vor dem Glutstrom und der glühenden Asche gab.

»Vielleicht sollten wir vorsorglich das Nötigste einpacken – für alle Fälle … Wenn wir plötzlich fliehen müssen …«

Da kam mir schon zu Bewusstsein, wie töricht meine Gedanken waren. Wenn wir wirklich fliehen mussten – wohin sollten wir gehen? Bis an die Küste – und dann? Weiter würden wir nicht kommen, wenn nicht gerade ein Schiff in der Bucht lag. Und gerade dann würde kein Schiff da sein.

Ich fühlte, wie die Angst mir die Kehle zuschnürte. Ich begann die wichtigsten Dinge zusammenzupacken, Dinge, die wir zum Leben unbedingt brauchen würden. Alles andere würden wir im Stich lassen müssen: das Haus, die Pflanzung, die Tiere, alles, was wir uns mühsam in zwölf Jahren aufgebaut hatten. Dann würden wir bettelarm sein, wenn wir überhaupt das nackte Leben retten könnten.

Ich wurde ruhiger, als ich das zusammensuchte, was wir mitnehmen würden. Die Arbeit verscheuchte die angstvollen Gedanken. Und ich ahnte nicht, dass Heinz genau wusste, was ich tat, dass er mich genau beobachtete und alle meine Gedanken erriet.

Er ließ mich ruhig gewähren. Er war die verkörperte Ruhe. Oder er spielte sie mir und sich vor.

Nach dem Essen überraschte ich ihn, wie er mit einem Buch in der Hand unbemerkt das Haus verlassen wollte. Als er mich sah, verbarg er das Buch schnell hinter seinem Rücken.

»Was hast du denn da für ein Buch?«, fragte ich. Es war nicht Neugier, sondern eine unbestimmte Ahnung, die mein Interesse für das versteckte Buch plötzlich weckte.

»Nichts Besonderes«, erwiderte er verlegen. Aber ich erkannte das Buch an seinem Umschlag. Es war *Galápagos, das Ende der Welt* von William Beebe; das Buch, das seinerzeit eigentlich schuld daran gewesen war, dass wir zu unserer neuen Heimat eine der Galápagos-Inseln gewählt hatten. Und da fiel mir auch ein, warum Heinz es gerade jetzt wieder lesen wollte. Wir hatten es damals vor zwölf, dreizehn Jahren aufmerksam durchstudiert, weil die fremdartige Welt, die Beebe beschreibt, uns so sehr gefangen genommen hatte. Jetzt erinnerte ich mich, dass in diesem Buch auch ein Vulkanausbruch auf einer unserer Inseln beschrieben war.

»Willst du nachlesen, wie das damals gewesen ist?«, fragte ich. »Wie die Lavaströme über die Insel geflossen sind, wie das Meer beinahe gekocht hat?« Da war auch meine Angst wieder. Von Isabela dröhnte wieder dumpfes Grollen zu uns herüber. Ich empfand den beißenden Schwefelgeruch der Luft nie so stark und so quälend wie in diesem Augenblick.

Die Flammensäule auf Isabela war auch jetzt, am Tage, zu sehen. Sie loderte immer noch so hoch in die Luft hinein wie am Abend zuvor. Und während ich zu der riesigen Fackel hinübersah, entstand vor meinem inneren Auge das Bild des Vulkanausbruchs vor mehr als hundert Jahren, in allen Einzelheiten, wie ich sie seinerzeit bei Beebe gelesen hatte:

Es war 1825 gewesen, als ein kleines Schiff, die »Tatar«, an der Westküste von Isabela lag. Das Meer war ruhig, die Luft ringsum war totenstill. Plötzlich ließ ein Getöse wie von tausend Donnerschlägen die Luft erzittern, ein unerträglich greller Lichtschein blitzte auf. Der Himmel war eine einzige feurige Lohe. Die Flammen schossen Hunderte von Metern zum Himmel hinauf, sie standen vor der Insel Fernandina, die im Westen dicht vor der Küste von Isabela liegt. Die ganze Insel schien in Flammen zu stehen. Ein breiter Strom von flüssiger, rot glühender Lava wälzte sich vom Berg hinunter zum Meer.

Der Ozean toste und brüllte, als der Glutstrom in das Wasser floss. Und das Schiff lag hilflos in einer Bucht, dicht vor diesem Flammenmeer; es konnte sich nicht von der Stelle rühren, weil sich kein Lufthauch regte. Die Temperatur der Luft stieg schnell auf einundfünfzig Grad, die des Wassers auf vierzig Grad, als endlich ein leichter Wind sich aufmachte. Langsam kam die »Tatar« in Fahrt. Sie musste ganz dicht an der Insel Fernandina vorübersegeln, durch den Gluthauch der glühenden Lavamassen hindurch. Vierundsechzig Grad wurde in der Luft, sechsundsechzig Grad im Wasser gemessen. Die entsetzten Menschen auf dem Schiff wurden bei dieser Gluthitze fast ohnmächtig. Eine panische Angst erfasste sie, der Wind könnte gerade jetzt aussetzen. Aber sie entkamen dieser Hölle, noch lange verfolgt von der Glut des gewaltigen Feuers.

»Das ist erst hundertzwanzig Jahre her«, sagte ich, immer noch von dem Bild dieses Ausbruchs gepackt. »Und das kann auch jeden Tag auf Floreana geschehen. Heinz, wir müssen hier weg! Ehe es zu spät ist.« Ich war so voller Angst, so im Innern unruhig, dass ich förmlich darauf wartete, jeden Augenblick müsste bei uns einer der alten Vulkane bersten und Feuer und Tod über die Insel schütten.

Ich wurde erst wieder etwas ruhiger, als Flugzeuge von dem amerikanischen Stützpunkt auf Baltra herüberkamen und eine Nachricht abwarfen, das Feuer auf Isabela werde dauernd kontrolliert; ein Schiff liege bereit, um die Inselbewohner im Falle einer Gefahr zu evakuieren.

Große amerikanische Militärmaschinen kreisten ständig um die Insel Isabela, um jede gefährliche Veränderung sofort feststellen zu können. Dabei kam ein Bombenflugzeug der hoch aufsteigenden Gluthitze wohl zu nahe und stürzte in die Tiefe, mitten hinein in das brodelnde Flammenmeer. Vier Wochen lang hielt das Feuer an, dann erlosch es nach und nach.

Auf dem Grunde des Kraters wurden nur noch kleine Reste der Maschine gefunden, ein paar zusammengeschmolzene Metallklumpen. Von den elf Mann Besatzung, die ihr Grab in dem Krater gefunden hatten, war keine Spur mehr zu entdecken.

Mai 1945.

Der Mai ist auch hier auf Floreana der schönste Monat im Jahr. Von der Regenzeit her ist alles noch saftig grün, aber es ist nicht mehr so heiß. Die bunten Vögel fliegen draußen herum und singen ihre ganze Lebensfreude aus ihren kleinen Kehlen. Die Hühner machen einen Lärm, als wenn sie täglich drei Eier legen wollten.

In diesen Tagen scheint das Leben in der Natur überzuschäumen. Und der Mensch lebt wieder auf nach der Bruthitze der letzten Wochen. Man fühlt, wie das Jahr sich wieder wendet, und in dieser Zeit beginnt man wieder neue Pläne zu machen. Für die Pflanzung und für sich selbst.

Wir waren in diesen Maitagen 1945 ganz in diese Zukunftsgedanken versponnen, als wir draußen in der Luft das Motorengeräusch von Flugzeugen hörten. Es war viel stärker als sonst und schien viel näher. Über dreißig Maschinen waren in der Luft. So viele waren es noch nie.

»Manöver«, sagte Heinz. »Das hat für uns nichts zu bedeuten.«

Die dreißig Maschinen flogen ganz tief. Ganz dicht über unsere Köpfe hinweg. Wir sahen, wie die Piloten winkten.

Eine Maschine löste sich aus dem Verband heraus und kreiste weiter über unseren Köpfen, während die anderen höher stiegen. Wir ließen diese eine Maschine nicht aus den Augen, bis das geschah, was ich vermutet hatte: Aus dem Flugzeug fiel etwas heraus, ein Sack oder ein Paket; ein langer Schweif flatterte daran. Es war nicht zu übersehen. Die Kinder verfolgten aufgeregt den Abwurf, und dann liefen sie zu der Stelle, wo das Paket zu Boden gefallen war.

Ich blieb wie angewurzelt auf meinem Platz stehen und starrte noch immer in die Luft. Wegen eines Paketes für die

Wittmers kommen dreißig Flugzeuge über unser Haus geflogen? Das musste nun wohl eine besondere Bedeutung haben. Ich hatte keine gute Ahnung.

»Du bist ja ganz blass!« Mein Mann stand vor mir und sah mich erschrocken an.

»Das hat nichts Gutes zu bedeuten«, sagte ich leise.

»Unsinn! Du siehst Gespenster.«

Nein, ich hatte keine Gespenster gesehen. Das Päckchen, das Rolf uns brachte, enthielt ein paar Briefe für uns und außerdem einen Zettel, auf den der Pilot ein paar Worte geschrieben hatte:

»Der Krieg ist vorbei. Deutschland hat kapituliert.«

Wir sprachen kein Wort. Ich ging mit den Kindern still ins Haus. Heinz kam nicht mit. Er musste mit sich und seinen Gedanken allein sein. Als er nach einer Stunde zu uns kam, war er über den ersten, den schlimmsten Schlag hinweg.

Fünf lange Kriegsjahre hatten wir auf dieser Insel gelebt, von aller Welt abgeschnitten. Was Millionen von Menschen widerfahren war, blieb uns erspart, dank der Großzügigkeit unserer Freunde in den USA und in Ecuador. Und wir wussten auch, dass unser Volk, unser Vaterland, Schuld auf sich geladen hatte. Was wir darüber gelesen und gehört hatten, was in Deutschland, was in Europa geschehen war, erfüllte uns mit Schrecken. Wir hatten zwar das Ende längst kommen sehen. Aber es war doch schlimm, von der nackten erbarmungslosen Wahrheit in einem einzigen Augenblick überfallen zu werden.

Nun war es so weit. Es war eine bittere Stunde …

Vier Tage danach ging die »Cisney« von Baltra in der Bucht vor Anker. Die Offiziere kamen zu uns herauf. Sie waren in Siegerstimmung, aber sie ließen es uns nicht fühlen. Wir bekamen die neuesten Zeitungen und Zeitschriften und konnten uns von Deutschlands Ende selbst überzeugen.

Einer der Herren stand vom Tisch auf und teilte uns feierlich mit:

»Jetzt sind Sie wieder frei.«

Ein Flugzeug landete bei der Farm der Wittmers.
Inge ist sieben Jahre alt, Rolf elf (April 1944).

Ein denkwürdiger Tag

1945

Hinter der Pflanzung liegt dichter Busch. In den letzten Jahren ist er noch dichter geworden, so scheint es uns. Wir haben während des Krieges kaum neues Land gerodet. Aber jetzt, wo der Krieg vorbei ist, wo die alten Sorgen vergangen – und neue gekommen sind, wollen wir dem Busch wieder tüchtig zuleibe gehen. Nicht weil wir befürchten, dass der Busch sonst zurückkommt, dahin, wo er einmal gestanden hat, und unsere Pflanzung mit wildem Grün überschwemmt. Nein, einfach: Wir brauchen mehr Land. Wir brauchen größere Ernten, weil wir mehr Geld brauchen.

Wir wollen uns ein richtiges Fischerboot mit Motor kaufen. Und das kostet mehr, als unsere Familienkasse hergibt.

Wir haben an vielen Abenden darüber gesprochen, was nun aus Rolf werden soll. Er ist schon gut zwölf Jahre alt. Eigentlich hatten wir ihn in ein Internat schicken wollen, in eine Schule. Später hätte er vielleicht eine Maschinenbauschule besuchen können, denn er ist technisch ungewöhnlich begabt. Aber diesen Plan müssen wir jetzt endgültig aufgeben. Während des Krieges konnten wir ihn nicht irgendwohin schicken; da waren wir, ohne es allerdings recht zu spüren, Gefangene auf unserer Insel. Und jetzt ist es zu spät, um noch damit anzufangen. Man kann einen Zwölfjährigen nicht mit Sechsjährigen auf eine Schulbank setzen. Mit der Maschinenbauschule wird es wohl auch nichts mehr werden.

Da bleibt nur die Möglichkeit, ihm eine Existenz fürs Leben auf Floreana zu schaffen und zu sichern. Das sieht, ganz einfach, so aus, dass er ein halbes Jahr Landwirtschaft betreibt und das andere halbe Jahr Fischerei. Die Gewässer rings um Floreana sind außerordentlich fischreich, und um den Absatz der Fische mache ich mir keine Sorgen. Gute Fische wird man immer los.

Aber zum Fischen gehört ein Boot, ein Motorboot. Dafür werden wir jetzt arbeiten müssen. Wir stellen für unsere Pflanzung einen Fünfjahresplan auf. Und nach fünf Jahren werden wir, wenn uns die Natur keinen Strich durch die Rechnung macht, so weit sein. Das haben wir in unserem Familienparlament beschlossen.

Das ist die eine Sorge. Die andere ist: Inge ist mit ihren acht Jahren noch nicht getauft. Das möchten wir jetzt so bald wie möglich nachholen. Aber wie? Manchmal hat man doch Glück. Seit dem Kriegsende war ein guter Monat vergangen, als das ecuadorianische Schiff »El Oro« bei uns vor Anker ging.

An Bord waren die Angermeyers, die deutsche Familie, die bei Beginn des Krieges ihre Insel Santa Cruz hatte verlassen müssen. Jetzt wollte sie wieder nach Santa Cruz zurück.

»Wir müssen wieder ganz von vorn anfangen«, sagte Herr Angermeyer, »aber wir werden uns schon wieder hochrappeln.« Sie hatten in den Kriegsjahren wirklich Schweres durchgemacht, aber sie waren jetzt von einem solchen Lebensmut, dass sie Heinz damit ansteckten, der seit dem Kriegsende noch immer sehr niedergeschlagen war.

Das war wieder das erste frohe Ereignis für uns. Das zweite kam schon ein paar Wochen später. Jetzt kamen häufiger Schiffe von Baltra herüber. Der amerikanische Stützpunkt war nicht mehr kriegswichtig, nachdem nun auch der Krieg mit Japan zu Ende gegangen war. Die Offiziere bekamen mehr Urlaub als während des Krieges. Und den benutzten sie sehr oft dazu, um »eben mal schnell bei Wittmers Besuch zu machen«. Eines Sonntags, es war mittlerweile schon September 1945 geworden, erschien wieder ein Schiff von Baltra bei uns. Wieder kamen Offiziere zu uns heraufgestiegen, um bei uns einige Stunden der Entspannung zu verleben. Und dieses Mal kam auch ein Priester mit: ein Jesuitenpater, der als Militärgeistlicher auf Baltra Dienst tat.

Da fiel mir Inge ein.

»Sie ist noch nicht getauft«, sagte ich. »Könnten Sie nicht die Taufe vornehmen?«

»Acht Jahre – und noch nicht getauft?« Das schien dem Priester nicht recht verständlich. »Warum haben Sie es denn nicht selbst getan?«

»Ich – sollte …?«, stotterte ich. Und in diesem Augenblick fiel mir das ein, was mir weder bei Rolfs noch bei Inges Geburt eingefallen war: dass wir die Kinder ja ohne Weiteres selbst hätten taufen können, wenn kein Priester zu erreichen ist. Rolf war inzwischen längst getauft worden: in meiner Heimatstadt Köln, bei meinem ersten »Heimaturlaub«. Ob der Pfarrer damals auch davon gesprochen hatte, dass wir berechtigt gewesen wären, Rolf selbst zu taufen, daran konnte ich mich nicht mehr erinnern. Damals – nach der Ritter-Affäre. Es war für mich alles zu viel gewesen. Ich hatte es wohl einfach vergessen.

»Mir scheint, auf Floreana vergisst man manches, was man früher einmal in der Schule gelernt hat«, lächelte der Geistliche verständnisvoll. »Ich werde mich auf jeden Fall mit meiner Kirchenbehörde in Verbindung setzen und Ihnen dann Bescheid geben, wie es mit der Taufe wird.«

Vierzehn Tage später warf ein Flugzeug einen Brief für uns ab: Am übernächsten Tage würde ein Schiff von Baltra nach Floreana kommen. Der an Bord befindliche Geistliche habe die Erlaubnis erhalten, Inge zu taufen und beiden Kindern das Sakrament zu reichen. Die Esel sollten früh um sieben Uhr an der Küste sein, um das Gepäck zu transportieren. Am Abend um sechs Uhr müsse das Schiff die Insel wieder verlassen. So stand es in diesem Brief.

Knapp zwei Tage hatten wir Zeit, um die Vorbereitungen für diesen großen Tag zu treffen. Heinz und Harry bauten einen Altar an einer Wand des Lagerraumes. Sie schlugen Pfähle ein und legten ein Dach darüber, für den Fall, dass es regnen würde. Die Wand, die aus ungebranntem Lehm bestand, wurde mit einem weißen Tuch bespannt, damit man die etwas rohen Lehmziegel nicht sehen konnte. Den Altartisch schmückte ich mit meinen besten Decken und mit Kristallvasen, Prachtstücke, die ich noch aus Deutschland mitgebracht hatte. Ein Teppich wurde vor den Altar gelegt, für die beiden Kinder wurde eine Bank aufgestellt; eine zweite Bank für die Gäste musste Heinz erst schnell zusammenzimmern.

Ich selbst hatte so viel zu tun, dass ich in der Nacht überhaupt nicht zum Schlafen kam. Inges Kleidchen musste hergerichtet werden. Sie besaß nur ein einziges. Sonst lief sie immer in Shorts herum – wozu braucht man auf Floreana schon ein Kleidchen? Es war zwar nicht weiß, wie es eigentlich hätte sein sollen, sondern hellblau, aber es hatte schöne weiße Stickereien. Eine Freundin hatte es vor einiger Zeit aus Chile geschickt; jetzt kam es zu Ehren. Rolf hatte einen durchaus passenden Anzug: eine schwarze Hose, die ich ihm aus meinem schwarzen Kostümrock geschneidert hatte. Wozu brauchte ich ein schwarzes Kostüm in einer Pflanzung in der Nähe des Äquators? Dazu ein schönes weißes Hemd.

Schuhe besaß nur Rolf. Inge hatte keine. Sie musste die Sandalen tragen, die Heinz selbst zusammenschusterte. Aber solche Kleinigkeiten waren uns nicht besonders wichtig. Daran sollte dieser Tag jedenfalls nicht scheitern.

Ich kochte, briet und backte für fünfundzwanzig Personen; gut und reichlich. Dennoch hatte ich Bedenken: »Und wenn es mehr als fünfundzwanzig werden?«

»Es werden nicht mehr«, sagte Heinz.

Natürlich wurden es mehr. Und sie brachten einen wahrhaft gesegneten Appetit mit.

Essen – das war an diesem Tag überhaupt so ein Problem. Natürlich wusste ich, dass man zur heiligen Kommunion nüchtern geht. Alles, was ich in der Schule gelernt habe, habe ich auf Floreana doch nicht vergessen – wie unser Pater vielleicht hätte meinen können. Aber ich bestand doch darauf, dass die Kinder erst einmal ordentlich frühstückten. Und so lange kann kein Kind aushalten. Also gab es am frühen Morgen erst einmal ein reichliches Frühstück. Was woanders stimmt, das kann nun einmal für uns nicht gelten.

Es wurde elf Uhr, als die ersten Gäste bei uns eintrafen. An der Spitze kam der geistliche Herr. Er ritt auf unserem weißen Pferd »Hector«. Ja, wir hatten es inzwischen zu einem richtigen Streitross gebracht. Hector hatte einmal in der ecuadorianischen Armee gedient. Es war dem Offizier zur Verfügung gestellt worden, der als Führer der kleinen ecuadorianischen Besatzung auf Floreana Dienst tat. Aber an der Küste gab es für Hector nicht genug zu fressen, und so bekamen wir Hector in Pension. Nachher hatte man dann vergessen, uns das Futter zu bezahlen, und so ging Hector in unseren Besitz über. Bei der Armee scheint man ihn nicht vermisst zu haben. Hector aber wurde das Prunkstück unseres Reitstalls und durfte nur von ganz prominenten Persönlichkeiten geritten werden. An diesem Tage also ritt Pater O'Brien unseren Hector.

Der Pater hatte Zeit genug, eine Art Beichtstuhl herzurichten und Inge auf die bevorstehende Heilige Handlung ein wenig vorzubereiten. Sie sah ihn mit großen, fragenden Augen an, faltete die Hände und hörte andächtig zu, was Pater O'Brien ihr erzählte. Sie selbst sagte nicht ein einziges Wort.

Wir standen vor dem Altar, der so bescheiden und so behelfsmäßig hergerichtet war, der aber so schön und so feierlich wirkte wie in jeder Kirche. Das Kirchendach bildete das breite Gezweig der hohen Bäume ringsum. Ein Gotteshaus, das die Natur gebaut hat. Ein weiter Raum unter den Bäumen, die wie Säulen eines gotischen Domes wirkten – wenn man ein klein wenig Phantasie hatte und den guten Willen, sich in eine wirkliche Kirche versetzt zu fühlen.

»... Diese Kinder sind hier auf der Insel unter ganz anderen Umständen aufgewachsen als Kinder sonst.«

So ähnlich sagte Pater O'Brien in seiner kleinen, schönen, unvergesslichen Ansprache. »Sie sind in Gottes Natur aufgewachsen, fern von allem Übel. Und Gott selbst im Himmel wird mit Freude auf diese Kinder herniedersehen, auch wenn sie so wenig vorbereitet zum Tisch des Herrn gegangen sind, ohne alle Äußerlichkeiten, aber ganz reinen Herzens.«

Die kleine Ansprache war innig und wohltuend schlicht. Gerade so, wie sie zu dieser Umgebung passte. Zu der lebendigen Natur ringsum, dem wilden Busch, der ohne menschliches Zutun gewachsen ist, den Tieren – und zu uns selbst.

Wie recht hatte er, als er verständnisvoll von den so ganz anderen Verhältnissen sprach, unter denen wir hier auf der Insel leben! Die Tiere bestätigten es ihm. Noch während er sprach, kamen die Kuh Barbara, der Bulle Mephisto und das Kuhkind Liesel aus dem Busch getrottet, bauten sich am Zaun auf und begannen wie auf Kommando alle drei gleichzeitig zu brüllen. Sie forderten gebieterisch ihr Futter. Ihre Zeit war da. Und da kannten sie keine Rücksicht auf Taufe oder Kommunion oder eine feierliche Ansprache.

Pater O'Brien lächelte. Und da wir hier eben ganz andere Verhältnisse haben, beendete er seine Ansprache mit einem schönen Schlusssatz.

Die Tiere bekamen ihr Futter. Und auch unsere Gäste konnten endlich etwas zu sich nehmen. Sie hatten ihren Hunger nicht hinausgeschrien, obwohl sie schon schwach zum Umfallen waren. Sie hatten morgens um vier gefrühstückt und seitdem keinen Bissen mehr zu sich genommen. Richtig satt wurden sie nicht, aber meine gebratenen Hähnchen, das Fleisch, das Brot, die Kuchen und Aufläufe bewahrten sie immerhin vor dem Schlimmsten.

Nachdem sie sich gestärkt hatten, hielt der Geistliche noch einmal eine kurze Ansprache, dieses Mal an die Offiziere gerichtet:

»Vergessen Sie nicht diesen denkwürdigen Tag auf Floreana«, schloss er. »Es ist wohl, nicht nur in der Geschichte der Galápagos-Inseln, ein einmaliges Ereignis, das Sie heute miterlebt haben: Taufe, Kommunion, Firmung und die heilige Messe an einem Tag. Und nun tragen Sie sich bitte in das Gästebuch der Familie Wittmer ein. Wenn auch das Schicksal Sie bald in alle Himmelsrichtungen verstreuen wird – das gemeinsame Erleben dieses Tages soll doch in der Erinnerung lebendig bleiben.«

In das Gästebuch trug sich Pater O'Brien als Erster ein.

»Unser Besuch hier auf Floreana«, so lauteten die letzten Sätze, »hat eine Fülle von Erinnerungen hinterlassen: Die Taufe, das Altarsakrament, die Heilige Messe hier in dieser Einsamkeit, und das Fest in Ihrem Heim. Mögen Sie fortfahren, glücklich zu leben, und möge Gott der Herr Sie segnen! –Rev. Father O'Brien, Captain Chaplain US Army.«

Seltsamer Besuch

1946

»Esperanza« steht mit großen Holzbuchstaben am Eingang unserer neuen Pflanzung. »Esperanza – Propietarios Harry y Rolf Wittmer.« Eigentümer: Harry und Rolf Wittmer.

Wir mussten uns vergrößern. Wir brauchten einen neuen Garten, um im Rahmen unseres Fünfjahresplanes mehr ernten und größere Einnahmen haben zu können. Am Ende des langen Weges von fünf Jahren soll ja das Motorboot für die Fischerei stehen. Aber in »Asilo de la Paz« war nicht mehr genügend guter Boden vorhanden. Der dichte Busch und die vielen Steine würden eine unmenschliche Arbeit machen.

Eine Viertelstunde von uns entfernt, zwischen unserer Pflanzung und dem früheren Besitz der Conways, lag ein Stück Land, das zum Pflanzen wunderbar geeignet war. Der Boden war viel fruchtbarer als bei uns, es war nicht der schwere Tonboden, und er war nicht so dicht mit Steinen besät. Fürs Erste sollte der neue Garten fünfzig Mal fünfzig Meter groß werden; später wollten wir auf vier Hektar vergrößern. Und das alles soll einmal den beiden Burschen gehören.

Wir hatten schon ein schönes Stück gerodet, hatten Bäume gefällt und einen Zaun um den neuen Garten gezogen. Wir hatten schon Bananen und Kaffee gepflanzt und Mais, Yucca und Bohnen gesät. Und es begann auf dem neuen Land schon zu sprießen und zu grünen. Aber wir hatten noch keinen Namen für die neue Pflanzung. Wir einigten uns schließlich auf den Namen »Esperanza«. Esperanza, das heißt Hoffnung. Wir fanden keinen schöneren Namen. Hoffnung – welche Hoffnung knüpften die beiden an diesen ihren Besitz!

Inzwischen waren auch andere Siedler nach Floreana gekommen. Diesmal waren es Ecuadorianer, Eliezer Cruz und Victor Vinuessa. Sie wollten es uns gleichtun. Sie brachten auch den besten Arbeitswillen mit. Aber dieses Maß an Arbeit, das hier allein zum Erfolg führt, ging über ihre Kräfte. Nach einem Jahr, als die Ernten und der Geldsegen sich nicht in dem erhofften Umfang einstellten, verließ Vinuessa die Insel enttäuscht. Er verkaufte seinen Garten an einen neuen Siedler, Rodrigo Ulloa, der mit Frau und drei Kindern inzwischen herübergekommen war. Aber auch jetzt wuchsen die Früchte nicht schneller. Ulloa und Cruz begannen Fleisch und Felle in klingende Münze umzusetzen. Als die Reihen der Rinder und Schweine stark gelichtet waren, verließ auch die Familie Ulloa die Insel wieder. Das hat die Tierwelt der Insel immer wieder erlebt – und überstanden. Seeräuber und Walfänger konnten den Bestand wohl dezimieren. Aber noch ist der Busch zu dicht, noch finden die Tiere in ihm Schutz vor den Menschen. Und man muss schon ein guter Jäger sein, um sie aufzuspüren. Zum Glück für sie und für uns.

Februar 1946.

Ich höre, wie die Hunde anschlagen. Laut und wild, wie sie immer bellen, wenn Fremde kommen, die sie nicht kennen. Aber ich sehe niemand den Weg heraufkommen.

Da steht plötzlich ein amerikanischer Offizier hinter mir, den ich noch nie gesehen habe. Er mustert mich auffallend lange.

»Morning.«

»Morning.«

»Mrs. Wittmer?«

»Yes.« Der Offizier kommt mir unheimlich vor. In seinem Khakihemd ist ein langer Riss. An der Hand hat er eine große blutende Wunde. »Wo kommen Sie denn her?«, frage ich ein wenig ängstlich. Er hebt den Kopf und deutet mit dem Kinn nach hinten, nach oben. Er war von der Quelle heruntergekommen, durch den Busch, und er war nicht durch die Tür gegangen, sondern durch den Zaun hindurchgekrochen.

Er war nicht der Einzige. Von allen Seiten kamen sie aus dem Busch auf das Haus zu. Im Ganzen vierundzwanzig Mann, darunter zehn Offiziere. Alle bewaffnet. Als Führer war der Inselchef, der Leutnant Santos, mitgekommen. Die meisten hatten zerfetzte Hemden und blutende Hände.

»Wovon ist das denn …?«, fragte ich und deutete auf die Wunden an den Händen und auf die zerrissenen Hemden.

»Stacheldraht«, sagte einer lakonisch und wischte sich mit dem Ärmel das Blut von der Hand.

»Warum sind Sie nicht, wie alle anderen Besucher, durch die Tür gekommen? Wer kriecht denn durch den Stacheldraht?« Ich konnte nur den Kopf schütteln über diesen seltsamen und ungewöhnlich wortkargen Besuch. Und Leutnant Santos sagte auch keinen Ton. »Warum überhaupt sind Sie nicht den Weg heraufgekommen, sondern durch den Busch?«

»Wir wollten uns die Gegend mal ein bisschen ansehen.« Mir fiel auf, dass ein paar Soldaten bei diesen Worten grinsten.

Sie taten, als ob sie Besucher wären wie alle anderen, die vorher bei uns gewesen waren. Als ob dieser merkwürdige Besuch nichts Besonderes zu bedeuten hätte …

»Anything to drink?«, bat einer. Der Schweiß lief ihnen in kleinen Bächen über das Gesicht. Es war Regenzeit; an diesem Tage herrschte eine fürchterliche Hitze. Ich bot ihnen kühle

Erfrischungen an, und dann kam langsam eine Unterhaltung in Gang. Sie tauten auf.

»Es ist auch gar kein Flugzeug dagewesen, das Ihren Besuch angekündigt hat«, sagte ich. »Es ist doch so vereinbart …«

Achselzucken. Wieder dieses vielsagende Grinsen bei den anderen. Aber keine Antwort. Nur einer sagte:

»Maybe.« Aber das war genauso gut wie keine Antwort.

Irgendwie sah dieses ganze Unternehmen kriegerisch aus. Aber dann legten die Soldaten ihre Waffen weg. Wir unterhielten uns über hundert Dinge, mit der Zeit wurde es genauso gemütlich wie bei jedem anderen Besuch auch. Das Einzige, was mir auffiel, war, dass die Offiziere mit schlecht versteckter Gleichgültigkeit in alle Winkel des Hauses sahen.

Sie blieben nicht lange. Nur so lange, bis sie sich ausgeruht und abgekühlt hatten. Dann verabschiedeten sie sich liebenswürdig und verschwanden wieder im Busch. Im letzten Augenblick flüsterte Leutnant Santos mir zu:

»Morgen werde ich Ihnen etwas zum Lachen erzählen.«

Ich konnte vor lauter Spannung den nächsten Tag kaum erwarten. Dass hinter diesem seltsamen Besuch etwas ganz Bestimmtes steckte, darüber waren wir uns alle im Klaren. Was das aber war, das ahnte keiner. Und wenn wir einen ganzen Tag darüber gerätselt hätten – darauf wären wir nie gekommen. Auf das, was Leutnant Santos uns am nächsten Tag erzählte:

»Ich weiß nicht, ob Sie in letzter Zeit die Zeitungen verfolgt haben?«

»So frisch sind die Zeitungen im Allgemeinen nicht, die wir hier kriegen«, sagte Heinz.

»In einer Zeitung aus der Kanalzone«, fuhr Santos fort, »hat nämlich unlängst etwas gestanden – von Hitler. Da hat gestanden …«, Leutnant Santos hatte so eine Art, einen mit seiner langsamen Einleitung auf die Folter zu spannen, »... der Hitler wäre in einem U-Boot nach Floreana geflüchtet und würde von den Wittmers versteckt gehalten.«

Uns blieb für ein paar Augenblicke die Luft weg. Hitler auf Floreana ...

Auf alles wären wir gekommen, aber darauf nicht. Dann brachen wir alle in schallendes Gelächter aus.

»Und das haben Sie geglaubt?«, fragte Heinz.

»Vielleicht.«

»Und deshalb sind Sie gestern hier gewesen?«

»Ja.«

»Haben Sie ihn denn gefunden?«

»Nein.«

Selbst wenn Hitler sich wirklich auf Floreana versteckt gehalten hätte, wie hätten zwanzig Mann ihn auf dieser Insel mit ihrem dichten Busch, mit ihren vielen kleinen Höhlen finden sollen?

Ein ganzes Regiment Soldaten hätte ihn vielleicht nach Tagen finden können. Aber er war nicht da. Die Zeitungsmeldung war ein Gerücht, eines von vielen Gerüchten, die damals in allen Zeitungen die Runde um die Welt machten.

Galápagos – Perle des Pazifiks

1948/50

Floreana hat eine Funkstation bekommen. Eine richtige Funkstation, mit der man Nachrichten senden und empfangen kann. Gelegentlich …

Die Soldaten des ecuadorianischen Heeres, die bisher als kleine Besatzung bei uns gelegen hatten, wurden durch Marinesoldaten abgelöst: ein Leutnant, zwei Unteroffiziere und fünf Mann. Mit Familien, wie vorher. Die Hauptstation war und blieb auch jetzt San Cristóbal. Dort saß der Gobernador Marítimo als oberste Autorität für den ganzen Galápagos-Archipel. Alle Schiffe, die heimischen und die ausländischen, mussten immer erst San Cristóbal, den Haupthafen der Inselgruppe, anlaufen.

Die anderen Inseln, soweit sie bewohnt waren und eine Besatzung hatten, sollten jetzt ständig in Funkverbindung mit der Hauptstation San Cristóbal stehen. Zu diesem Zwecke also wurde auf Floreana die Funkstation eingerichtet. Ein Unteroffizier als »Radio Operador« und ein Marinesoldat als »Maquinista« bedienten sie.

Zum Bedienen, zum Betrieb gehört aber auch Treibstoff, und der ist auf den Galápagos-Inseln flüssiges Gold. Jeder Liter muss erst vom Festland herübergefahren werden, und dazu ist immer ein Schiff nötig. Einmal muss man fünf Wochen auf das nächste Schiff warten, ein andermal fünfzehn Wochen. Unsere Funkstelle bekam zweihundert Liter Treibstoff; der Motor verbraucht für jede Arbeitsstunde aber vier Liter.

So kam es, dass unsere Funkstelle auf Floreana beim besten Willen nicht ständig in Betrieb sein konnte. Außerdem litt sie stark unter Pannen. War der Motor in Ordnung, dann gab es keinen Treibstoff; war Treibstoff da, dann war der Motor gerade nicht in Ordnung; und wenn einmal alles in Ordnung war, dann befand sich der Operador in Urlaub oder war zu einer anderen Insel versetzt worden.

Trotz alledem waren wir glücklich und dankbar, dass diese Funkstelle auf der Insel stand. Irgendwann würden wir sie vielleicht auch einmal brauchen. Und dieser Fall trat leider sehr bald ein. Harry, dem es in den letzten Jahren gesundheitlich einigermaßen gut gegangen war, der sogar wieder etwas hatte arbeiten können, wurde plötzlich, fast von einem Tag auf den anderen, wieder krank. Es war im März 1948, in der heißen Jahreszeit. Er bekam hohes Fieber, sein Puls raste oft mit hundertzwanzig Schlägen in der Minute. Er war so schwach, dass er sich kaum bewegen konnte. Das gleiche rheumatische Fieber war wieder ausgebrochen, unter dem er schon vor Jahren einmal so entsetzlich gelitten hatte und von dem er so schwer wieder genesen war.

Unsere Funkstelle sandte einen Hilferuf aus. Aber es dauerte fünf lange Wochen, bis ein Schiff nach Floreana kam. Es brachte Medikamente mit, die wenigstens das Fieber herunterdrücken konnten. Es kamen wohl Tage, an denen Harry sich ein wenig wohler fühlte. Aber zwischendurch verschlimmerte sich sein Zustand so sehr, dass wir oft mit dem Schlimmsten rechnen mussten.

In dieser Zeit stand Floreana nicht eben unter einem guten Stern. Señor Ezequiel Zavala, der schon jahrelang unter Magenschmerzen gelitten hatte, wurde so schwer krank, dass nur noch eine Operation helfen konnte. Mit Hilfe der amerikanischen Besatzung, die noch auf Baltra verblieben war, wurde Zavala nach Panama gebracht. Dort wurde er operiert, und dann kam er nach geglückter Operation wieder nach Floreana zurück. Aber zwei Wochen später starb er. Maruja war untröstlich.

1950.

Von der kleinen amerikanischen Marinestation auf Baltra – der große Stützpunkt war inzwischen aufgelöst worden – kam jetzt öfter der Arzt zu uns herüber, um nach Harry zu sehen. Harry erholte sich langsam wieder.

»Wenn Sie jede Aufregung von ihm fernhalten können«, sagte der Arzt, »dann wird es noch einigermaßen gut abgehen.« Dann sah er mich an. Mit einem ernsten und besorgten Blick. »Wer hier aber wirklich krank ist, das sind Sie, Frau Wittmer.«

»Geh mal ins Krankenhaus und lass dich gründlich untersuchen«, schlug Heinz vor. Er litt am meisten unter meinem Zustand, und dabei war er selbst nicht recht gesund. Harrys Krankheit war ihm sehr nahe gegangen.

Ins Krankenhaus ... Unser nächstes Spital ist tausend Kilometer von uns. Und wenn man bei der Rückkehr Pech mit dem Schiff hat, dann kann man vielleicht zwei, drei Monate auf den Anschluss warten. Auf jeden Fall aber musste etwas mit mir geschehen. So ging es nicht weiter. Ich begann, für die Familie eine Last zu werden.

Wir beschlossen, dass ich fahren und Inge mich auf dieser Fahrt zum Festland begleiten sollte. Sie war schon dreizehn Jahre alt. Sie war groß, sah fast schon erwachsen aus und war für ihr Alter schon etwas zu klug. Aber was kannte sie von der Welt, die jenseits des Meeres lag? Sie kannte nur Floreana, ihre Heimat, nur die Inseln in der Umgebung, nur ihre Eltern und die Brüder, die Tiere, die Pflanzen und das weite Meer, in dem ihre Heimat lag. Das andere kannte sie nur von Bildern. Und sie gestand, dass sie gar keine Lust hätte, diese andere Welt kennenzulernen.

Maruja, die nach dem Tod ihres Don Ezequiel auf der Insel geblieben war und sich recht und schlecht durchbrachte, nähte auf ihrer Maschine ein paar Kleider für Inge, für die große Reise. Bisher hatte Inge nur einmal ein Kleidchen getragen, an jenem denkwürdigen Tag ihrer Taufe. Sonst ging sie immer in Shorts. Ich hatte gefürchtet, sie würde die Kleider genauso wenig mögen wie vor elf Jahren zu Weihnachten das Puppenkleid. Aber wider Erwarten empfand sie diese Form der Bekleidung als angenehm. Sie probierte sie an, drehte sich darin wie jede Evastochter und bekam plötzlich Geschmack für die große Reise. Nach und nach bekamen ihre Fingernägel die erforderliche Pflege, und sie flocht ihr langes blondes Haar zum ersten Mal sorgfältig zu Zöpfen.

Ich selbst hatte vor dieser Reise Angst. War ich in all den Jahren menschenscheu geworden? Ich fühlte, dass ich nichts mehr von der Sicherheit besaß, die ich früher bei meinen Reisen gehabt hatte. Fünfzehn Jahre ununterbrochenes Inselleben: Das hatte doch einen anderen Menschen aus mir gemacht.

Endlich erschien wieder das Inselschiff »Calderón« in der Bucht. Einer unserer ecuadorianischen Marinesoldaten kam angelaufen, uns die schon angekündigte Nachricht zu bringen.

Die »Calderón« hatte keine Zeit, lange auf uns zu warten. Sie musste gleich weiter. Es war zehn Uhr abends. Rolf musste mit dem Esel schnell unser Gepäck zur Küste bringen, und wir waren in dieser kurzen Stunde, die uns blieb, in solcher Hast, dass uns keine Zeit für langes Abschiednehmen blieb.

Rolf war nun siebzehn Jahre alt und wäre so gern mitgefahren. Aber sechs Hände auf einmal waren nicht zu entbehren.

»Komm gesund wieder!«, rief Rolf mir nach, als ein Ruderboot uns zum Schiff brachte. Er hielt die Hände wie einen Trichter vor den Mund und rief es noch einmal: »Komm gesund wieder!«

Das waren die letzten Worte, die ich hörte. Was Rolf noch weiter rief, das verwehte der Wind. Inge weinte, dann nahm der Kapitän Benjamin Chiriboga, ein alter Freund von uns, sie einfach in seine Arme und zeigte ihr das Schiff.

Ich stand noch lange an der Reling und sah über das Wasser hinweg zu unserer Insel hinüber, die bald nur noch ein schmaler, niedriger, blaugrauer Streifen war. Ich hatte das Gefühl, als ob ich für immer Abschied genommen hätte …

Guayaquil ist die erste Stadt auf dem Festland. Die erste Großstadt, die Inge sah, die erste Stadt überhaupt, die sie mit ihren dreizehn Jahren betrat. Eine große, reiche, blühende Hafen- und Handelsstadt mit ihren 400.000 Einwohnern, mit Häusern aus Beton, mit Hochhäusern, prächtigen Omnibussen, mit dem großen Hafen, dem Hauch einer Weltstadt – all das schien Inge überhaupt nicht zu berühren. Sie ging durch die Straßen, ihre großen Augen nahmen das fremde Bild, das Bild aus einer anderen Welt, mit leisem Staunen in sich auf. Aber dieses bunt bewegte Bild mit seinen tausend Dingen, die sie überhaupt noch nie gesehen hatte, schien nicht bis in ihr Bewusstsein vorzudringen. Es zog flüchtig an ihr vorüber …

Eines Tages beobachtete ich sie verstohlen, wie sie ganz versunken am Fenster stand und auf die Straße hinuntersah. Sie war durch nichts zu bewegen, ihren Platz am Fenster zu verlassen. Sie stand unbeweglich und starrte förmlich auf die Straße.

»Was gibt es denn da so Interessantes zu sehen?«, fragte ich schließlich. Ich schaute ihr über die Schulter und konnte beim besten Willen nichts Besonderes oder Ungewöhnliches entdecken. Da drehte Inge sich um, sah mich mit einem versonnenen, ungläubigen Blick an und sagte:

»Mutti, wie können nur die Menschen, die auf einem Fahrrad sitzen, nicht umfallen?«

Das war und blieb die einzige Sensation, die Inge auf dem Festland erlebte. So groß war nicht einmal das Ereignis, mit der Eisenbahn vierzehn Stunden lang durch üppige Felder, durch dichten Urwald, 3.000 Meter hohe Berge hinauf, zu Füßen des gewaltigen 6.000 Meter hohen Chimborazo mit seinem schneebedeckten Gipfel nach Quito zu fahren.

Quito ist die Hauptstadt Ecuadors. Eingebettet in eine märchenhaft schöne, bunt blühende Berglandschaft – ist Quito selbst märchenhaft schön. Hier herrscht, trotz der unmittelbaren Nähe des Äquators, in einer frischen, leichten Luft in 2.850 Metern Höhe ewiger Frühling. Die Schönheit der Natur ringsum hat die Künstler zu großartigen Schöpfungen beflügelt. Quito ist eine Stadt der Kunst, eine der am meisten mit Kunstwerken bereicherten Städte der ganzen Spanisch sprechenden Welt. Und Quito ist eine Stadt der Kirchen, deren äußere und innere Pracht den hohen Ruf der Hauptstadt als Barockstadt in alle Welt trug. Quito ist eine der höchstgelegenen Hauptstädte der Erde. Und es ist eine alte Stadt. Moderne Gegenwart und längst Geschichte gewordene Vergangenheit reichen sich in ihr die Hand. Jahrhunderte, ehe die Spanier das neue Quito gründeten, war es die Hauptstadt des indianischen Quitu-Reiches. Im 15. Jahrhundert machten die mächtigen Inka es zur Hauptstadt ihres nördlichen Teilreiches. In der Umgebung des heutigen Quito leben noch reinrassige Inka, kleine dunkelbraunhäutige

Menschen mit schwarzem Haar, die noch immer die kunstvollen Erzeugnisse der alten ererbten Inka-Volkskunst in Handarbeit herstellen und in Quito für Ecuador und um die halbe Welt verkaufen: buntfarbene Teppiche aus dicker Schafwolle, Gürtel, Taschen, Röcke, Blusen, Vasen und Krüge, mit alten Inka-Motiven in herrlichen Farben bemalt. Der große Wandteppich im Gebäude der Vereinten Nationen in New York stammt von diesen Inka-Künstlern. Sie leben still und bescheiden in den Bergen, die nach Osten in das unzugängliche Gebiet des Amazonas abfallen.

In Quito ließ ich mich gründlich untersuchen und, so gut das möglich war, auskurieren. Der Klimawechsel, die völlig veränderte Lebensweise, der Umgang mit Menschen, den ich so lange entbehrt hatte – all das übte einen günstigen Einfluss auf meinen Zustand aus. Ich erholte mich zusehends.

Inge litt zuerst sehr unter Heimweh. Heimweh nach den fernen Lieben. Heimweh nach der Insel, nach dem Meer und dem Busch, nach den Tieren und den Pflanzen und dem Himmel über Floreana. Aber dann, im Kreise gleichaltriger junger Mädchen, taute sie langsam auf. Die neuen Eindrücke, die von Tag zu Tag wechselten, begannen auf sie einzuwirken. Und unter diesen Einflüssen ging eine kleine Veränderung mit ihr vor sich. Sie wuchs sogar beinahe zusehends – so sehr, dass die Sachen, die wir mitgenommen hatten, ihr bald zu klein wurden.

Ein halbes Jahr waren wir auf dem Festland. Dann mussten wir uns zur Rückreise nach Floreana rüsten. Der Abschied von all den uns liebgewordenen Menschen, von den Freundinnen, mit denen Inge so schöne Wochen verlebt hatte, fiel uns nicht leicht. Aber trotzdem – wir gingen beide froh und unbeschwert wieder unserem Inselleben entgegen.

Vor einem halben Jahr waren wir von Guayaquil bis nach Quito vierzehn lange Stunden mit der Bahn gefahren. Dieses Mal benutzten wir das Flugzeug, das uns in einer einzigen Stunde nach Guayaquil zurückbrachte. Inge war nun schon eine kleine Dame geworden. Sie saß im Flugzeug, als ob das für sie ganz alltäglich wäre.

Vierzehn Tage brauchten wir in Guayaquil nur zu warten, bis unsere gute alte »Calderón« wieder in See stach, Kurs auf die Galápagos. Das Schiffchen war vollgestopft mit Menschen. Die meisten verbrachten die Nächte in Hängematten an Deck, in der frischen Luft unter dem blauen Himmel des Stillen Ozeans.

Wie damals bei der Abfahrt Rolf der Letzte gewesen war, den wir an der Küste gesehen hatten – war er diesmal der Erste. Er kam, als wir aus dem Boot stiegen, auf uns zugelaufen, und wir fielen uns vor lauter Wiedersehensfreude lachend und weinend in die Arme.

Inge konnte ihre Tränen nicht zurückhalten, als sie Rolf wiedersah. Und Rolf sagte, um seine reichlich weinerliche Stimmung zu verstecken:

»Oh, ist unser Fräulein aber groß geworden!«

Das »Fräulein«, das eben aus der großen Welt kam, setzte sich, kaum dass es wieder festen Boden unter seinen Füßen fühlte, am Strand auf einen breiten schwarzen Lavastein und – zog seine Schuhe aus. Und damit streifte Inge die große Welt da draußen mit einer kleinen Geste wieder ab. Diese andere Welt war vergessen. Sie stand von dem Stein auf, nahm ihren Koffer fest in die Hand und lief, so schnell sie konnte, mit nackten Füßen in den Busch hinein.

Harry ging es besser. Das war die schönste Nachricht dieser ersten Minuten am Strand. Er brauchte nicht mehr im Bett zu liegen. Langsam, ganz langsam war es mit ihm wieder bergauf gegangen. Er konnte sogar schon wieder ein wenig arbeiten. Wie wunderbar, dass uns keine enttäuschenden, niederdrückenden Nachrichten empfingen!

»Wir sind wieder zu Hause.« Alles andere war da so unwichtig. Längst war die Insel unsere Heimat für immer geworden. Niemals würden wir sie wieder aufgeben.

Und ich habe etwas ganz Besonderes mitgebracht. Ich hatte in Quito davon gehört, dass die Holzhäuser, die die Amerikaner auf Baltra während des Krieges aufgestellt hatten, unter gewissen Voraussetzungen an die Siedler verteilt werden sollten. Die ecuadorianische Regierung hatte all die Anlagen inzwischen von den Amerikanern übernommen. Soweit sie noch da waren.

Um die Erlaubnis zu erhalten, dass wir eines dieser Holzhäuser erwerben und nach Floreana schaffen dürften, ging ich bis zum Comandante de Navío, dem Marinebefehlshaber Exzellenz Endare. Und dort fand ich ein offenes Ohr. Der General versprach, sich für meinen Wunsch einzusetzen, und er tat es. Nach kurzer Zeit erließ die ecuadorianische Regierung ein Gesetz, in dem bestimmt wurde, dass die Siedler von Galápagos beim Verteilen der Holzhäuser bevorzugt zu berücksichtigen seien. Ich bekam die Erlaubnis, auf der Rückfahrt eines von den Häusern auszusuchen und es später nach Floreana schaffen zu lassen. Und das Allerschönste daran war, dass wir das Haus überhaupt nicht zu bezahlen brauchten. Es wurde uns geschenkt.

Als wir auf der Rückfahrt vom Festland in Baltra angelegt hatten, hatte ich mir ein Haus ausgesucht: etwas unbescheiden, eines der größten.

Das Haus, in dem während des Krieges das Postamt der Amerikaner untergebracht war. Es hatte mehrere Räume und enthielt eine Unmenge Holz. Das war gerade das Richtige für uns, denn gutes Holz, Bauholz, gibt es auf Floreana nicht. Die wild gewachsenen Bäume sind durchweg krumm und als Nutzholz nicht zu verwenden. Daran war auch unser alter Plan immer wieder gescheitert, an der Küste, an der Black Beach, ein neues Haus zu errichten.

Hier sollte Harry wenigstens in der heißen Jahreszeit leben; denn unten an der Küste ist das Klima gemäßigter und für den Kranken viel günstiger. Außerdem sollte meine Hühnerzucht, die inzwischen auf fünfhundert Hühner angewachsen war, an die Küste verlegt werden, denn auch dem Federvieh bekam die Nässe oben bei uns nicht.

Mit dem Holz des amerikanischen Posthauses würden wir nun unser Haus, einen großen Hühnerstall und sogar noch einen Lagerraum an der Küste bauen können. Dieser Lagerraum direkt an der Küste hatte sich im Laufe der Zeit als notwendig erwiesen, um den Warenaustausch mit den Schiffen, die meist nur sehr wenig Zeit hatten, zu beschleunigen. Wir würden dann unsere Erzeugnisse nicht immer in letzter Minute und in fliegender Eile zur Küste hinunterschleppen müssen.

Dieses Haus also, das frühere Postamt, hatte ich mir ausgesucht. Ich bemalte ein großes Schild mit der Aufschrift »Wittmer, Floreana«, befestigte es sichtbar an dem Haus, und durch diese kleine Formalität würde Rolf dann nach Baltra hinüberfahren und das Haus abholen.

Von Graf Luckner, mit dem wir immer weiter in Verbindung blieben, bekamen wir bald die erfreuliche Nachricht:

»Anfang Juli wird eine kleine Jacht zu den Galápagos kommen. Mein Freund, Commander McDonald, freut sich, euch eines seiner neuesten Transozean-Radiogeräte mit seinem Freund Commander Baverstock zu übersenden.«

Auf diese Jacht hatten wir gerade gewartet. Das war die günstige Gelegenheit für Rolf, nach Baltra zu fahren. Vielleicht …

Die Jacht kam auch pünktlich zum erwarteten Termin. Und man machte sich ein Vergnügen daraus, Rolf nach Baltra zu fahren. Er bekam alles notwendige Handwerkszeug zum Abreißen des Hauses mit, und außerdem eine Menge haltbarer Lebensmittel, denn auf Baltra gibt es wenig zu essen, weil die Insel fast ausschließlich aus nackter Lava besteht und dort wenig zu ernten oder zu jagen ist.

Sechs Wochen später kam Rolf zurück. Er hatte das Haus abgerissen und die Bretter zu Bündeln zusammengepackt. Es waren hundertzwanzig solcher Bündel mit je zwanzig Brettern, abgesehen von all dem anderen Baumaterial.

Der Tag war stürmisch. Das Ausbooten der Bretter bei der unruhigen See war eine wahre Kunst. Das Holz wurde vom Schiff herunter ins Wasser geworfen, immer ein paar Bündel an ein Ruderboot angebunden und dann im Schlepp an Land gezogen.

Es war längst Mitternacht geworden. Die Nacht war finster, nur die Lichter des Schiffes leuchteten ein wenig zur Küste herüber. Von Rolf hatten wir noch kaum etwas gesehen. Er war ständig auf dem Wasser und arbeitete angestrengt, um alles herüberzubringen. Wir anderen zogen die Bretter ein Stück auf die Küste hinauf, damit die See sie nicht wieder wegschwemmte. Zwischendurch mussten wir die Leute vom Schiff, die beim Ausbooten fleißig mithalfen, mit Essen und viel Kaffee versorgen. Plötzlich hörte ich vom Strand her einen gellenden Schrei: »Die Flut! Die Flut!«

Inge war zu dieser Zeit allein an der Küste. Sie sah, wie plötzlich das Wasser immer mehr anstieg. Das Meer schien zu kochen, die Wellen schlugen immer höher auf den Strand herauf. Wir ließen alles stehen und liegen und rannten an den Strand. Und kamen gerade noch zur rechten Zeit, um die einhundertzwanzig Bretterbündel noch weiter landeinwärts zu ziehen, wo das Wasser sie nicht mehr erreichen konnte. Triefend vor Nässe und völlig abgekämpft hatten wir es schließlich geschafft, als die Nacht schon fast herum war. Trotz der Anstrengungen gingen uns doch fünf der kostbaren Bretter verloren. Zwei nahm die starke Strömung auf Nimmerwiedersehen mit aufs Meer hinaus. Drei konnten wir am nächsten Tag, als das Wasser sich beruhigt hatte, mit einem Ruderboot wieder einfangen.

Als am Abend das Schiff mit dem Holz gekommen war, hatten wir in unserer Freude über Rolfs geglückte Rückkehr und den Holzsegen nicht daran gedacht, dass in dieser Nacht Mondwechsel war. Sonst hätten wir uns besser auf das vorbereiten können, was da unweigerlich kommen musste: die Springflut.

Das war Mitte August gewesen. Am 1. November konnten wir in unser neues Haus einziehen. Unser Traum war in Erfüllung gegangen.

Wir hatten ein zweistöckiges Prachthaus, mit ausreichenden Räumen für uns und zwei Gästezimmer. Vierzehn Tage lang trugen unsere Esel die Einrichtung und tausenderlei andere Dinge vom alten Farmhaus zur Küste hinunter. Und dann kam, genau im richtigen Augenblick, das ecuadorianische Kriegsschiff »El Oro«, um mit uns die Einweihung zu feiern.

Der Kommandant, die Offiziere und Pater Castillo von der Mission der Franziskaner feierten mit uns ein schönes kleines Fest im neuen Haus. Und wir statteten der Regierung von

Ecuador unseren Dank für ihre Großzügigkeit, uns das Haus von Baltra zu schenken, dadurch ab, dass wir es als eine Art Kasino allen Seeleuten der Marine jederzeit offenhielten. Bis auf den heutigen Tag haben die Wittmers dieses Versprechen getreulich eingehalten. Und ihre Kinder und Kindeskinder werden von diesem Brauch auch nicht abgehen.

Schicksalsschläge

1951

Wir haben ein Fischerboot, und das heißt »Inge«.

Das Boot haben wir natürlich auch selbst gebaut.

»Wenn mir mein Schreibtisch so gut gelungen ist«, meinte Rolf, »dann werde ich auch ein Boot zusammenkriegen.« Er kriegte es, mit Vaters Hilfe, tatsächlich zusammen. Und mit Unterstützung von Commander Johnson, der uns mit seiner Jacht wieder einmal besuchte. Er kannte Rolf schon seit seinem ersten Lebensjahr, solch ein treuer »Floreaner« war er. Einen ganzen Abend und eine ganze Nacht saßen die drei Männer zusammen, Commander Johnson, Heinz und Rolf, und debattierten eifrig über die Form des Bootes, die Bauart, das Dichtungsmaterial und was weiß ich alles. Und über das Baumaterial. Aber da blieb keine große Wahl: Rolf musste die Bretter nehmen, die beim Hausbau übrig geblieben waren.

Heinz hatte nach den Abbildungen in einem amerikanischen Magazin zusammen mit Rolf einen Bootsplan ausgearbeitet, und Irvin Johnson, der alterfahrene Seefahrer, konnte seinen guten Rat dazu geben. Und dann wurde drei Wochen lang gezimmert und gebaut. Das spröde Holz musste erst nass gemacht und mühsam gebogen werden, ehe Brett an Brett gefügt werden konnte. Aber das Werk glückte. Das schwere Boot wurde 4,40 Meter lang und 1,20 Meter breit und knallrot angestrichen. Dann war es bereit zur Taufe. Zum feierlichen Taufakt luden wir die ganze Marinestation einschließlich des Funkers ein. Inge sollte das Boot auf ihren Namen taufen. Sekt, mit dem eine Bootstaufe vorgenommen zu werden pflegt, gab es bei uns nicht. Dafür gab es Schnaps in immerhin so beträchtlichen Mengen, dass es uns auf einen Liter nicht ankam. Den Schnaps brannten wir mit einem uralten Apparat selbst, und zwar so viel, dass unsere vielen Gäste aus aller Welt nie unter Durst zu leiden hatten.

»Ich taufe dich auf den Namen ›Inge‹«, sagte Ingeborg Floreanita ziemlich feierlich und schmetterte die Schnapsflasche gegen den Bug des Fischerbootes. Aber die Flasche zerschellte nicht. Das »Taufwasser« spritzte nicht gegen die Bootsplanken. Wir machten schon ein wenig betretene Gesichter, als Inge freudestrahlend ausrief: »Gott sei Dank!« Sie rief es so gedehnt, dass man ordentlich spürte, wie ihr dabei ein Stein von der Seele fiel.

»Inge, bist du nicht gescheit!« Ich war ganz entsetzt über diesen unverzeihlichen Verstoß gegen jeden Seemannsbrauch.

Sie lachte fröhlich weiter und streichelte die unversehrte Schnapsflasche. »Gott sei Dank, dass sie nicht kaputt gegangen ist. Flaschen wachsen doch nicht auf Floreana, Mutti.«

Das war wieder einmal typisch Inge. Ihr praktischer Sinn ging über alles, selbst über die feierlichen Gebräuche bei einer Schiffstaufe.

Die Flasche wurde dann, ohne dass das Glas verletzt wurde, vorsichtig entkorkt und ihr Inhalt fand eine vernünftigere Verwendung, als ihm eigentlich bestimmt war. Das war jedenfalls die Ansicht der männlichen Gäste unserer Schiffstaufe. Und die verstanden etwas von Schnaps.

In den Gewässern rings um Floreana wimmelt es von Fischen. Man braucht sie nur zu fangen. Das hatten wir auch vor. Dafür hat Rolf ja auch das Boot gebaut. Nach der »Bootstaufe« ist er schon ein paar Mal hinausgefahren und hat immer einige Fische mitgebracht. Vor allem den Bacalao, der hier in großen Schwärmen herumschwimmt. Es ist ein zur Schellfischklasse gehörender Fisch, sein Fleisch wunderbar zart und wohlschmeckend.

Mit ein paar Fischen wollen wir uns aber nicht begnügen. Der Fischfang soll für uns zu einer Erwerbsquelle werden; vor allem für Rolf und auch für Harry. Es soll jedenfalls während der Fischzeit die Hauptarbeit der beiden Jungen werden, die eine Existenzgrundlage brauchen. Rolf ist nun fast neunzehn Jahre alt. Er muss sehen, dass er sich auf eigene Füße stellt. Dazu soll ihm die Fischerei verhelfen. Wenn er fleißig und tüchtig ist, wird er es bald zu einem eigenen Motorboot bringen. Für den Rest des Jahres wird er in der Farm arbeiten und vor allem Kaffee pflanzen. Wenn die Kaffeeplantage groß genug geworden ist, sodass wir vom Export leben können, dann kann er die mühsame Fischerei ja wieder an den Nagel hängen.

Aber zunächst musste er erst einmal fischen. Und um die Fische haltbar zu machen, brauchten wir eine Menge Salz. Die beiden Jungen gingen zum Salzsee und legten neue Salzlöcher an. Aber als sie nach ein paar Monaten das Salz ernten wollten, war es verschwunden. So erging es ihnen noch zweimal. Es war sinnlos, sich Gedanken darüber zu machen, wer uns das Salz gestohlen hatte. Es wurde höchste Zeit, für die Salzlöcher einen anderen Fleck auf der Insel zu finden, der schwerer zugänglich war. Die Jungen entschieden sich für eine Stelle an der entgegengesetzten Seite der Insel.

An einem Sonntag, es war der 28. Oktober 1951, ruderten sie in aller Frühe bei Ebbe los: Rolf und Harry und ihr neuer Freund Sargento Vaca, der Funker unserer Radiostation. Nachmittags wollten sie wieder zurück sein.

Um ein Uhr sahen wir vom Haus an der Küste das kleine

Segel unseres Bootes »Inge« schon wieder über dem Wasser auftauchen. Drei Stunden vor der Zeit …

»Dass die ›Inge‹ so schnell fährt«, sagte ich, »hätte ich nicht für möglich gehalten.«

»Die reinste Segeljacht«, meinte Heinz lachend, denn das Boot war für seine Größe zu schwer, fast ein wenig plump. Die Bretter waren viel zu dick. Aber wir hatten ja keine anderen.

Ich nahm das Fernglas vor die Augen. Ich sah das Segel ganz nahe, aber ich erkannte nur zwei Menschen im Boot.

»Ich sehe nur zwei von den Jungen«, sagte ich voller Angst. »Wo ist der dritte? Vielleicht kannst du mehr sehen …« Ich gab Heinz das Glas. Er sah lange hinüber zum Boot. Und er schwieg und starrte. Seine Lippen waren fest zusammengepresst. »Ich sehe auch nur zwei«, flüsterte er, ohne das Glas abzusetzen.

»Harry fehlt! Ich kann Harry nicht sehen.« Dann versuchte Heinz uns und sich selbst zu beruhigen: »Vielleicht fühlt er sich nicht gut. Vielleicht hat er sich unten im Boot hingelegt.«

Wir sagten kein Wort mehr. Wir liefen, so schnell wir konnten, zum Strand und kamen fast gleichzeitig mit dem Boot an. Die See ging ein wenig hoch. Rolf zog das Segel schnell ein und begann das letzte Stück mit aller Kraft zu rudern.

Kein Zuruf aus dem Boot …

Eine Welle setzte es auf den Strand. Bei der nächsten Welle fassten wir alle an und zogen das Boot zusammen den Strand hinauf.

Niemand von uns sprach ein Wort. Sonst hatten wir uns jedes Mal, wenn die »Inge« zurückkam, mit fröhlichen Rufen begrüßt.

Die beiden Jungen sind bleich im Gesicht, ihre Arme und Beine bluten. Die nächste Welle klatscht hart gegen das Boot. Dann ist es wieder still, lähmend still.

»Wo ist Harry?«, unterbreche ich das unheimliche Schweigen. Die Jungen ziehen die Schultern hoch. Ihre Arme hängen schlaff herab. Ihre Köpfe sind auf den Boden gesenkt. Dann hebt Rolf das Gesicht für einen Augenblick zu uns auf. Seine Stimme zittert.

»Harry ist ertrunken.«

Wir starren Rolf ungläubig an. Ich sehe, wie Heinz sich verfärbt. »Ertrunken?«, flüstern seine blutleeren Lippen. Ich fürchte, er wird wieder einen Herzanfall bekommen. Er hält sich nur mit Mühe aufrecht. Dann wendet er sich zur Seite und setzt sich auf den Bootsrand.

»Ertrunken? Harry?«

Jetzt beginnt Rolf stockend zu erzählen:

»Wir waren bei gutem Wind an die Stelle gekommen, wo wir landen wollten. Das Wasser war einigermaßen ruhig. Da kam plötzlich ein starker Wind auf. Ich war mit dem Landungsmanöver beschäftigt, als eine hohe Welle ins Boot schlug. Wir kenterten, aber wir kamen alle drei wieder hoch. Harry auch. Er war ganz dicht neben mir. Da kam eine zweite Welle.«

Rolf atmete schwer. Er musste sich auf den Bootsrand stützen.

»Dann war Harry nicht mehr da«, fuhr Vaca fort. »Ich habe nur noch Rolf gesehen. Wir beide kämpften um unser Leben. Wir schwammen auf die Küste zu. Rolf fühlte endlich Grund. Er ließ sich, zu Tode erschöpft, auf den Strand fallen. Ich war noch im Wasser, habe es dann mit letzter Kraft noch geschafft, zum Strand … zu Rolf hin … Er war schon wieder aufgestanden, schrie: ›Harry! Harry!‹ Aber wir sahen und hörten nichts. Wir dachten, eine Welle hätte Harry an einer anderen Stelle an Land geworfen. Wir sind hin und her gelaufen, aber wir haben nichts gesehen. Dann ruhten wir uns aus.

Wir konnten einfach nicht mehr. Rolf hat sich dauernd erbrochen … ich dann auch … von dem vielen Salzwasser, das wir geschluckt hatten.«

Wir gingen langsam zum Haus hinauf. Zuerst schweigend, dann berichteten die beiden, was geschehen war.

Von Harry hatten sie keine Spur mehr gefunden. Sie hatten gerufen und geschrien und waren den ganzen Strand abgelaufen.

Das Boot hatte sich in der Nähe der Stelle, wo es gekentert war, zwischen Lavasteinen festgeklemmt. Es lag kieloben. Schwimmend drehten sie es wieder herum und schöpften es mühsam mit einer alten Konservenbüchse aus, die sie am Strand gefunden hatten. Noch zweimal drohte das Boot zu kentern, bis sie endlich das offene Meer erreichten. Es war zwei Uhr geworden. Sie hatten noch nichts gegessen und getrunken. Jetzt konnten sie vor Erschöpfung nur in kleinen Schlucken trinken.

Rolf, der bisher sehr still gewesen war, weinte um Harry. Vaca wurde von unerträglichen Kopfschmerzen gequält, er konnte sich nicht mehr bewegen. Ich brachte sie beide ins Bett.

Als ich vom Schlafzimmer in den Wohnraum hinunterging, kam mir Inge entgegen. Ihr Gesicht war leichenblass. Sie sagte nur »Papa …« und lief weinend an mir vorbei. Im Schreibzimmer lag Heinz. Er hatte einen Herzanfall. Mir blieb nichts anderes übrig, als die beiden Jungen zu wecken. Wir brachten Heinz ins Bett. Als er die Augen endlich aufschlug, sah ich, dass er um viele Jahre gealtert war.

Ich hatte die Marinestation von dem Unglück verständigen lassen. Die Nachricht verbreitete sich wie ein Lauffeuer über die ganze Insel. Die Mitbewohner kamen, um zu helfen. Aber was war jetzt noch zu helfen? Es war vier Uhr geworden. Viel zu spät, um mit einem Boot an die Unglücksstelle zu fahren oder hinüberzulaufen. In weniger als zwei Stunden kam die Dunkelheit.

Die anderen versuchten uns zu trösten. Aber was sind Worte, wenn man einen geliebten Menschen verliert? Die Erinnerung an Harrys Krankheit brach wieder auf. Zwei Jahre hatte er an diesem schrecklichen rheumatischen Fieber gelitten. Wochenlang hatte er nur auf den Tod gewartet. Dann war er durch unsere Pflege wieder gesund geworden. Ein schwerer Rückfall folgte. Und nun, wo er sich einigermaßen erholt hatte und an seine eigene Zukunft glauben konnte, war er den Wellen des Stillen Ozeans zum Opfer gefallen.

Wahrscheinlich war das eingetreten, was die Ärzte vorausgesehen hatten: Harrys krankes Herz hatte den plötzlichen Schreck nicht überstanden. Unser einziger kleiner Trost blieb der Gedanke, dass er nicht hatte leiden müssen.

Am nächsten Morgen machten sich alle Bewohner der Insel auf, um den ganzen Küstenstreifen nach einer Spur von Harry abzusuchen. Vielleicht war sein Körper inzwischen angeschwemmt, vielleicht lag er zwischen den Lavasteinen im flachen Wasser vor der Küste.

Die Sonne sank, als sie zurückkamen. Sie hatten ihn nicht gefunden. Das Einzige, was sie entdeckt hatten, waren sein Hut, seine Tasche mit Pfeife und Tabak, ein Strick und die beiden Eimer, in die ich die Lebensmittel eingepackt hatte.

Zwei Wochen lang wurde die Küste immer wieder abgesucht. Dann gaben wir auf. Wir gingen mit Maruja zu dem kleinen Grabhügel, unter dem Ezequiel Zavala seine letzte Ruhe gefunden hatte, und beteten dort für Harry.

Heinz wurde so krank, dass wir wochenlang um sein Leben bangten. Rolf litt unter ständigem quälendem Kopfweh.

Ich fühlte mich so elend, dass ich kaum die nötigen Arbeiten erledigen konnte. Aber was half es, ich durfte den Kopf nicht hängen lassen. Die beiden Kinder brauchten ihre Eltern noch. Ich nahm mich zusammen. Ich begann neue Pläne zu schmieden und sprach wieder von der Zukunft. Heinz war völlig apathisch. Er hörte mir zu, aber er gab kaum Antworten. Bis er eines Tages meinen »verrückten Plänen« widersprach und an allem, was ich ihm vorschlug, etwas auszusetzen hatte.

Da wusste ich, dass seine Lebensgeister wieder erwachten und dass er auf dem Wege der Besserung war.

Es kam Besuch, der uns von unseren trüben Gedanken ablenkte. Es waren zwei ungleiche Menschen. Der eine, an die fünfundzwanzig, mit einem sympathischen, offenen Gesicht, ein Belgier namens Raoul Falley – der andere, fünfzig Jahre alt, verschlossen, mürrisch, ein Deutscher; er hieß Strobel; den Belgier Falley beachteten die Hunde überhaupt nicht …

»Sind Sie vom Himmel gefallen?«, fragte ich.

»Nein, wir sind mit der holländischen Jacht ›Anna Elisabeth‹ gekommen. Wir waren auf dem Wege nach Tahiti. Wir hatten für die Fahrt auch anständig bezahlt«, begann Falley die Schilderung ihres merkwürdigen Erlebnisses. »Die Jacht hatte keine Erlaubnis, die Galápagos anzulaufen, aber Kapitän Lamberty legte in der Postoffice-Bucht an, damit wir zu Ihnen ins Farmhaus gehen und uns für unsere Briefe den Galápagos-Stempel holen konnten. Erst haben wir uns verlaufen. Als wir bei Ihrem Farmhaus ankamen, war es so spät, dass wir oben übernachten mussten. Bei der hereinbrechenden Dunkelheit hätten wir den Rückweg nicht mehr gefunden. Ja, und als wir heute früh wieder zur Küste kamen, war von der ›Anna Elisabeth‹ nichts mehr zu sehen. Vor der Posttonne lag ein Teil unseres Gepäcks, aber keinerlei Nachricht. Das Geld, das wir dem

Kapitän anvertraut hatten, fünfhundert Dollar für jeden von uns, hat der Kapitän mitgenommen und den besseren Teil unseres Gepäcks auch.«

Waren die alten Seeräuberzeiten wiedergekehrt? Wir hörten uns Falleys Schilderung kopfschüttelnd an und begriffen nicht, wie ein Kapitän zwei Menschen ohne Lebensmittel, ohne Wasser, ohne ihr persönliches Eigentum und sogar ohne Pässe einfach an einer fremden Küste aussetzen kann. Ob man ihnen glauben wollte oder nicht – auf jeden Fall waren sie da; irgendjemand musste sie wohl auch hergebracht haben. Unsere Funkstation war nicht in Ordnung. Nach draußen war nichts über die beiden zu berichten, und von draußen war nichts über sie zu erfahren. Wir mussten sie vorläufig bei uns behalten. Das nächste Schiff war vor sechs, acht Wochen nicht zu erwarten.

Raoul Falley ging, um sich die Zeit zu vertreiben, mit Rolf fischen. Sie fingen siebzehn Zentner. Davon bekam Raoul die Hälfte, damit er etwas Geld in die Hände bekam, um eine Rückfahrkarte nach Belgien bezahlen zu können. Er fand Gefallen an unserem Leben. Und er fand auf Floreana reichlich Nahrung für seine Phantasie. Er war nämlich, wie er uns nach einiger Zeit gestand, Journalist. Die Wochen auf der Insel waren für ihn keine verlorene Zeit. Im Gegenteil, er wollte sich sogar darum bemühen, dass er noch länger bleiben durfte. Uns allen wurde er ein lieber, guter Freund, der uns mit seiner immer fröhlichen Art unbewusst über das Schwere, das wir erlebt hatten, hinweghalf. Sogar Heinz taute von Tag zu Tag mehr auf. Er fand das Lachen wieder, wenn er mit Raoul in dessen holprigem Deutsch und seinem eigenen schlechten Englisch herumkauderwelschte.

Strobel war kein so angenehmer Gast. Er hatte an allem herumzunörgeln und wusste alles besser; er zankte sich dauernd mit Falley. Wir trauerten ihm nicht nach, als er kurz vor Weihnachten mit einem Regierungsschiff die Insel verließ. Raoul blieb noch bis zum Februar.

Thor Heyerdahls Inka-Kopf

1952/53

Die Sonne scheint doch wieder über Floreana. Wir haben das Schlimmste hinter uns. Harrys Unglücksfall verfolgt uns nicht mehr bei Tag und Nacht wie in den ersten Wochen nach seinem Tod. Rolf hat sich wieder erholt. Er geht fischen mit unserem Nachbarn Rodrigo, der vor Jahren als Siedler auf die Insel gekommen ist. Heinz ist auch wieder gesund. Er ist noch stiller als früher, aber er kann wieder arbeiten, und er schmiedet Zukunftspläne.

»Hast du noch nie Sehnsucht danach gehabt, Rolf, einmal die große Welt draußen kennenzulernen?«, fragt er an einem Abend. Es war um die Weihnachtszeit. In zwei Wochen würde Rolf zwanzig Jahre alt. Heinz und ich zwinkerten uns zu. Wir hatten oft darüber gesprochen, dass Rolf nun alt genug sei, um das »Weltwunder« draußen einmal selbst kennenzulernen. Als ich in einer illustrierten Zeitschrift aus Deutschland blätterte und mir die Bilder ansah, war mir, zum ersten Mal bewusst, dieser Gedanke gekommen. Merkwürdig: Ich kenne diese Welt, ich bin in ihr aufgewachsen – und mein Junge, der nun fast zwanzig Jahre alt ist, hat noch nie etwas von dieser Welt gesehen. Er kennt kein Haus, keine richtige Straße, kein Geschäft, kein Auto, kein Kino und kein Theater, noch nicht einmal ein Fahrrad, von einer Fabrik oder einem Schnellzug ganz zu schweigen. Rolf kennt alles nur von Bildern und Berichten.

Diese Gedanken hatten mich nicht mehr losgelassen. Ich hatte mit Heinz darüber gesprochen. Wir hatten uns geeinigt, dass wir Rolf zu seinem zwanzigsten Geburtstag eine Reise zum Festland schenken wollten. Was würde Rolf darauf antworten? Wir sahen ihn sehr gespannt an.

»Sehnsucht nach der Welt?« Rolf wiederholte jedes Wort ganz langsam und gedehnt. »Sehnsucht eigentlich nicht direkt ...« Er lächelte. Die Vorfreude glänzte in seinen Augen. »Aber sehen würde ich die Welt schrecklich gern.«

Wir versprachen ihm, dass er bald fahren dürfte, und schmiedeten an diesem Abend die ersten Pläne für seine Reise. Rolf war plötzlich Feuer und Flamme. Die Sehnsucht nach der großen Welt hatte ihn gepackt. Die Reise nach dem Festland war also beschlossene Sache. Aber bevor es zu dieser Reise kam, kam eine große Segeljacht vom Festland an.

Von den Leuten der »Don Lucho« wurde uns ein Zettel mit einer kurzen Nachricht heraufgebracht:

»Sind an Bord der ›Don Lucho‹ und haben die Absicht, einige Zeit auf Floreana zu bleiben und dort Ausgrabungen aus der Inkazeit zu machen. Kann ich mit meinen Mitarbeitern bei Ihnen wohnen? – Thor Heyerdahl.«

Thor Heyerdahl, der Norweger – wir hatten die Berichte über seine wagemutige Floßfahrt zur Oster-Insel in den Zeitungen gelesen. Wir hatten von seinem Buch *Kon-Tiki* gehört – Heyerdahl, ein junger Forscher, von dem die ganze Welt sprach ... Und er wollte zu uns kommen? Wir brauchten im Familienrat nicht lange zu debattieren, ob wir Thor Heyerdahl und seine kleine Expedition bei uns aufnehmen würden. Natürlich würden wir. Mit Freuden sogar. Wir schickten Rolf zum Schiff. Er sollte ausrichten, dass Heyerdahl und seine Mitarbeiter herzlich eingeladen wären.

Dann standen sie vor uns: Thor Heyerdahl, der Chef der Expedition, Arne Skölsvold und Dr. Reed.

Sie kamen nicht gerade mit kleinem Gepäck. Unser Haus verwandelte sich im Handumdrehen in ein Warenhaus. Fünfundfünfzig große Kisten wurden ausgebootet und zu uns ins Haus geschleppt.

»Was haben Sie denn da drin?«, fragte ich neugierig.

»Alle möglichen Geräte«, sagte Heyerdal. »Vor allem Lebensmittel. Natürlich auch Wasser.«

Ich schlug die Hände über dem Kopf zusammen: »Lebensmittel? Wasser? Sind Sie denn ...?« Fast wäre ich mit diesem Ausdruck ausgerutscht. »Haben Sie denn geglaubt, Sie würden auf Floreana hungers sterben?«

»Ja«, lachte Heyerdahl. »Man muss immer mit dem Schlimmsten rechnen. Wir haben Verpflegung für ein halbes Jahr mitgebracht.«

»Da können Sie die Wittmers ja miternähren.«

Ein Glück, dass wir genügend Platz hatten. Für die Gäste und die fünfundfünfzig Kisten.

Sie waren nicht gekommen, um uns zu unterhalten. Sie wollten arbeiten. Rolf wurde in den Dienst der Expedition gestellt und führte sie kreuz und quer, zu Fuß und im Boot, in der Gegend herum. An verschiedenen Stellen wurde gegraben. Heyerdahl war davon überzeugt, dass lange vor den Spaniern Inka auf der Insel Floreana gewohnt haben müssten.

Aber es begann zu regnen. Es goss in Strömen. Überall auf der Insel stürzte das Wasser in breiten Bächen von den Höhen zu Tal. Der Busch wurde üppig grün. Das Unkraut wucherte. An Ausgrabungen war in diesen Wochen nicht zu denken. Dafür klapperten den ganzen Tag die Schreibmaschinen im Haus. Heyerdahl und seine Gefährten liebten es nicht, untätig herumzusitzen.

Am Abend fanden wir uns um den großen Familientisch zusammen. Ob wir etwas von der Frühzeit der Insel wüssten, wollte Heyerdahl wissen. Er fragte und fragte. Aber was sollten wir wissen? Wer wusste überhaupt etwas aus der Vergangenheit von Floreana? Ein paar Seeräubergeschichten ... Heyerdahl suchte nicht nach Seeräubergeschichten. Er suchte etwas ganz anderes:

»Haben Sie niemals Spuren von der Vergangenheit gefunden? Reste menschlichen Lebens? Vielleicht nur ein paar Tonscherben?« Nein, wir hatten nicht einmal Tonscherben von Gefäßen und Krügen, die die Inka vor Jahrhunderten hergestellt und benutzt hatten, gefunden.

Thor Heyerdahl kam auf das riesige Steingesicht zu sprechen, das aus einem Felsen bei der Quelle herausgehauen war: »Hier muss es doch so einen alten Kopf aus Stein geben ... habe ich gehört. Haben Sie den gesehen? Ich habe über das Steingesicht schon lange, ehe ich hierherkam, gehört, von einem Foto, das vor vier, fünf Jahren die ganze archäologisch interessierte Welt in Erregung versetzt hat.«

»So«, meinte Heinz trocken. »Sie kennen das Steingesicht?«

»Es hat hitzige Diskussionen darum gegeben. Die Wissenschaftler stehen heute noch vor einem Rätsel.« Heyerdahl sah nicht, wie Heinz halb erstaunt, halb belustigt schmunzelte, als er zum ersten Mal von der Weltbedeutung dieser Plastik hörte. Thor Heyerdahl erzählte in allen Einzelheiten von der Sensation, die dieses Steinbild ausgelöst hatte:

Im Jahr 1948 war Captain Lord auf Floreana gewesen (das war das Einzige, was wir von der Sensation kannten), danach hatte er in New York einen Vortrag über diese Reise gehalten. Heyerdahl war aus Norwegen eigens zu diesem Vortrag nach New York gereist. Er hatte den Streit der Wissenschaftler miterlebt, der plötzlich entbrannte, als Captain Lord ein Foto dieses Steingesichts zeigte, das er auf der Insel Floreana, in Wittmers Farm, gefunden hatte. Ein Archäologie-Professor sprang auf und rief erregt in den Saal hinein: »Dieses Bild stammt von der Osterinsel, aber niemals von den Galápagos! Sie haben die Fotos von der Osterinsel und Galápagos durcheinandergebracht.«

»Ich bin nie auf der Osterinsel gewesen«, entrüstete sich Captain Lord. »Auf keiner Galápagos-Insel hat man bis heute auch nur etwas annähernd Ähnliches gefunden.«

Der Streit in jener New Yorker Versammlung der Archäologen wogte hin und her. Galápagos – ja, Galápagos – nein … Die Gemüter erhitzten sich über diese Streitfrage. Der Streit der Gelehrten setzte sich fort, bis Thor Heyerdahl zusagte, nach Floreana zu reisen und an Ort und Stelle die Wahrheit zu ergründen.

Da war er nun auf Floreana. Er saß mit uns an einem Tisch und hatte nach dem riesigen Steinbild gefragt.

»Wissen Sie wirklich nichts darüber?«

Doch, wir wussten etwas. Alles sogar. Wir kannten die Geschichte der Entstehung dieses Steinkopfes haargenau, besser als Captain Lord und alle Archäologen. Wir wussten auch, wie es zu dem Gelehrtenstreit gekommen war. Jetzt endlich mussten wir Farbe bekennen.

Rolf war an allem schuld.

»Captain Lord ist tatsächlich im Jahre 1948 hier auf der Insel gewesen«, begann ich das Geständnis. »Captain Lord hat das Steingesicht entdeckt und es von allen Seiten fotografiert. Auf dem Rückweg – Rolf hatte ihn begleitet – hat er den Jungen verschiedenes gefragt, und Rolf, der damals nicht so gut wie heute Englisch verstand, hat immer treu und brav ›Yes‹

gesagt. Das war das einzige englische Wort, das er damals beherrschte.

Captain Lord wird ihn wahrscheinlich gefragt haben, ob der Stein da war, bevor wir auf die Insel kamen. Nun, das war er. Und Rolf hat immer ›Yes‹ dazu gesagt. Später hat er uns auch noch gefragt, und wir haben es ihm bestätigt, ohne weiter darüber nachzudenken. Steine hatten wir genug auf Floreana. Sie waren alle vor uns da.«

»Dann gibt es dieses Steingesicht also wirklich hier auf Floreana?« Heyerdahl sprang begeistert auf.

Ich musste seine Begeisterung dämpfen: »Behalten Sie ruhig Platz, Herr Heyerdahl! Das Steingesicht existiert, oben bei unserem Farmhaus. Es stammt aber nicht von den Inka, sondern von meinem Mann.«

Als Heyerdahl sich von seiner ersten Überraschung erholt hatte, sah er meinen Mann noch immer ungläubig an. Ich erklärte die Vorgeschichte. Heinz hatte dieses Gesicht vor langer Zeit aus dem Tuffstein herausgemeißelt, um Rolf die Kunst des Steinmeißelns beizubringen. Ganz aus Versehen und ohne jede Absicht war ihm das Steinbild so gut gelungen, dass man es wirklich für ein prähistorisches Kunstwerk halten könnte. Es war einfach eine Übung gewesen. Inzwischen war der Stein längst wieder bemoost und verwittert. Er sah also »alt« aus, und Captain Lord war wirklich kein Vorwurf zu machen.

Wir hatten uns, trotz unseres schlechten Gewissens, während meiner Erzählung das Lachen nicht verbeißen können. Jetzt lachte Heyerdahl schallend auf:

»Und darum haben die Gelehrten einen erbitterten Krieg geführt? Das müssen wir feiern!« Er brach eine der fünfundfünfzig Kisten auf, die nicht nur Wasser enthielten. Wir tauften das Steingesicht.

Aber wir sind doch noch in die Wissenschaft eingegangen.

Der Regen wollte und wollte nicht aufhören. Ein Wolkenbruch jagte den anderen. Rinnsale, die von der Höhe herunterflossen, rissen die Erde auf, spülten sie fort. Das Meer färbte sich kilometerweit braun. Rund um meinen Hühnerstall hatte das Wasser tiefe Gräben in den lockeren Boden geschnitten. Und in diesen Gräben entdeckte ich ein paar Tonscherben. Ich rief nach Heyerahl und Arne Skjölsvold:

»Hallo! Ich habe etwas gefunden!«

»Was?«, rief Heyerdahl zurück. »Noch ein Steingesicht?«

»Nein, Scherben. Tonscherben.«

Sie kamen aus dem Haus gelaufen, sprangen in schnellen Sätzen zum Hühnerstall und bückten sich, unbekümmert um Dreck und Schlamm, tief in die Gräben hinein. Sie buddelten eine Scherbe nach der anderen vorsichtig aus. Arne stand mit hochrotem Kopf auf und hielt mir eine besondere Kostbarkeit entgegen: »Eine alte Tonpfeife.«

Dr. Reed war inzwischen dazugekommen. Er stellte mit einem Blick fest, dass sie gut ihre sechshundert Jahre alt sein müsse. »Also lange bevor die Spanier kamen ...«

Das Forscherfieber hatte die drei Norweger gepackt. Nun sahen sie sich am Ziel ihrer Wünsche.

»Let the chicken out!«, bat Dr. Reed.

Das Hühnervolk bekam auf Wunsch der Wissenschaft Ausgang, und die drei Gelehrten gruben den ganzen Hühnerstall um. Die Ausbeute lohnte die lange Wartezeit. Aufgeregt über den unerwarteten und so heiß erhofften Fund trugen sie die Scherben ins Haus, verpackten sie sorgsam und liebevoll, wie kostbare Schätze, in Papier und Watte. Später haben wir einige unserer Scherben noch einmal wieder gesehen, in Bildern: in Thor Heyerdahls und Arne Skölsvolds wissenschaftlicher

Arbeit über die Funde aus der vorspanischen Zeit auf den Galápagos-Inseln. Damit war, nach dem Reinfall mit dem Steingesicht, unser guter Ruf in den Augen der Wissenschaft wiederhergestellt. Wir konnten unser schlechtes Gewissen für immer begraben.

Der große Fund im Hühnerstall wurde bis in die späte Nacht nun wieder mit Wittmer-Whisky gefeiert. Dann reiste Heyerdahls Expedition zu den anderen Inseln weiter. Auch dort sollte gegraben und geforscht werden.

Die große Sintflut

1953

Es regnete ununterbrochen weiter. Diese Regenzeit 1953 war wirklich verheerend. Die Täler und Hänge der Insel waren zu Flüssen geworden. Die Arbeit auf der Farm kam zum Erliegen. Die Fischerei musste sich darauf beschränken, die getrockneten Fische vor dem Verschimmeln zu bewahren. Wenn die Sonne eine halbe Stunde durch die Wolken kam, mussten die getrockneten Fische schnell ein kurzes Sonnenbad nehmen. Ostern rückte immer näher. Zu Ostern sollten die Fische auf dem Festland sein, denn das ist die einzige Zeit des Jahres, in der Fische in unglaublichen Mengen gekauft und verzehrt werden. Es war die erste große Chance für Rolf, seinen Fischsegen für gutes Geld loszuwerden.

Rolf hatte Glück. Ehe der Trockenfisch rettungslos verschimmelte, kam kurz vor Ostern das Patrouillenschiff »Manabi« mit Thor Heyerdal an Bord. Wir hatten ausgemacht, dass er Rolf und seine Fische mit nach Ecuador hinübernehmen sollte. Rolfs erste Reise in die große Welt, die wir ihm als Geburtstagsgeschenk versprochen hatten, stand also vor der Tür.

Thor Heyerdahl und seine kleine Expedition hatte auch auf den anderen Inseln gegraben. Jetzt hatte er es eilig, mit seiner Ausbeute nach Ecuador und dann wieder in die Heimat zu kommen. Es ging, wie so oft bei unseren Abreisen, alles Hals über Kopf. Rolf bekam einen Koffer voll Wäsche und zehn Koffer vollgepackt mit guten Ratschlägen gegen die böse Welt.

Weg war er! Wir waren zum ersten Mal seit zwanzig Jahren ohne Rolf.

Ostern goss es so stark, dass ich das Fest allein im Küstenhaus verleben musste. Heinz, Inge und ihre Freundin Marianita waren oben im Farmhaus. Sie konnten unmöglich herunterkommen. Die Wege hatten sich in Flüsse verwandelt. Der Boden war so mit Wasser vollgesogen, dass man keinen Schritt gehen konnte. Einen Schritt bergab schon gar nicht. Es sah aus, als ob die ganze Welt nur noch aus Wasser bestünde. Als ob das Meer und der Himmel eins geworden wären, so regnete es immer weiter.

Am 30. April kommt ein amerikanisches Fischerboot von Santa Cruz. Der Kapitän und seine Frau besuchen mich. Aber es ist kein fröhlicher Besuch.

»Wir brauchen dringend frisches Gemüse, Kartoffeln, Yucca, Obst – alles, was Sie haben«, sagt der Kapitän. »Die ganze Insel Santa Cruz ist ein einziger See. Die Verbindung mit den Bewohnern in den Bergen, mit den Farmern, ist unterbrochen. Wir bekommen keinen einzigen Kohlkopf, keine Kartoffel zu uns herunter. Wir haben versucht, mit Eseln in die Berge zu kommen. Aber die Esel sinken bei jedem Schritt bis zum Bauch in den Schlamm. Mit einem Wort – wir haben nichts mehr zu essen. Wenn das noch ein paar Tage so weitergeht, müssen wir verhungern. Das Schiff vom Festland sollte in den nächsten Tagen kommen. Es müsste eigentlich schon längst da sein; unsere Vorräte sind längst aufgebraucht.«

»Vielleicht kommt heute Abend jemand von der Farm«, sage ich. Es klingt nicht sehr hoffnungsvoll. Bei diesem Regen, bei diesem Schlamm …

»Wir kommen in drei Tagen wieder.« Ich sehe die besorgten Gesichter des Kapitäns und seiner Frau. Aber im Augenblick kann ich ihnen nicht helfen. Ich habe selbst nur das Allernötigste im Haus.

Eine Katastrophe droht. Oben, das sehe ich, gießt es noch immer in Strömen. Das Wasser kommt in Bächen von den Bergen. Ich gehe ein Stück bergauf. Der Weg zur Farm ist stellenweise ein dreißig Meter breiter Fluss. Unmöglich, dass da jemand herunterkommen kann. Mit einer Last jedenfalls nicht. Nicht einmal der starke Rolf würde das schaffen.

1. Mai 1953.

Es regnet immer noch. Ich versorge das Schwein, die Hühner und die vielen Küken. Dann gehe ich in mein Schreibzimmer und tippe Briefe. In den nächsten Tagen muss ein Schiff vom Festland kommen, das die Post mitnehmen kann. Gegen Mittag wird der Regen zum Wolkenbruch. Der Wind wächst sich zum Sturm aus. Er brüllt um das Haus an der Küste, dass ich denke, es müsste jeden Augenblick einstürzen. Aber es hält stand, es ist fest gebaut.

Der Regen – nein, es ist kein Regen mehr, es ist eine einzige Wassermasse geworden – klatscht jeden Augenblick von einer anderen Seite gegen die Fenster. Der Sturm heult und tobt um das Haus. Durch die kleinsten Ritzen neben den Fenstern dringt das Wasser in den Raum herein. Auf dem Boden bilden sich breite Wasserlachen. Draußen wird es – trotz der Mittagsstunde – plötzlich dunkel. Und in die Finsternis hinein zucken grelle Blitze. In meine Einsamkeit kracht Donner, wie ich ihn noch nie gehört habe. – Ich bin allein.

Mir fallen die kleinen Küken ein. Ich stürze hinaus zum Hühnerstall, nur mit einem Badeanzug bekleidet. Die Küken schwimmen fast im Wasser. Das Schwein droht zu ertrinken.

Ich renne nach einer Brechstange, um ein Loch unter den Stall zu reißen, damit das Wasser ablaufen kann …

Das habe ich schließlich geschafft. Da sehe ich, wie meine Paila, mein großer Kupfertopf, in dem ich das Fett auslasse, in der Regenflut davonschwimmt. Die Paila hatte an der Wand des Lagerraumes gehangen. So hoch steht das Wasser schon? Ich renne der Paila nach. Noch zwanzig Meter, dann ist sie auf Nimmerwiedersehen im Meer verschwunden. Bis zu den Schultern im Wasser laufe ich, stolpere ich über das Geröll vorwärts und erwische den Kupferkessel im letzten Augenblick. Ich habe ihn – freue mich wie ein Kind, dass ich unser gutes Stück gerettet habe.

Es ist so, wie es in solchen Katastrophen-Augenblicken immer ist: Man rettet, was einem gerade unter die Finger kommt. Ich habe einmal gelesen, dass Menschen bei einem Großfeuer nach irgendeinem völlig wertlosen Gegenstand greifen und ihn unter Einsatz des Lebens retten. Und dass sie an wirkliche Geldwerte, Papiere, Silber überhaupt nicht denken.

Ich hatte über der Paila alles andere vergessen, vor allem die hilflosen Küken. Da sah ich sie an mir vorüberschwimmen. Die Wasserstrudel drehten sie wie Holzstückchen herum. Achtzig kleine Küken wurden ins Meer geschwemmt. Die Hennen rannten und flogen wie verrückt um das Wasser herum. Dann retteten sie sich auf die Bäume.

Als ich zurückwatete, sah ich, dass die Werkstatt und das Lager in Gefahr waren. Sie waren nur aus getrockneten Lehmsteinen erbaut. Trotzdem hatten sie den bisherigen Regenzeiten standgehalten. Dieser Sintflut aber würden sie nicht widerstehen. Ich griff nach einem Spaten, häufte eine Mauer aus Erde vor den Schuppen auf, um das Wasser seitlich abzuleiten. Ein noch größerer Wasserstrudel riss sie wieder ein.

Ich stand in einem See. Ich hatte wie eine Sklavin gearbeitet, fast vier Stunden lang. Mein Leib schmerzte. Ich spürte es zum ersten Mal, als ich einen Augenblick verschnaufte. Machte sich das alte Leiden wieder bemerkbar? »Ein Jahr lang dürfen Sie überhaupt nicht arbeiten«, hörte ich die Worte des Arztes, der mich behandelt hatte. Dann übertönte der Sturm mit seinem Brüllen wieder jeden Gedanken.

Ich gab den Kampf gegen die Elemente auf und schleppte mich zum Haus zurück. Die Erde vor dem Kücheneingang war fast einen Meter hoch angeschwemmt. Nur der eigentliche Hauseingang, der höher lag – das Haus war wegen der Nähe zum Meer vorsichtshalber auf Zementpfeiler gebaut worden –, der Hauseingang war noch zu erreichen. Das ganze Haus war wie eine Insel im brodelnden Meer. Draußen tobte das Wasser von den Bergen, riss Sträucher und ganze Baumstämme mit sich, und es war kein Ende dieser Sintflut abzusehen. Im unteren Stockwerk schwamm alles.

Das Feuer im Herd war längst ausgegangen. Ich spürte jetzt, als ich in der Küche stand, dass mir eiskalt war. Ich zitterte vor Nässe und Kälte. Ich war im Badeanzug … Dann legte ich mich ins Bett und gedachte den Rest der Sintflut zu verschlafen. Die Möglichkeit, dass das Bett samt dem ganzen Haus in die offene See hinausgespült werden könnte, zog nur ganz am Rande in meine Gedanken ein. Nach mir die Sintflut …

»Auf Santa Cruz an der Küste haben sie nichts mehr zu essen … Ein paar Tage noch, wenn kein Schiff kommt, wird die Situation kritisch …« Das waren meine letzten Gedanken, ehe ich einnickte.

Gerade als ich hinüberduselte, gab es irgendwo einen ohrenbetäubenden Knall, der mich aus dem Bett warf und sofort wieder auf beide Beine stellte. Im Halbschlaf betastete ich die

Wände. Sie standen noch. Ich zog den Gummimantel an und kroch in meines Mannes viel zu große Gummistiefel – und watete zur Inspektion hinaus. Ich watete durch einen See und sah die Ursache des ohrenbetäubenden Krachs: Die Werkstatt und eine Mauer des Lagerraumes waren zusammengefallen. Das Zinkdach, das darüber lag, hatte das verursacht.

Ich konnte die Mauer nicht wieder aufbauen. Die Hühner hockten mit klatschnassem Gefieder oben in den Bäumen. Sie hatten, wie ich, die Sintflut überstanden.

Es nieselte jetzt nur noch. Der dichte Nebel, der über der Insel gelegen hatte, löste sich auf. Ich konnte das Meer wieder erkennen. Es war eine hässlich braungelbe Wasserbrühe, gefärbt von der Erde unserer Insel.

Es sah so aus, als ob es auf Floreana überhaupt keine Erde mehr gäbe. Ich sah an der Küste nur Steine … Steine …

Ich kam mir elend und verlassen vor in diesem Chaos. So hilflos. So klein.

Über dem Ozean lag feiner Nebel. Er löste sich auf, irgendwohin. Ich sah in der Bucht ein Schiff liegen.

Ich steige wieder in die klatschnassen Gummistiefel von Heinz und merke gar nicht, wie nass sie innen sind, und wate durch das knietiefe Wasser zum Strand. Es ist das Regierungsschiff »El Oro«. Von der Reling winkt jemand zu mir herüber.

Ist es Rolf? Ich sehe nur, wie ein Boot zu Wasser gelassen wird. Wie es zur Küste herüberkommt, direkt auf mich zu. In dem Boot sitzt Comandante Northia.

»Was war denn bei Euch in Floreana los?«, schreit er mir über das Wasser entgegen. »Wir dachten, die Insel wäre überhaupt nicht mehr da. Wir haben sie fünf Stunden lang gesucht.«

»Wissen Sie etwas von Rolf?«, schreie ich zurück.

»Er ist an Bord. Kommt mit dem nächsten Boot.«

Das Boot legt an. Mit dem Kommandanten steigen die Offiziere aus. Ziehen Schuhe und Strümpfe aus und krempeln sich die Hosen hoch. »Aber jetzt einen heißen und starken Kaffee, Señora Margarita!«

Im nächsten Boot hockt tatsächlich Rolf. »Genau im richtigen Moment.«

Ein paar Minuten später war er da. Er hätte sich wirklich keinen besseren Zeitpunkt für seine Rückkehr aussuchen können als gerade diese Stunde, in der ich ziemlich verzweifelt im Schlamm, zwischen Steinen und Aststücken herumwatete.

Er besah sich den Schlamm und die Trümmer und machte eine Geste, als ob er das alles mit einer Handbewegung wegwischen wollte:

»Bei euch hat's wohl ein bisschen geregnet?« Er wusste genau, was mir in dieser Lage am besten helfen konnte: Humor.

Erst zwei Tage später konnten Heinz und Inge vom Farmhaus herunterkommen; so lange waren die verschlammten Wege unpassierbar. Sie hatten während des Wolkenbruchs Todesängste um mich ausgestanden.

Die Sintflut bedeutete für Rolf wochenlange zusätzliche Arbeit. Aber das schreckte ihn nicht im Geringsten: »Hier ist es doch tausendmal schöner als auf dem Festland«, sagte er. »Von hier kriegen mich keine zehn Pferde mehr weg.«

Vor hundert Jahren hat Floreana die erste große Invasion erlebt, als der ecuadorianische General Villamil mit seinen achtzig Sträflingen auf die Insel kam, um aus wilden Männern zahme Siedler zu machen. Viel hat er damit nicht erreicht, aber immerhin hat er der Insel den Namen Floreana gegeben.

Die zweite Invasion erleben wir jetzt; und zwar eine ganze Schiffsladung von Landsleuten, frühere Deutsche aus Ecuador, zumeist Emigranten, die hier eine neue Heimat und auch eine Existenz gefunden haben, nachdem sie ihre frühere verloren hatten. Jetzt haben sie sich in Ecuador wieder hochgearbeitet, und nun wollen sie sich einmal etwas Besonderes leisten: die Galápagos besuchen und hier auf den fernen Inseln Weihnachten und Neujahr feiern.

Diese Invasion war eins unserer Weihnachtsgeschenke. Es war ein wahrhaft großes Geschenk – so groß, dass unser Haus fast platzte. Aber es hat gehalten, und wir haben uns trotz aller Arbeit von Herzen gerade über diesen Besuch gefreut. Wir hatten auch noch andere Gäste, insgesamt waren wir unser vierundfünfzig.

Das Wort Besuch stand in dieser Zeit nicht auf unserem Kalender. Soweit wir die Tage umblätterten – überall stand nur: Arbeit. Und trotzdem kam bald wieder Besuch. Es kam ein großer schlanker Dreimaster in die Bucht gerauscht, und dann kam ein Motorboot an den Strand gefahren. Inhalt: eine Dame und vier Herren.

Der, der einen dunklen römischen Bart trug, kam als Erster an Land und behauptete lachend:

»Wir wollen bloß mal Ihren Kuchen probieren. Thor Heyerdahl hat uns von Ihrem Brot und Ihrem Kuchen vorgeschwärmt.«

Ich ließ das Messer, mit dem ich den Fischen zu Leibe gegangen war, in den Sand fallen. »Dazu sind Sie zwölftausend Kilometer gefahren?«

Wir schüttelten uns die Hände, und der Bärtige achtete nicht auf das Blut an meinen Fingern. Es war Dr. Hans Hass. »Wir haben nur einen kleinen Abstecher zu Ihnen gemacht. Im Wesentlichen sind wir mit unserer Jacht ›Xarifa‹ unterwegs, um in Ihren Gewässern herumzuforschen.«

Das war also Dr. Hans Hass, der Taucher, der Haifisch-Jäger, der mit Harpune und Kamera ein Stockwerk tiefer arbeitete als Rolf, der Bacalao-Fischer. Und die anderen waren: Graf Geldern, Irenäus Eibl-Eibesfeldt, Dr. Scheer und Lotte Hass, die charmante Frau des Chefs. Das war eine ganz berühmte »Xarifa«-Expedition.

Die Expedition hatte nicht viel Zeit. Tatsächlich nur so viel, um meinen Kuchen zu probieren und einen Abend bei gebratenem Bacalao aus Floreana und heimischem Wein aus dem schlanken Bauch der »Xarifa« zu verbringen.

Und dann war plötzlich, gegen Mitternacht, alles wieder vorbei. Verflogen wie ein Spuk. Die Expedition musste weiter.

Hochzeit im Paradies

1956/57

»Sieh mal zu, ob du mir nicht eine Frau mitbringen kannst. Du kennst ja meinen Geschmack so einigermaßen.« Rolf zwinkerte Inge zu. Und Inge zwinkerte verständnisvoll zurück. Sie packte für eine neue Festlandreise.

Ist das denn möglich? Rolf ist schon dreiundzwanzig Jahre alt. Mir ist, als wäre das erst gestern gewesen, als er in der Höhle zur Welt kam, als ich ganz allein war, während draußen in der unheimlichen abendlichen Stille des Busches die Rinder brüllten …

Wir haben gar nicht bemerkt, wie die Zeit vergangen ist. Wie aus den kleinen Krabbelkindern erwachsene Menschen geworden sind.

Sicher, wir haben oft darüber gesprochen, Heinz und ich, wie es später einmal werden wird, wenn wir und die Kinder älter werden. Wie die Kinder einmal unser Werk fortsetzen sollen. Wir haben ganz im Stillen sogar hin und wieder an Enkel gedacht. Es soll doch alles erhalten bleiben, was wir erschuftet und erschaffen haben.

Aber so deutlich hatte noch nie einer von dieser Zukunft gesprochen wie jetzt Rolf. So deutlich und so ganz selbstverständlich.

Inge fuhr zum Kontinent, und mit dem Maischiff kam sie strahlend zurück. Sie hatte in den drei Monaten wieder eine Menge neuer Eindrücke gewonnen und sich in der Gesellschaft netter junger Mädchen ihres Alters richtig wohlgefühlt.

Sie hatte sich ein bisschen von Zivilisation und Kultur belecken lassen. Und die große Welt draußen hatte ihr gefallen. Aber in der Minute, als sie wieder den festen Boden der Insel betrat, war Floreana wieder ihre Welt, ihre ganze Welt.

»Schrecklich, Mama«, sagte sie, kaum dass sie aus dem Boot herausgesprungen war, »auf dem Kontinent ist es doch längst nicht so schön wie bei uns. Dort fragen sie immer nur nach Geld. Nichts kriegt man geschenkt. Nicht einmal eine Tasse Kaffee.«

Aber sie hatte nicht nur diese Erkenntnis von der Überschätzung des Geldes vom Festland mitgebracht, sondern auch noch etwas ganz anderes: die Freundschaft zu einem jungen Mädchen, Paquita. Die beiden hatten solchen Gefallen aneinander gefunden, dass Inge die junge Paquita zu uns nach Floreana eingeladen hatte.

Paquita García war schon in gewisser Weise mit unserer Insel verbunden, ohne dass wir das recht gewusst hatten. Schuld an dieser Verbindung war unsere Funkstation. Die war unser Sorgenkind.

Aber seit ungefähr einem Jahr funktionierte sie. Sie nahm Funksprüche auf und konnte Funksprüche nach draußen senden. Sie war eine Brücke zur Welt geworden. Und wir erfuhren nun immer rechtzeitig, wann ein Schiff unterwegs zur Insel war. Dieses wochenlange nervöse Warten auf ein Schiff war endlich überstanden. Es war wie ein Wunder. Aber das größte Wunder an dieser Funkstation war der junge Mann, der sie zu bedienen hatte und dem es tatsächlich gelungen war, sie zum rechten Leben zu erwecken. Dieser junge Mann, einundzwanzig Jahre alt, hieß Mario García. Er war das Nesthäkchen einer großen Familie aus Quito. Er hatte vier Brüder und fünf Schwestern – und eine von ihnen war Paquita. Inge hatte sich, getreu ihrem Versprechen, nach einem passenden Mädchen für Rolf umgesehen und sie hatte es in Paquita gefunden.

Eines Tages kam ein Funkspruch an Mario García, unseren jungen Funker, vom Kontinent:

»Eintreffe 12. Juli 1956 Floreana, Paquita.«

Der 12. Juli war gerade mein Geburtstag. Und es war die schönste Geburtstagsüberraschung für mich, dass gerade an diesem Tag die »Don Lucho« Paquita zu uns brachte.

Unter den jungen Leuten herrschte eitel Freude über diesen Besuch. Paquita war auf einer kleinen Finca am Fuße des Chimborazo geboren. Alle zehn García-Kinder waren dort zur Welt gekommen. Während Papa García eine Beamtentätigkeit ausübte, leitete die Mutter mit Hilfe einiger Indios die Finca. Dort auf der Finca wuchsen auch Paquita und Mario auf, die jüngsten der García-Geschwister. Sie pflanzten und ernteten alles das, was auch wir auf Floreana anbauten. Die jungen Garcías fanden auf Floreana alles das wieder, was einst ihre selige Kindheit gewesen war.

Rolf, Ingeborg und die beiden Geschwister García, Paquita und Mario, wurden ein unzertrennliches vierblättriges Kleeblatt. Paquita akklimatisierte sich sehr schnell auf der Insel. Sie lebte sich vollkommen in unser Inseldasein ein. Sie hatte Verständnis für unsere Arbeit, für alle Sorgen und Nöte unserer Farm und auch des Fischfangs, den Rolf mit Erfolg betrieb.

Paquita wurde Rolfs guter Stern.

Es ist Sonntag. Ein stiller schöner Sonntag. Wir beiden »Alten« sind allein. Unser Kleeblatt ist ausgeflogen. Irgendwohin, wer weiß …

Wir sitzen auf der Veranda und sehen dem Spiel der Wellen in der Ferne zu. Die Sonne flimmert auf dem Wasser, die kleinen Wellen wiegen auf und ab, sie tragen Milliarden von Sonnenpünktchen auf ihrem zitternden Rücken und werfen das Licht in flirrendem Durcheinander zurück. Wir sitzen da und sehen diesem ruhelosen Auf und Ab der Wellen zu, jeder mit seinen Gedanken beschäftigt.

Zwischen uns und dem offenen Meer liegt die schmale Landzunge. Und über diesen schmalen Streifen sehen wir vier Menschen kommen. Zweimal zwei Menschen. Zwei Paare, Rolf und Paquita gehen voraus. Rolf hat seinen Arm um das junge Mädchen gelegt. Hinter ihnen gehen Inge und Mario, zärtlich umschlungen, wie die beiden anderen.

Wir sehen ihnen still, in uns gekehrt, mit einem leisen Lächeln entgegen. Heinz bricht das Schweigen:

»Da, sieh, meine liebe Alte, da kommt Wittmers junge Generation. Nun wird es bald so weit sein, dass diese vier da unsere Arbeit weiterführen können. Oder – meinst du nicht, dass es ganz danach aussieht, als ob …?«

Ja, es sieht danach aus, als ob …

Wir warten, wieder schweigend und in Gedanken verloren, bis die vier am Haus ankommen. Dann stehen sie vor uns, alle vier mit roten Köpfen, Rolf und Inge, Mario und Paquita, und Rolf sagt – offen und kurz, wie es seine Art ist:

»Wir möchten heiraten, Paquita und ich. Wenn ihr beide nichts dagegen habt.«

Ich sehe unseren Rolf an. Heinz sieht mich an. Er sagt zuerst gar nichts. Rolfs Erklärung ist vielleicht doch ein bisschen überraschend gekommen, wenn auch nicht ganz unerwartet.

Inge tritt etwas verlegen von einem Fuß auf den anderen. »Wir auch …«

»Was meinst du?«, fragt Heinz. Hat er wirklich nicht verstanden oder tut er nur so?

»Ich auch, Papa«, sagt Inge frei heraus. »Mario und ich, wir … wir beide …« In rührender Verlegenheit fängt sie an zu stottern.

Aber wir lassen sie nicht lange verlegen sein. Was bleibt uns denn anderes übrig, als den Kindern unseren Segen zu geben und ihnen alles Gute und Schöne zu wünschen? Wir tun es gern und aus ehrlichem Herzen. Und am Abend feiern wir im engsten Familienkreis.

Die Verlobung unserer vier wird an unserem fünfundzwanzigsten Hochzeitstag gefeiert. Wir müssen immer ein bisschen praktisch denken: Unsere Pflanzung, unsere Tiere erlauben uns nicht allzu viele Feiertage. Also legen wir das zusammen. Und außerdem haben wir in vierundzwanzig Inseljahren die Erfahrung gemacht, dass die Feiertage umso schöner sind, je seltener sie auf dem Inselkalender stehen. Zur Feier dieses doppelten Freudentages kommen die Eltern der Geschwister García vom Festland herüber.

Am Morgen des Verlobungstages zieht Heinz seinen Ehering ab und steckt ihn dem jungen Mario, unserem zukünftigen Schwiegersohn, auf den Finger. Ich gebe Inge meinen Verlobungsring, der aus den beiden Ringen meiner Eltern zusammengegossen ist. Wir halten alle nichts von großen Worten. Ein kleiner Satz, der von Herzen kommt und den Weg zu einem anderen Herzen findet, ist mehr wert als eine lange, wohlgesetzte Rede.

»Mein lieber Mario«, sagt Heinz und fasst nach der Hand des strahlenden jungen Mannes, »hier in deine Hand lege ich die Zukunft und das Glück meines Kindes. Halte sie gut, dann wird es dir auch gut gehen.«

Die Eltern von Paquita legen ihre Tochter in Rolfs Arme und geben dem jungen Paar, das nach Landessitte vor ihnen niedergekniet ist, ihren elterlichen Segen.

Nun haben wir zwei Brautpaare. Nun wird unser Leben bald in anderen Bahnen verlaufen als bisher. Wir werden ein wenig in den Hintergrund treten. Aber wir sind nicht traurig darüber. Wir sind froh und glücklich, dass es so gekommen ist. Wir müssen an die vielen anderen denken, denen die Ungunst des Schicksals oder der Natur oder der Weltkrieg alles zerstört hat, was sie sich als Pflanzer irgendwo in der Ferne mühsam aufgebaut hatten, die ihre Pflanzungen verlassen mussten, ihre neue Heimat.

Nach dem Feiern kehrte der Alltag wieder auf Floreana ein. Die Garcías blieben noch einige Zeit bei uns. Dann, mit dem ersten Schiff, das an der Insel anlegte, fuhren sie wieder zum Festland zurück. Es ist gut, dass das Leben wieder seinen gewohnten Gang geht, nur mit dem einen Unterschied, dass die Gangart in der nächsten Zeit noch schneller werden wird. Vor uns liegt ein Berg von Arbeit, der größer ist, als er jemals war. Wir müssen bauen. Die Kinder brauchen schließlich Platz, wenn sie heiraten. Und wir selbst brauchen auch so einiges.

Wir brauchen zum Beispiel eine Werkstatt. Rolf baute sie aus achthundert selbst gegossenen großen Zementsteinen. In der neuen Werkstatt wurde noch eine stabile Bodenplatte aus Beton gestampft, und darauf kam die neueste Errungenschaft von Floreana – unsere Lichtmaschine. Mario, der elektrische Fachmann, verlegte im ganzen Haus Lichtleitungen. Wir werden wieder zivilisiert. Das Zeitalter der Petroleumlampen und der krummen Kerzen aus Rindertalg geht seinem Ende entgegen.

Es war wie in den ersten Tagen unseres Siedlerdaseins, als wir noch in der Höhle hausten: Mein Mann schlug Bäume ab, wälzte Steine und blühte trotz der schweren Arbeit richtig auf, wenn er sah, wie die Mauern von einem Tag zum anderen wieder ein Stück gewachsen waren. Die Inneneinrichtung wurde zwar einfach, aber für Galápagos-Verhältnisse war sie ausgesprochen elegant. Sie war hauptsächlich mein Werk. Ich wollte in Farben schwelgen. Ich ließ mir Farben vom Festland kommen, zu einem sündhaft hohen Preis, für den ich fast den halben Bestand meines Hühnerhofes opfern musste. Von den Männern ließ ich mir zeigen, wie man streicht, und dann ging die Pinselei los. Ich strich alles, was überhaupt nur einigermaßen streichbar war, außen und innen. Ich pinselte und pinselte, Tag für Tag. Ich lebte in einem wahren Farbenrausch. Ganz Floreana roch in diesen Tagen nach Farbe. Ich auch. Ich war unbändig stolz. Es war einfach eine Pracht mit meinen Farben. Alles glänzte und strahlte neu und bunt, mir aber wurde schwach, wenn ich an die Mengen der verpinselten Farbe und an die Rechnungen dachte. Trotzdem bauten wir sogar noch zwei Gästehäuser. Ziemlich klein, aber sie hatten ein Bett, einen Tisch, einen Waschtisch und zwei Stühle. Das hätte uns vor vierundzwanzig Jahren jemand auf Floreana anbieten sollen!

Zwischendurch, in all diesem Trubel, mussten wir auch noch Empfänge absolvieren. Mit dem Zerstörer »Alfaro« kamen einige Herren der Botschaften der Vereinigten Staaten, von Panama und Bolivien, der Verteidigungsminister und der Außenminister von Ecuador und noch einige Angehörige des Diplomatischen Korps, die auf einer Rundreise die Galápagos-Inseln besichtigten. Morgens um vier trafen die ersten Gäste ein, die nächsten um sieben, die dritten um neun. Die einen wollten auf die Jagd gehen, die anderen wollten fischen, der Rest wollte baden. Sie kamen alle zu ihrem Vergnügen, und an unserem Tisch kamen sie wieder zu Kräften.

Das war schon der dritte Staatsbesuch bei uns. Im April 1956 war der Präsident von Ecuador, Seine Exzellenz Dr. Velasco Ibarra, bei uns gewesen. Es war einer der größten Tage in der Geschichte der Insel Floreana, als zwei Zerstörer der Armada von Ecuador an der Black Beach vor Anker gingen und Präsident Ibarra in einem Motorboot an Land kam. Die Soldaten der Marinestation trugen Galauniform, an der Küste war eine Ehrenpforte aus Kokospalmblättern errichtet.

Nach der Begrüßung und der Vorstellung der Siedler kam der Präsident mit seinem Gefolge in unser Haus, und wir konnten über die Sorgen und Wünsche sprechen, die wir und alle anderen Siedler hatten.

»Ich verspreche Ihnen«, sagte der Präsident dann zu den Siedlern, »ich werde mich dafür einsetzen, dass die Insel bessere Verbindungen mit dem Festland bekommt, eine neue Funkstation und auch ein festes Schulgebäude für Ihre Kinder.«

Die Amtszeit von Dr. Velasco Ibarra lief nach einigen Monaten ab. Aber er löste die Versprechen, die er uns gegeben hatte, noch ein: Mit dem nächsten Schiff kam eine neue Funkstation, und dann wurde die Schule gebaut.

Auch der neue Präsident, Seine Exzellenz Dr. Camilo Ponce Enríquez, griff gleich nach seiner Amtsübernahme das »Problem Galápagos« auf. Er meldete seinen Besuch für den 7. Januar 1957 an. Diesmal waren wir dank der neuen Funkanlage schon so rechtzeitig über den Staatsbesuch informiert, dass wir einen würdigen Empfang für den Präsidenten, die Minister und die First Lady des Landes vorbereiten konnten.

Und wir konnten diesmal noch etwas Besonderes bieten: eine Ausstellung all der Früchte, die die Insel hervorbringt. Im Gästehaus bauten wir alles auf, was auf Floreana an tropischen, subtropischen und europäischen Früchten gedeiht: Bananen, Ananas, Mangos, Feigen, Ciruelas, Aguacate, Kaffee, Nisperos, Zitronen, Apfelsinen, Guayaba, Chirimoya, Zuckerrohr, Kartoffeln, Paprika, Eierfrüchte, Mais und europäisches Gemüse, daneben Rosen, Hibiskus, Bougainvilleas, Dahlien und Lilien. Rolf stellte Erzeugnisse der Fischerei aus: getrockneten Bacalao, Fischfilets, Haifischflossen, Krebse und Langusten.

Nach der Ankunft der hohen Gäste stellte der Comandante General der Marine, Ordonez, alle Siedler dem Präsidenten vor, und dieser begrüßte jeden einzelnen. Señor Cruz, der älteste der ecuadorianischen Siedler, erinnerte den Präsidenten an das drückendste Problem der Inseln und ihrer Bewohner: die Schiffsverbindung zum Festland. Für uns war das noch das einzige große Problem. Wenn es bisher noch nicht gelöst war – die Regierung in Ecuador hatte uns gegenüber immer Verständnis und guten Willen bewiesen, aber das sich lebhaft entwickelnde Ecuador hatte viele Probleme zu lösen, hatte mit vielen Sorgen eines rasch aufblühenden Landes der Zukunft fertig zu werden. Da mussten wir manchmal eben etwas warten. Nun versprach Präsident Dr. Ponce Enríquez Abhilfe.

Was die Insel bietet, sahen der Präsident und sein Gefolge dann in unserer Floreana-Ausstellung. Ich konnte es an ihren erstaunten Gesichtern ablesen, dass man auf dem Festland noch zu wenig von den Inseln und ihren mannigfaltigen Erträgnissen wusste: Bananen und Kartoffeln, einträchtig nebeneinander! Ananas und Blumenkohl auf einer Farm – wo gibt es das sonst auf der Erde!

Präsident Dr. Ponce Enríquez blieb einen Tag auf Floreana. Später machte er, wie sein Vorgänger, sein Versprechen wahr.

Die »Tarqui«, das neue Kolonistenschiff, kommt jetzt jeden Monat einmal zu den Galápagos-Inseln.

1957.

Eigentlich hatten wir gleich Doppelhochzeit feiern wollen. Aber dann meinten wir doch, Inge und Mario seien noch etwas zu jung; sie könnten ruhig noch ein Jahr warten. Rolf war der erste Europäer, der auf der Insel geboren war. Er war der Erste, der auf Floreana gefirmt worden war. Er würde nun der Erste sein, der auf der Insel Hochzeit halten würde. Deswegen sollte dieser Tag ein besonderer Festtag werden, nicht nur für uns selbst, sondern für ganz Floreana und für alle unsere Freunde.

Monatelang bereiteten wir uns auf dieses Fest vor, und dabei merkten wir wieder einmal, dass wir eben doch am Rande der Welt wohnen. Die einfachsten Dinge, über die man auf dem Festland kein Wort zu verlieren braucht, wurden zu schwerwiegenden Problemen. Wir brauchten für Heinz eine neue dunkelblaue Hose, für ihn und für Rolf Schuhe, für Paquita ein Brautkleid, einen Schleier und weiße Schuhe, Kleidchen für die Brautjungfern. Einen Teil der Sachen hatte meine Schwester Johanna in England gekauft und an uns abgeschickt.

Es wurde Mai, und die Sachen kamen und kamen nicht. Unsere Nerven begannen zu vibrieren. Ein Tag nach dem anderen verstrich, aber kein Schiff tauchte auf. Endlich, zwanzig Tage vor der Hochzeit, kam das lang ersehnte Schiff. Aber Rolf kam mit einer niederschmetternden Nachricht von der Küste:

»Die Sachen sind nicht mitgekommen.« Und das nächste Schiff ist vielleicht erst in zwei Monaten zu erwarten. Es schien nur noch einen Ausweg zu geben: die Hochzeit zu verschieben.

Aber das gütige Schicksal und der Inselchef nebst Gattin fanden einen anderen, besseren Ausweg. Doña Quinones lieh Paquita ein Paar Schuhe, die nach langer und liebevoller Behandlung wieder weiß wurden. Und der Inselchef selbst rückte in diesen Tagen mit der Freudenbotschaft heraus, er sei früher einmal Schneider gewesen. Diesen guten Menschen hatte der Himmel nach Floreana geschickt. Ich gab ihm ein paar Meter dunkelblauen Marinetuchs, und daraus schneiderte er eine richtiggehende Hose für Heinz.

Rolf, der Bräutigam, lieh sich von seinem zukünftigen Schwager Mario ein Paar Schuhe, die eine Nummer zu klein waren. In seiner Vorfreude hatte er das gar nicht bemerkt.

Die Hochzeit brauchte nicht verschoben zu werden. Es war so einigermaßen alles da, was zu einer Hochzeit gehört, eingeschlossen den Rinder- und den Schweinebraten und die fünfunddreißig Hähnchen vom Rost. Am 12. Juli sollte – und konnte nun – die Hochzeit sein, und dieser 12. Juli sollte ein dreifaches Fest sein: Hochzeit der beiden jungen Leuten, fünfundzwanzig Jahre Siedler auf Floreana und mein Geburtstag. Jetzt brauchten nur noch die Gäste zu kommen, um mit uns das dreifache Fest zu feiern. Aber am Abend des 10. Juli, um zehn Uhr, traf ein Funkspruch des Insel-Gouverneurs ein:

»Lancha patrullera kann nicht kommen. Kein Betriebsstoff.«

Am nächsten Morgen saß ich in der Funkstation und verhandelte mit San Cristóbal, um irgendein Motorboot zu chartern, damit die Behörden und die Gäste und vor allem der Monsignor doch noch rechtzeitig kommen könnten, der ja unbedingt gebraucht wurde. Alles, aber auch alles war vorbereitet. Das ganze Haus war für den Empfang der Gäste gerüstet und wartete. Das Brautpaar wartete. Gegen Mittag kam

Heinz von der Farm herunter, um die ersten Gäste zu empfangen. Aber es gab nichts zu empfangen. Als ich ihm die neuesten Nachrichten erzählte, fiel ihm nichts Besseres ein, als laut loszulachen:

»Warum regst du dich denn so darüber auf? Wie alt bist du eigentlich, um das tragisch zu nehmen? Bist du nicht schon fünfundzwanzig Jahre auf den Galápagos – und hast immer noch nichts gelernt?«

»Ja, Paciencia. Ich weiß«, hauchte ich ergeben.

Mittags um zwölf kam die Funkmeldung, eine Privatjacht würde den Monsignor und die Abordnung des Gouverneurs herüberbringen, und vier Stunden später heulte es vor der Küste. Aber das war nicht die angekündigte Jacht, sondern ein Schiff, das unsere Gäste brachte. Die Jacht mit dem Geistlichen und der Abordnung des Gouverneurs traf erst spät am Abend ein, aber sie kam.

Unsere Betten waren alle belegt; aber wir konnten noch ein paar Gäste in der Capitania, dem Haus der Regierung, unterbringen. Unser Freund Suboficial Quinones war liebevoll um uns bemüht. Er hatte alles festlich herrichten lassen. Die Schulkinder von Floreana waren alle in Hellblau oder Weiß in Seide gekleidet, die Marine trug Galauniform, als am nächsten Morgen die Ziviltrauung in der Capitania vor sich ging. Der Vertreter des Gouverneurs machte seine Sache sehr schön. Er hielt dem jungen Paar eine kleine Rede, ehe er sie zu Mann und Frau erklärte. Es war so feierlich, dass sogar Rolf nasse Augen bekam. Paquita war so aufgeregt, dass sie kaum ihren Namen schreiben konnte.

Dann gingen wir »in die Kirche«. Unsere Kirche – das war einer unserer großen Akazienbäume, die dicht beim Haus stehen. Brennende Kerzen, weiße und bunte Decken, ein Teppich und ein buntes Meer von Blumen, helle Kleider und Uniformen unter dem breiten Dach des Baumes, darüber der blaue Himmel und vorn das Brautpaar, Paquita in einem wunderschönen Hochzeitskleid – in keiner Kirche kann es schöner und feierlicher sein als unter unserem Akazienbaum.

War Rolf von der feierlichen kirchlichen Handlung so ergriffen, dass er immer blasser und blasser wurde? Er schwankte ein paar Mal; ich fürchtete, er würde umsinken. Aber er hielt durch. Der Segen des Geistlichen beendete die kirchliche Feier. Dann kamen die Gratulanten und die Schulkinder, die das junge Paar mit Reis bewarfen – Reis als Zeichen des Glücks und der Zufriedenheit. So ist es hier Brauch.

Die Kinder sangen, und der Brautzug setzte sich in Bewegung, dem Haus entgegen. Vor dem Haus nahm Rolf, immer noch blass, seine junge Frau auf die Arme und trug sie über die Schwelle ins Haus. Ein paar Minuten später kam er zurück. Sein Gesicht hatte wieder Farbe.

Er war ganz der alte, junge Rolf.

»Ich habe nur schnell die Schuhe gewechselt«, flüsterte er mir zu. »Ich dachte, ich würde es nicht mehr aushalten vor Schmerzen.« Während der kirchlichen Trauung hatte er endlich gemerkt, dass die von Mario geliehenen Schuhe eine Nummer zu klein waren.

Reispudding, über dem offenen Feuer an der Küste gekocht, das war unsere erste Mahlzeit auf Floreana gewesen. Seitdem ist ein Vierteljahrhundert vergangen. Wir stehen in unserem schönen Haus an der Küste und halten Sektgläser in den Händen. Und stoßen auf das Wohl des jungen Paares an, und auf das Wohl des kommenden Paares, Ingeborg Floreanita Wittmer und Mario García. Und wir alle trinken einen Schluck zur

Erinnerung an den ersten Machetenschlag vor fünfundzwanzig Jahren.

Aus aller Welt sind Geschenke für das junge Paar gekommen. Als Paquita sie nach dem Hochzeitsmahl sieht, laufen ihr die hellen Tränen über die Wangen.

»Tanto cariño! Tanto cariño para mi?«, sagt sie ein über das andere Mal. »So viel Liebe – so viel Liebe für mich?«

Der Insel-Gouverneur hat ein herrliches japanisches Tee-Service geschickt. Am Abend laufen auf der Funkstation Glückwunschtelegramme ein. Der Marinebefehlshaber und einige Minister von Ecuador haben des Tages gedacht – nur die Deutsche Gesandtschaft in Quito hatte ihn wohl vergessen.

Es ist ein wahrer Glückstag für uns, ein wunderschöner, froher Tag, der schönste Tag in unserem ganzen bisherigen Inseldasein. Als gegen Abend auf dem Trockenplatz aus Zement getanzt wird, sehe ich meinen Mann zum ersten Mal seit fünfundzwanzig Jahren wieder tanzen.

Postlagernd Floreana

1957

Rolf hat mich nach diesen anstrengenden Tagen zu einer Spazierfahrt mit seinem Motorboot eingeladen. Wann habe ich einmal Zeit zu Spaziergängen über die Insel oder zu Spazierfahrten an der Küste gehabt? Ich weiß kaum, wie es auf der Insel aussieht. Für mich sind die Berge, die auf der anderen Seite liegen, unerforschtes Gebiet.

Ich bin nicht ein einziges Mal auf dem höchsten Berg von Floreana, dem 640 Meter hohen Cerro de las Pajas, dem Strohberg, gewesen.

Wir fahren von der Black Beach hinaus, nach Norden, entlang der Küste. Rolfs Motorboot fährt schnell, zehnmal schneller als das Segelboot, mit dem wir damals nach Floreana gekommen sind.

»Die Insel sieht ja ganz anders aus …«

Rolf wendet den Kopf zu mir und wirft mir einen fragenden, verständnislosen Blick zu. »Was meinst du denn mit ›anders‹?«

Ich gebe lange keine Antwort. Das Bild, das ich vor mir sehe, beschäftigt mich so stark, dass ich Rolfs Frage überhaupt nicht beachte. Ich habe nicht mal meinen eigenen erstaunten Ausruf gehört.

»Wieso – anders?«, fragt Rolf noch einmal.

»Ganz anders als damals«, sage ich. Und dann erzähle ich ihm, wie die Insel damals ausgesehen hat, vor fünfundzwanzig Jahren.

»Fahr ein Stückchen aufs Meer hinaus«, bitte ich. »Ich

möchte mir Floreana nur ein bisschen von draußen ansehen.« Immer wenn ich von einer Reise zurückkam, war ich so sehr mit mir selbst beschäftigt, dass ich kaum einen Blick für die Insel hatte. Ich habe gar nicht bemerkt, wie sehr sie sich in diesem Vierteljahrhundert verändert hat. Jetzt sehe ich es zum ersten Mal so richtig mit Bewusstsein. Damals gab es noch so viele graue, trockene, trostlos dürre Stellen. Heute sind diese Flecken fast alle verschwunden. Die Insel ist grüner geworden. Die Pampas, diese steppenartigen, kahlen Flächen, sind nicht mehr da. Der Busch ist immer weiter vorgedrungen, die Pampas sind zugewachsen. Als wir damals ankamen, gab es auf der ganzen Insel vielleicht zwanzig, dreißig Guayaba-Bäume. Heute stehen die Bäume auch überall da dicht, wo früher die grauen Flecken waren. Der Guayaba-Baum braucht keinen Humus – den gibt es auch heute noch nicht reichlich auf großen Teilen der Insel –, seine Wurzeln saugen aus den Spalten und den feinen Rissen im Lavagestein Wasser und Nahrung heraus. Mehr braucht er nicht.

Ich erzähle Rolf, wie es damals hier ausgesehen hat. Wie trostlos es hier an der Küste war. So trostlos, dass ich am liebsten gleich wieder umgekehrt wäre, wenn ich gekonnt hätte. Nun ist alles grün.

Das Motorboot bringt uns an die Postoffice Bay. Rolf steuert sein Boot geschickt an die Küste und lässt es auf den Sand gleiten.

»Siehst du mal nach, ob Post da ist?« Er deutet auf die Posttonne. Die alte, beinahe historische Posttonne, die schon seit mehr als hundert Jahren Dienst tut. Es ist nicht mehr die erste, längst nicht mehr. Sie ist inzwischen ein paar Mal neu gestrichen worden, und jetzt hat sie wieder einen neuen, blitzweißen Anstrich erhalten.

Ich gehe das kleine Stück bis zur Posttonne, während sich Rolf mit seinem Motorboot beschäftigt. Es ist das erste Mal seit langer Zeit, dass ich wieder einmal unser »Postamt« besuche, das erste Mal, dass ich die Klappe der Tonne öffne und nachsehe, ob Briefe darin liegen. Aber sie ist leer. Es wird in den letzten Tagen kein Schiff dagewesen sein.

Ehe ich die Klappe schließe, stecke ich den Arm noch einmal weit durch die Öffnung und taste mit den Fingern am Boden der Tonne herum. Und ich fühle da etwas, einen Brief, ein Päckchen, etwas aus Papier, das sich festgeklemmt zu haben scheint. Mit zwei Fingern bekomme ich es nicht los. Erst als ich mit einem kleinen Stock nachhelfe, lockert es sich. Und dann halte ich einen dicken Brief in der Hand.

Das Papier ist runzlig und vergilbt. Die Schrift ist undeutlich, verwaschen, vielleicht vom salzigen Meerwasser oder von der scharfsalzigen Luft. Ich weiß es nicht. Ich wiege den Brief nachdenklich in der Hand, während ich zum Strand zurückgehe, wo Rolf mit dem Boot auf mich wartet. Zwischendurch muss ich ein paar Mal stehen bleiben, die Buchstaben der Anschrift sind kaum noch zu entziffern. Aber dann kann ich sie doch lesen.

Ich lese meinen Namen auf diesem Brief. Ich sehe die Briefmarken, die längst ungültig sind. Lieber Himmel, wie lange mag dieser dicke Brief auf dem Grund der Posttonne eingeklemmt gelegen haben?

»War Post da?«, ruft Rolf mir entgegen, als ich ganz langsam und gedankenverloren zum Boot komme. Ich schüttle den Kopf.

»Nein, es war nichts da.«

»Du hast doch einen Brief in der Hand«, wundert sich Rolf.

»Das ist etwas anderes.«

Er zuckt die Schultern und hilft mir in das Boot. Dann schiebt er es vom Sand hinunter ins Wasser und springt hinein. Das Fragen scheint er aufgegeben zu haben.

»Fahr noch ein Stückchen herum, und dann fahren wir zurück«, sage ich. Eigentlich wollte er mich um die ganze Insel herumfahren. Er fragt nicht, warum ich plötzlich nach Hause will.

Ich habe den Brief neben mich gelegt. Rolf hat ihn gesehen – was soll ich ihn auch vor ihm verstecken? Ich weiß jetzt, von wem dieser Brief ist, wer ihn vor zweiundzwanzig Jahren an mich geschrieben hat. Ich ahne etwas von seinem Inhalt, beinahe Wort für Wort, ohne dass ich ihn geöffnet habe. Eigentlich will ich ihn gar nicht aufmachen.

In einem weiten Bogen bringt Rolf das Boot wieder hinaus. Minutenlang sagt er kein Wort. Ich sehe ihm an, wie gern er mich fragen möchte, wie sehr ihn interessiert, was das für ein Brief ist. Aber er fragt mich nicht. Er macht nur wieder sein verwundertes Gesicht: »Du scheinst heute deinen einsilbigen Tag zu haben?«

»Ja, ich habe heute meinen einsilbigen Tag. Frauen sind eben manchmal komisch. Damit musst du dich abfinden, lieber Rolf. Es ist eine schreckliche Angewohnheit von den Frauen, ich weiß, aber hin und wieder darf man schon mal komisch sein. Zum Beispiel dann, wenn einen plötzlich ein Brief erreicht hat, der vor zweiundzwanzig Jahren abgeschickt ist. Und wenn du's nicht glaubst, hier, bitte …« Ich reiche ihm den Brief und tippe auf die Anschrift. Er lässt das Boot laufen und vertieft sich in die Buchstaben. Und buchstabiert sie mühsam zusammen, weil sie so verwaschen sind:

»Frau Margret Wittmer, Isla Floreana, Galápagos, Ecuador, Postlagernd.«

»Postlagernd Floreana ...« Rolf lacht leise vor sich hin. »Der hat weiß Gott lange gelagert.« Dann sagt er nichts mehr. Er beobachtet die Seelöwen, die auf einer winzig kleinen Lavainsel liegen, zwei Seelöwenkinder, die Mutter und der Bulle. Sie bellen uns einen Gruß herüber, als wir vorbeifahren. Sie sind immer gut gelaunt und möchten mit uns spielen. Aber diesmal fahren wir weiter.

Wir fahren noch eine Stunde und sprechen nicht ein einziges Wort zusammen. Meine Gedanken sind längst in der Vergangenheit.

Es war Ende Oktober 1935.

Mein Heimaturlaub ging zu Ende. Ich hatte meine Koffer schon gepackt, und in ein paar Tagen würde ich auf dem Schiff sein, das mich wieder auf unsere Insel zurückbringen sollte. Mich und Rolf, der damals knapp drei Jahre alt war. So schön es zu Hause, in Köln, gewesen war – ich hatte doch Heimweh nach Floreana, und ich freute mich wieder auf die Stille unserer Insel, nach all dem, was ich hier erlebt und gesehen hatte. Die Zeitungen hatten über mich – über uns – geschrieben, mein großer Bericht über Dr. Ritter und Dore Strauch war erschienen, und darauf bekam ich eine Menge Post von Bekannten und Unbekannten, und viele Besuche von Menschen, die Anteil an unserem Erleben nahmen, die wissen wollten, wie wir lebten, wie wir uns fühlten, und auch allzu viele Besuche von Leuten, welche die Neugier trieb.

Der seltsamste Besuch kam an einem der letzten Tage, als meine Gedanken schon nach Floreana vorausgefahren waren. Es war ein Mann, den wir eigentlich nur flüchtig gekannt hatten, irgendeine alte Zufallsbekanntschaft. Er hatte von uns und unserem Leben in der Zeitung gelesen.

»Ich finde das einfach großartig«, sagte er, »dass Sie den Mut gehabt haben, so auf gut Glück nach dieser Insel auszuwandern. Hut ab vor dem, was Sie dort geleistet haben! Aber ...« Ich hatte sehr schnell das Gefühl, dass er nicht gekommen war, um uns seine Anerkennung und Bewunderung auszusprechen, sondern aus einem anderen Grunde, den ich nicht ahnte, »... aber nachdem ich die Berichte über Sie in der Zeitung gelesen habe«, fuhr er mit nachdenklichem Kopfschütteln fort, »muss ich sagen: Ich habe kein Verständnis dafür, dass Sie noch länger dort bleiben.«

»Wir fühlen uns doch wohl und wir sind mit allem zufrieden«, warf ich ein, »uns fehlt doch nichts. Wir sehnen uns gar nicht danach, unser Leben dort mit dem Leben in der Zivilisation wieder zu vertauschen.«

Aber er winkte ab. Er wollte das nicht gelten lassen. »Warum machen Sie es sich unnötig schwer? Jetzt sind Sie ganz allein auf der Insel. Sie haben keinen Menschen mehr in Ihrer Nähe, keinen, der Ihnen helfen kann, wenn einmal Not ist, keinen Menschen, mit dem Sie einmal ein Wort wechseln können. Sie sind so völlig abgeschlossen, und das ertragen Sie auf die Dauer nicht. Sie und Ihr Mann. Man kann dieses Leben, in dem man groß geworden ist, doch nicht einfach von sich werfen – und Sie schon gar nicht; dazu sind Sie doch viel zu lebendig und geistig viel zu rege.«

»Pardon«, unterbrach ich ihn wieder, »warum sagen Sie mir das alles eigentlich? Wollen Sie mir unnötig das Herz schwer machen? Oder was haben Sie vor?«

»Nun, ich nehme Anteil an Ihrem Geschick. Ich weiß aus Erfahrung, wie es ist, wohin es führt, wenn man so abgeschlossen von aller Menschheit lebt. Ich habe Ihnen schon gesagt, dass ich Ihre Leistung, Ihre und Ihres Mannes Leistung, grenzenlos bewundere. Sie imponieren mir. Aber – Sie haben doch nun gezeigt, dass Sie alles, was Sie wollen, auch schaffen können? Meinen Sie nicht, das könnten Sie hier auch? Mit diesen ungewöhnlichen Fähigkeiten könnten Sie hier tausendmal mehr erreichen als auf dieser gottverlassenen Insel.«

»Ich glaube nicht, dass Sie unseren Sinn und unsere Anschauungen ändern können«, sagte ich. Und ich lächelte überzeugt. Aber er hörte gar nicht auf meinen Einwand. Ich weiß nicht, welche Veranlassung er hatte, mir immer weiter zuzureden:

»Machen Sie Schluss mit dem Leben dort! Ich sehe, dass es kein gutes Ende nimmt. Kommen Sie zurück. Ich mache mir Sorgen um Sie alle. Und – ich kann es mir leisten, Ihnen finanziell zu helfen, damit Sie die Rückreise antreten und hier eine neue Existenz aufbauen können. Sie brauchen nicht einmal dankeschön zu sagen. Eine solche Familie wie Sie suche ich für meinen Landbesitz schon seit langem. Ich kann ihn nur selten besuchen, und es wäre mir eine Erleichterung und Hilfe, ihn während meiner Abwesenheit in guten Händen zu wissen. Praktisch wären Sie und Ihr Mann, Ihre Familie, die Herren dort. Ich habe zu Ihnen beiden volles Vertrauen, denn Sie haben ja gezeigt, dass Sie mit allem fertig werden können. Solchen Menschen wie Ihnen muss man helfen. Und ich kann es auch. Und ich tue es gern. Weil ich Sie vor einem schlimmen Los bewahren möchte.«

Ich wusste nicht mehr, was ich sagen sollte. Ich war mir nicht im Klaren darüber, was für ein Mensch das war: ein wirklicher Menschenfreund, der sich tatsächlich Sorgen um uns machte – oder nur ein Schwätzer, ein Wichtigtuer? Ich habe ihn auf jeden Fall nicht ernst genommen.

»Sie werden es sich also noch überlegen«, schloss er. »Es

ist niemals zu spät. Aber – gehen Sie ernsthaft zu Rate mit sich!«

Ich hatte vor lauter Reisevorbereitungen und Besuchen gar keine Zeit, ernsthaft mit mir zu Rate zu gehen. Und außerdem: Wir brauchten diese großzügige Hilfe wirklich nicht. Wir wollten bleiben, wo wir waren. Ein paar Tage später ging ich in Hamburg auf die »Rhakotis«, die mich nach Südamerika bringen sollte. An den Menschenfreund dachte ich kaum noch. Es war eine Episode gewesen. Ich hatte ihn nicht ernst nehmen können, oder nicht ernst nehmen wollen …

Am 5. November legte die »Rhakotis« in Antwerpen an. Und hier bekam ich ein Telegramm. Eine kurze Nachricht von jenem Unbekannten:

»Hoffe Sie und Ihre Familie sehr bald hier zu sehen. Bin überzeugt, dass Sie kommen. Scheck bald unterwegs nach Floreana.«

Ich habe das Telegramm in irgendeine Tasche gesteckt und – nicht mehr daran gedacht.

Und später, als ich wieder auf der Insel war? Hin und wieder habe ich noch einmal an diesen seltsamen Menschen gedacht, wenn es besonders schwer war und wir uns fragten, ob wir wohl das große Abenteuer unseres Lebens zu einem glücklichen Ende führen würden oder ob wir abbrechen müssten. Das war eine Frage, die nur ein- oder zweimal aufgetaucht war. Dabei ist mir wohl auch der seltsame Kauz eingefallen. Dann vergingen die Jahre, und die Erinnerung verblasste mehr und mehr, bis sie völlig ausgelöscht war. Nie ist wieder eine Nachricht von ihm gekommen.

Das war also vor zweiundzwanzig Jahren.

Meine Gedanken sind wieder zurückgekommen. Aus der Vergangenheit. Vor mir liegt Floreana. Wie grün die Insel jetzt ist! Die kahlen, grauen Flecken sind verschwunden. Baum und Busch sind über die ganze Insel gewandert. Die Insel hat ihr Gesicht verändert. Sie hat keine Runzeln und Falten bekommen, im Gegenteil. Und ich – ich bin, wie die Insel, fünfundzwanzig Jahre älter geworden. Aber ich habe schon ein paar Fältchen im Gesicht. Nicht viel. Floreana hat eine so gesunde Luft. Und mein Leben war so schön und ausgefüllt, dass ich gar nicht auf den Gedanken gekommen bin, älter zu werden.

Jetzt liegt der Brief neben mir, mit den längst ungültigen Briefmarken und der verwaschenen Anschrift: »Postlagernd Floreana, Ecuador.«

Heinz ist zu Hause, als wir zurückkommen. Ich halte den dicken Brief in der Hand. »Post«, sage ich. »Du, der Brief hat aber eine Menge Zeit gebraucht.«

Heinz nimmt ihn und wiegt ihn gedankenvoll zwischen den Fingern. »Die wichtigsten Sachen brauchen meistens die längste Zeit.«

»So wichtig ist der nicht.« Ich lächle und nehme meinem Mann den Brief wieder ab. »So wichtig ist er …« Ich reiße den Umschlag langsam auf. Ein paar eng beschriebene Briefbögen liegen darin. Ich stecke sie wieder in den Umschlag.

»Willst du denn den Brief nicht lesen?«, sagt Heinz. »Wo er doch lange bis hierher gebraucht hat …«

»Nein.« Ich schüttle den Kopf und lächle. »Ich weiß genau, was auf diesen Blättern steht. Fast Wort für Wort.« Alles, was jener Unbekannte vor zweiundzwanzig Jahren gesagt hat, ist mir auf einmal so gegenwärtig, als säße ich in Köln und hörte ihm zu.

Ich lese den Brief nicht. Ich brauche ihn nicht zu lesen. Aber den einzelnen Zettel, der außer den Briefbögen in dem Umschlag steckt, den lese ich nun doch. Es ist eine interessante Lektüre. Ich bin völlig sprachlos, als ich ihn gelesen habe. Die Schrift ist auch schon ein bisschen verwaschen, kein Wunder bei diesem Alter, aber man kann sie noch gut entziffern. Ich gebe Heinz den Zettel. Und er liest, völlig fassungslos:

»Tausend Dollar.« Ein Scheck, ausgestellt auf eine Bank in New York.

Heinz starrt ihn immer noch entgeistert an. »Tausend Dollar … Menschenskind, das ist doch ein Vermögen.«

»Du brauchst ihn nur einzuschicken.« Ich bin plötzlich so fröhlich. Ich lache manchmal, ohne den Grund zu wissen. Aber diesmal weiß ich, warum ich lache. Weil ich mich ehrlich freue, dass jener merkwürdige Mann – ich weiß nicht, aus welchem Grunde – doch Wort gehalten und nicht nur einen Brief, sondern tatsächlich den versprochenen Scheck geschickt hat. Und vor allem, weil ich so glücklich bin, dass er unrecht behalten hat. Wir sind nicht in der Einsamkeit untergegangen. Ganz im Gegenteil. Seine düsteren Prophezeiungen sind nicht eingetroffen. Wir fühlen uns auf Floreana zu Hause, wir alle miteinander. Trotz allem Schweren, das wir durchstehen mussten.

Vor zweiundzwanzig Jahren, als ich von meinem Heimaturlaub wieder nach Floreana zurückgekommen war, habe ich Heinz nur kurz von diesem seltsamen Menschen erzählt, der uns unbedingt von unserer Insel befreien wollte. Damals hat Heinz nur gelächelt.

Diesmal lachte er lauter, als ich ihm sagte, von wem dieser Brief stammt, der mehr als zwei Jahrzehnte gebraucht hat, um in unsere Hände zu kommen.

»Und wenn der Tausend-Dollar-Scheck vor zweiundzwanzig Jahren gekommen wäre?«, fragte ich. »Tausend Dollar sind immerhin keine Kleinigkeit.«

»Ich hätte damals meine Freiheit nicht für tausend Dollar verkauft.«

»Und was machen wir jetzt?«

»Ein Feuerchen, wenn du nichts dagegen hast.«

Nein, ich habe nichts dagegen. Ich gehe zum Herd, in dem ein kleines Feuer brennt, nehme ein Stückchen Zeitungspapier und zünde es an. Dann halte ich die Flamme unter den Brief mit seinen eng beschriebenen Blättern und dem Tausend-Dollar-Scheck. Die Flamme frisst den Brief mit seinem Inhalt und allen diesen Erinnerungen auf, bis nur noch Asche zurückbleibt.

Als der letzte Funke verloschen ist, schiebt Heinz, der sonst so peinlich auf Ordnung bedacht ist, die Asche achtlos mit dem Fuß beiseite und lacht:

»Jetzt trinke ich einen auf die alten Walfischfänger, die so klug waren, die langweilige Posttonne zu erfinden.«

Ein Traum wird Wirklichkeit

1959

In einer Viertelstunde wird das Inselschiff Floreana verlassen. Mein kleiner Koffer steht schon an der Küste. Rolf wird mich mit seinem Motorboot hinüberfahren. In ein paar Tagen werde ich auf dem Festland sein, und dann fliege ich in zweiundzwanzig Stunden nach Europa, nach Deutschland. Nach Frankfurt. Manchmal in den vergangenen Wochen, wenn ich an diese Reise gedacht habe, ist sie mir wie ein schöner Traum vorgekommen, aus dem es dann plötzlich ein trauriges Erwachen geben wird. Aber nein, es ist kein Traum. Es ist Wahrheit. Ich fahre heute ... Mein kleiner Koffer steht schon an der Küste.

Vor siebenundzwanzig Jahren habe ich hier auch auf einem der schwarzgrauen Lavasteine gesessen und zur Insel hinaufgesehen, über den trostlosen sandigen, steinigen Strand und die leblosen, ausgetrockneten Bäume hinweg auf die grünen Höhen. Ich war verzagt und enttäuscht. Ich kam mir so entsetzlich verlassen in dieser weltabgeschiedenen Einsamkeit vor, als das Segelboot, das uns hierhergebracht hatte, im Dunst verschwunden war. Ich war in dieser ersten Stunde auf Floreana so grenzenlos enttäuscht, weil ich mir das Paradies in meinen jugendlichen Träumen so ganz anders vorgestellt hatte.

Damals, an diesem Tage vor siebenundzwanzig Jahren, ahnte ich noch nicht, was uns auf dieser Insel noch alles bevorstehen würde, an Schwerem, an Sorgen, an Qual und an furchtbaren Tragödien. Und das war gut so ...

Damals, an diesem Tage vor siebenundzwanzig Jahren, ahnte ich aber auch noch nicht, dass Floreana uns eine so schöne, so geliebte neue Heimat werden würde. Dass wir uns einen so wunderschönen Besitz schaffen würden, dass wir die ersten Menschen sein würden, die ein Leben lang auf der Insel aushielten. Es begann mit unserem Höhlendasein. Wir waren damals glücklich, dass es die Höhlen gab. In der Wohnhöhle wurde Rolf geboren.

In zehn Tagen werde ich in ein großes modernes Flugzeug steigen und über den Ozean nach Deutschland fliegen.

Ich stehe von meinem Lavastein auf und gehe ein Stück zur Küste hinunter, wo mein kleiner Koffer steht. Vor mir, im warmen Sand, balgen sich die Hunde. Und mit ausgestreckten Armen kommt mir ein kleines Menschenwesen entgegengestolpert und lacht und kräht selig durcheinander:

»Oma!«

Ich fange die Kleine auf und drücke sie an mich und lache mit ihr, obwohl mir recht wehmütig zumute ist. In zehn Minuten fährt das Inselschiff ab …

Es ist nun zwei Jahre her, dass Rolf und Paquita geheiratet haben. Zwei Jahre schon wieder? Und Margret-Rose ist jetzt ein Jahr alt, ihr kleines Töchterchen. Die dritte Wittmer-Generation wächst langsam heran. Floreana und wir – das ist jetzt fast dasselbe. Wir sind längst nicht mehr die Einzigen auf der Insel. Nach uns, lange nach uns sind andere gekommen, wir sind jetzt im Ganzen fünfundvierzig Menschen auf Floreana. Aber wir haben den Anfang gemacht, und wir haben es als Erste geschafft.

»Familie Wittmer, Postlagernd Floreana«, haben Freunde von uns auf ihre Briefe geschrieben. Floreana wird wohl immer so bleiben, wie es heute ist. Ohne Auto und ohne Telefon.

Und wir sind froh, dass es noch solche ruhigen Fleckchen auf der Erde gibt.

Margret-Rose hält meine Hände fest. Sie ist mit mir zur Küste hinuntergegangen, wo der kleine Koffer steht und wo Rolf das Motorboot fertig macht. Hinter mir kommen die anderen, um Abschied zu nehmen: Heinz und, Arm in Arm, Ingeborg-Floreanita und Mario, die Jungverheirateten. Sie sind erst seit einem Monat ein Paar.

Zu Inges Hochzeit hat sogar der Staatspräsident von Ecuador ein Glückwunschtelegramm geschickt.

Ja, es hat sich vieles geändert auf Floreana, seitdem wir hierhergekommen sind. Es gibt längst keine Seeräuber mehr, keine Walfischfänger, keine Abenteurer und keine sonderbaren Heiligen wie Dr. Ritter. Es gibt nur noch Menschen, die ehrlich arbeiten. Die sich mit ihrer Kaffeepflanzung oder mit Fischfang ihren Lebensunterhalt erarbeiten.

Es hat lange gedauert, bis Floreana aus seinem Dornröschenschlaf erwachte.

Es geht alles langsam hier, wie die Ureinwohner der Inseln, die ihnen den Namen Galápagos gegeben haben: die Riesenschildkröten. Sie sind langsam über die Inseln gegangen. Schritt für Schritt, poco a poco, und sind doch am Ziel angekommen.

Wie wir …

Margret Wittmer, ca. 1981

Margret Wittmer

Margret Wittmer, geboren am 12. Juli 1904 in Köln, wanderte 1932 zusammen mit ihrem Mann Heinz, ehemals Sekretär des Kölner Oberbürgermeisters Konrad Adenauer, und dessen Sohn Harry auf die Galapagosinsel Floreana aus. Sie lebte dort bis zu ihrem Tod am 21. März 2000. 1992 erhielt Margret Wittmer das Bundesverdienstkreuz am Bande. Heinz Wittmer, geboren am 12. Mai 1891, starb am 7. November 1963 an den Folgen eines Schlaganfalls. Die Nachkommen der Wittmers arbeiten heute mehrheitlich im Tourismus. Sie betreiben das Tourismusunternehmen Tip Top Travel und führen mit der Bootsflotte »Rolf Wittmer« Kreuzfahrten zu den einzelnen Galapagosinseln durch. Der Namensgeber starb 2011, seine Schwester Ingeborg Floreanita lebt noch heute auf Floreana, wo die Familie kleine Hotels unterhält.

Julia Finkernagel

Nach einer erfolgreichen Management-Laufbahn hat sich die Filmemacherin und Buchautorin Julia Finkernagel dem Erzählen verschrieben. Heute arbeitet sie für Sender wie ARTE oder die Programme der ARD. Ihre preisgekrönten Reportagen handeln von Begegnungen mit Menschen anderer Kulturkreise und dem dafür nötigen Perspektivwechsel. Von diesen Begegnungen und von ihrer begeisterten Arbeit vor und hinter der Kamera erzählen Julia Finkernagels Ostwärts-Bücher, die zu Spiegel-Bestsellern geworden sind.

Editorische Notiz

Der langjährige Verleger der Büchergilde Gutenberg, Dr. Helmut Dreßler, und seine Frau Luise Maria Dreßler lernten Margret Wittmer bei einem ihrer Deutschlandaufenthalte im Sommer 1959 in Frankfurt am Main kennen. Wittmer brachte einen umfangreichen Aktenordner mit Aufzeichnungen von ihrem Leben auf Floreana seit 1932 mit, außerdem zahlreiche Fotos. Im Verlagshaus von Heinrich Scheffler wurde für sie ein Zimmer eingerichtet, in dem sie ihre Notizen überarbeiten konnte. Daraus entstand ihr Buch *Postlagernd Floreana*, das zuerst 1959 im Verlag Heinrich Scheffler erschien und 1963 in der Büchergilde Gutenberg. Luisa Maria Dreßler und Margret Wittmer verband noch bis zu Wittmers Tod im Jahr 2000 eine enge (Brief-)Freundschaft. Dreßler besuchte die Wittmer-Familie in den Jahren 1981 und 1984 auf Floreana. Im Jahr 1983 erschien bei der Büchergilde eine überarbeitete Ausgabe von *Postlagernd Floreana*. Der vorliegende Band folgt der Erstausgabe.

Inhalt

BÜCHERGILDE
unterwegs

— KALIFORNIEN —

Mary Hunter Austin
Wo wenig Regen fällt

- Aus dem amerikanischen Englisch und mit einem Nachwort von Alexander Pechmann
- Herausgegeben und mit einem Vorwort von Julia Finkernagel
- Gebunden im praktischen Reiseformat (12 x 19 cm)
- 240 Seiten
- NR 175142

Mehr als ein Jahrzehnt erkundete Mary Hunter Austin das Gebiet, das sie, nach seinem indianischen Namen, »Land of Little Rain« nannte und dem sie schließlich ihr erstes Buch widmete. 1903 erstmals erschienen, hat es bis heute nichts von seiner Faszination und Leuchtkraft verloren. Austins Blick ist geprägt von einem tiefen Verständnis für die Flora und Fauna und der Wertschätzung für die Menschen, denen sie dort begegnete: Schoschonen und Paiute, Einwanderer aus Mexiko oder China, Schäfer, Minenarbeiter und Goldsucher. Reiseerzählung, Memoir, ethnografischer Bericht – das Buch hat zahlreiche Facetten, ist aber vor allem ein literarisches Dokument der Liebe zu einem Land und seiner Natur im Südwesten der USA, das heute die Mojave-Wüste und den Death-Valley-Nationalpark umfasst.

Die Büchergilde ist eine Genossenschaft – werden auch Sie jetzt Mitglied.

1924 vom Bildungsverband der deutschen Buchdrucker in Leipzig ins Leben gerufen, trägt die Büchergilde seither ihren gemeinschaftlichen Anspruch im Namen: Mitglieder einer Gilde fördern und schützen ihre gemeinsamen Interessen.

2014 mündete diese Idee in der Gründung der Büchergilde Gutenberg Verlagsgenossenschaft, um die Unabhängigkeit von Buchgemeinschaft und Verlag zu sichern. Die Verlagsgenossenschaft bietet ein Zuhause für alle Freundinnen und Freunde der Buchkultur, die die Büchergilde mitgestalten und ihre Eigenständigkeit erhalten.

Daher möchten wir Sie einladen: Werden auch Sie Genossin oder Genosse unserer Gemeinschaft und feiern und fördern Sie mit Ihrem Beitrag die Buchkunst. Werden Sie zu einer Mitverlegerin, einem Mitherausgeber in der Büchergilde - *der* literarischen Buchgemeinschaft in Deutschland.

Unsere Satzung und weitere Informationen finden Sie unter:
buechergilde.de/geno